U0832529

权威·前沿·原创

皮书系列为
“十二五”国家重点图书出版规划项目

河北经济蓝皮书
BLUE BOOK OF
HEBEI ECONOMY

河北省经济发展报告（2015）

ANNUAL REPORT ON ECONOMIC DEVELOPMENT IN HEBEI (2015)

京津冀协同发展与河北战略

主　编／马树强　金　浩　刘　兵　张　贵

社会科学文献出版社
SOCIAL SCIENCES ACADEMIC PRESS (CHINA)

图书在版编目(CIP)数据

河北省经济发展报告. 京津冀协同发展与河北战略：2015/马树强等主编. —北京：社会科学文献出版社，2015.3
（河北经济蓝皮书）
ISBN 978-7-5097-7144-0

Ⅰ. ①河… Ⅱ. ①马… Ⅲ. ①区域经济发展-研究报告-河北省-2015 ②区域经济发展-协调发展-研究报告-华北地区-2015 Ⅳ. ①F127.22 ②F127.2

中国版本图书馆 CIP 数据核字（2015）第 032374 号

河北经济蓝皮书
河北省经济发展报告（2015）
——京津冀协同发展与河北战略

主　　编／马树强　金　浩　刘　兵　张　贵

出 版 人／谢寿光
项目统筹／恽　薇　高　雁
责任编辑／蔡莎莎　王楠楠

出　　版／社会科学文献出版社・经济与管理出版分社（010）59367226
地址：北京市北三环中路甲 29 号院华龙大厦　邮编：100029
网址：www.ssap.com.cn
发　　行／市场营销中心（010）59367081　59367090
读者服务中心（010）59367028
印　　装／北京季蜂印刷有限公司

规　　格／开 本：787mm × 1092mm　1/16
印 张：18　字 数：271 千字
版　　次／2015 年 3 月第 1 版　2015 年 3 月第 1 次印刷
书　　号／ISBN 978-7-5097-7144-0
定　　价／89.00 元

皮书序列号／B-2014-347

《河北省经济发展报告》
编委会

本书是国家社科基金重点项目“基于竞争优势转型的我国产业创新生态系统理论、机制与对策研究”（14AJY006），河北省教育厅人文社会科学研究重大课题攻关项目“京津冀协同发展的区域治理机制、体系与对策研究”（ZD201410），河北省软科学基地重点项目“河北省新型城镇化与京津冀区域统筹发展研究”（批准号：134576225D），“京津功能疏解、新增长极培育与河北省战略选择”（批准号：134576222D），“京津冀协同发展的内生动力与区域治理对策研究”（2014 年），天津市科技发展战略研究计划项目“借重首都科技资源、深化京津冀协同创新研究”（14ZLZLZF00112），河北省科技计划项目（13457698D），博士后资助项目（B2012005004），河北省“百名优秀创新人才支持计划Ⅱ”，河北省发展和改革委员会2014 年度相关项目，河北省中青年社科专家“五十人工程”和河北省社会科学基金项目“京津冀环境治理协作中的河北省对策”（HB14YJ083），河北省科技计划项目“促进京津冀产业对接与转移的思路与对策研究”（项目编号：15457634D）的阶段成果。

主编简介

马树强　河北工业大学京津冀发展研究中心主任，教授、博士生导师，河北省有突出贡献中青年专家、省管优秀专家。曾获全国普通高校优秀思想政治工作者称号，享受省级劳动模范待遇。主要研究领域和方向为区域经济学、京津冀地区经济。近年来，主持完成了多项省部级以及委办局科研课题，在《光明日报》《经济日报》《中国高等教育》《中国监察》《学术研究》《理论前沿》等报刊上发表多篇论文；主持高等教育教学研究项目两项，获国家优秀教学成果二等奖，河北省一等奖、三等奖；主持调研的课题获河北省决策科学研究优秀成果一等奖；主编的《托起彩虹的年轻人》一书，获原国务院副总理李岚清亲笔题写书名，并获河北省社会主义精神文明优秀教材一等奖。

金　浩　河北工业大学经济管理学院院长，教授、博士生导师，韩国国立全南大学经济学博士、博士后，河北省统计学会副会长，并在中国数量经济学会、中国管理科学研究院学术委员会等多个学术团体任职。主要研究领域为数量经济、区域经济、产业经济学等。近年来，主持完成多项国家级、省部级项目，出版《农业过剩劳动二元经济发展》等著作，在《数量经济技术经济研究》、*The Studies in Regional Development* 等国内外核心期刊上发表学术论文100多篇，曾荣获天津市、河北省哲学社会科学优秀成果一等奖、二等奖多项。在教书育人方面，近十年来，指导培养200余名硕士研究生毕业和40余名博士研究生毕业，荣获河北省教学名师称号。

刘　兵　河北工业大学副校长，教授、博士生导师，京津冀发展研究中心副主任，河北省高等教育学会常务理事。2003 年被批准为河北省新世纪“三三三人才工程”二层次人选，2006 年被评为河北省“十大杰出青年教师”，2009 年被评为河北省社会科学优秀青年专家，2009 年入选教育部“新世纪优秀人才支持计划”，2010 年被评为河北省有突出贡献中青年专家。研究方向为：组织行为与人力资源管理、企业理论、人才学。在《系统工程理论与实践》《系统工程学报》《中国软科学》等重要期刊及国际会议上发表论文 60 余篇，其中 EI、CSSCI 检索 20 余篇；著有《区域人才聚集系统演化理论与实证研究》《企业经营者激励制约理论与实务》《企业人力资源管理外包理论与方法》3 部专著；主持国家自然科学基金、国家软科学等项目 20 余项；获得国家级教学成果二等奖 1 项，天津市级教学成果一等奖 1 项，河北省和天津市社会科学优秀成果二等奖 2 项、三等奖 2 项。

张　贵　河北工业大学京津冀发展研究中心常务副主任，教授、博士生导师，英国利兹大学和澳大利亚西悉尼大学访问学者。河北省京津冀协同发展专家咨询委员会专家委员、河北智库专家、天津发展战略咨询专家、南开大学特约研究员、河北中青年社科专家五十人工程人选、河北省百名优秀创新人才支持计划人选，任中国工业经济学会理事、天津市经济学会理事、天津市环渤海研究会理事等。主要研究方向为京津冀区域经济、新型城镇化、战略性新兴产业。在《中国工业经济》等刊物发表重要学术论文 50 余篇，出版《高新技术产业成长》《创新驱动与高新技术产业发展》等 8 部学术著作；主持国家社会科学基金项目 3 项，参与国家重大项目和教育部重大攻关项目 3 项，主持完成省部级以上项目 10 多项；获省市级以上学术成果奖 4 项。

摘　要

京津冀是我国创新爆发力大、全局带动性强的战略增长极之一。长期以来，传统的体制机制障碍大幅减缓了三地的协同步伐，京津冀协同的战略优势难以充分发挥。河北省环抱京津，是接受京津经济、科技和信息辐射的自然优先区，是京津重地的天然生态屏障，具有融入协同的自然禀赋。河北省重工业基础雄厚，土地资源相对丰富，具备融入协同的经济优势。然而，改革开放后，种种原因造成京津冀协同发展进程缓慢，尚未形成实现河北省经济跃升的战略支撑。2014 年 2 月，京津冀协同发展正式上升为重大国家战略，国家顶层协同推进机制破茧而出，束缚京津冀协同发展的体制机制障碍开始逐渐破解。面对历时 30 多载到来的重大战略机遇期，京津冀三方应如何将各自为战、自成体系的发展思路调整到固强舍弱、互为一体的发展模式？河北省应如何发挥自身优势，对接京津发展需求，实现合作共赢？回答这些问题需要清晰定位京津冀三方功能，科学识别其比较优势。本报告在广泛调研和咨询专家的基础上，详细对比了京津冀三地重点产业和创新体系的发展状况和相对优势，分析了三地在市场体系、公共服务、生态环境、文化认同等协同环境方面的基本特征，提出了加速京津冀协同发展的总体思路以及河北省推进京津冀协同发展的对策和方案。全书由总报告、分报告和专题报告三部分组成，共 9 篇研究报告。

总报告认为京津冀协同发展的根本不在于短期的政府行为和刺激政策，而在于能够直面深层次的体制改革和调整，推行创新驱动，把该区域建设成为世界级城市群、打造成为世界级创新中心。在三地经济功能定位上，北京应积极打造世界级技术创新中心和世界级城市群的核心区；天津应在先进制造业研发与转化、金融创新与运营、国际航运与贸易，以及综合改革试验等方面走在全国前列；河北省总体上是京津冀地区打造全球影响力城市群的战略支撑区，应在先进制造、产业转型升级和京津冀生态安全屏障方面发挥独有作用，京津冀未来将形成“两核两心四带多节点”的空间格局。体制机制创新是京津冀协同发展的关键，建立富有活力的区域性统一市场是根本，产业、交通、生态和创新是四个战略重点，公共服务一体化是未来实现京津冀协同发展的战略支撑。河北省战略重点是优化融入协同的政策体系，积极推进企业层面的协作机制和民间团体协作机制。

分报告分别探讨了京津冀协同发展背景下，制造业、农业和金融业的发展模式，创新体系协同思路以及河北省发展对策。报告分析发现，京津高端制造业稳定发展，而河北省仍以传统制造业为主，应将其制造业重点向环首都产业圈、冀中南产业圈和沿海产业带进行重点转移；京津已向现代都市农业转型，而河北省仍以传统农业为主，当务之急是构建具有各地乡村特色的现代化生态农业发展体系；京津冀间金融业服务水平差距大，协作水平低，河北省金融体系应融入京津金融综合发展体系；京津冀区域创新关联主要处于京津间，河北省应加强产学研结合，提高创新要素的凝聚力。

专题报告研究了要素市场一体化对策、生态环境共享共建思路、公共服务均等化政策和文化认同体系等方面的构建，认为健全政府间关于要素流动、环境治理、公共服务协作和文化认同体系共建的全方位协调机制是改革协同体制和机制的重点。

Abstract

Beijing-Tianjin-Hebei region is the strategic growth pole in China with the largest explosive power of innovation and the strongest driving force on the overall situation. For a long term, the traditional system and mechanism obstacles has slowed the cooperative pace significantly, and the strategic advantages of coordination among Beijing-Tianjin-Hebei is difficult to give full play. Hebei province, surrounding Beijing and Tianjin, has natural endowments of integrating Beijing and Tianjin, which is the natural priority area to accept economic, technological and information radiation of Beijing and Tianjin, and is the natural ecological shield of Beijing and Tianjin. Hebei province also has economic advantages of integrating Beijing and Tianjin with solid foundation of heavy industry and relatively abundant land resources. However, since reform and opening-up, due to much more reasons, the coordination among Beijing-Tianjin-Hebei is so slow that it is not yet the strategic support for Hebei province to achieve the economic jump. In February, 2014, the collaborative development of Beijing-Tianjin-Hebei rose formally to a major national strategy. The national top-level collaborative pushing mechanism was been built, the institutional obstacles hindering the coordination among Beijing-Tianjin-Hebei began to be cracked layer-by-layer. Facing with the hugest strategic opportunity which came after more than 30 years, what should Beijing-Tianjin-Hebei do to adjust the development thinking, which is 'each fights his own battle' or 'becomes a system oneself' to the development model of 'Strengthening advantage and giving up disadvantage' and 'Merge into an organic whole'? What should Hebei province do to play his own advantage, and satisfy the demand of Beijing and Tianjin for development to achieve the win-win for cooperation? To answer these questions correctly, the economic function and comparative advantage of each side among Beijing-Tianjin-Hebei need to be scientifically recognized. Based on extensive investigation and expert consultation, this book compares and analyzes the development situation and comparative advantage of the key industry, innovation system of Beijing-Tianjin-Hebei in detail, and investigates the basic characteristics of their collaborative environment, such as market system, public service, ecological environment, cultural identity and so on, and then offers the general thinking on advancing Beijing-Tianjin-Hebei collaborative development and measures and programs from Hebei. The whole book includes the general report, sub-reports and special reports, as a total of 9 research reports.

The general report considers that the achievement on the coordination in Beijing-Tianjin-Hebei fundamentally does not depend on short-term government action and stimulus policies, but on the systems and mechanisms thorough reform and adjustment in order to implement the strategy of innovation-driven, to develop this region into a world-class city group and to build up it into a world-class innovation center. As far as the economic functional orientation of the three regions is concerned, Beijing should be built as the world-class technology innovation center and core area for world-class city group. Tianjin should lead the whole country in R&D and transformation of its achievement in advanced manufacturing industry, financial innovation and operations, international shipping and trade and comprehensive reform experiment. Hebei province will be generally a strategic support area for building up Beijing-Tianjin-Hebei into a city group with global influence, which should play a unique role on advanced manufacturing industry, transition and promotion of industries, and building green ecological shelters for Beijing-Tianjin-Hebei. In the future, Beijing-Tianjin-Hebei should form a spatial pattern which is "two nuclear, two heart, four belt and many nodes". Innovation in systems and mechanisms is the key to coordination in Beijing-Tianjin-Hebei. Building the regional uniform market full of vitality is the fundamental; Industry, transport, ecology and innovation are the strategic emphases; The integration of public service is the strategic support to achieve the coordination of Beijing-Tianjin-Hebei. The Strategy stress should focus on optimizing the policy system on integrating into the coordination, promoting the cooperation mechanism on enterprises and non-governmental organizations views.

The sub-reports discuss respectively manufacturing industry, agriculture, financial industry of the Beijing -Tianjin-Hebei. They also analyzed the idea of synergetic innovation system and the development strategies of Hebei Province. Manufacturing reports found steady growth of the top-level manufacturing in Beijing and Tianjin, and Hebei province is still dominated by the traditional manufacturing industry. The report recommends that Hebei province should shift its manufacturing to the economic circle ringing the capital, the industrial circle of central-south region of Hebei and coastal industrial belt. Agriculture report noted that Beijing and Tianjin have achieved the modern urban agricultural transformation, Hebei is still based on the traditional agriculture. It is imperative to build a rural characteristics modern system of ecological agriculture. Financial reporting analyzes that there is a large gap of the level of financial services and a low level of collaboration between the three regions. Hebei financial system should be integrated into the financial comprehensive development system of Beijing-Tianjin. Innovation Report noted that the connection of innovation in Beijing-Tianjin-Hebei is mainly brought on between Beijing and Tianjin. Hebei province should strengthen the combination of Industry-Academy-Research, improve the cohesion of innovative elements.

Special reports explore the measures to the integration factor market measures, ideas of the sharing and constructing together in ecological environment and equalization policy of public service and cultural identity system among Beijing-Tianjin-Hebei, suggesting that the key of reforming cooperative system is to strengthen the coordination mechanism of the flow of factors, environmental governance and public service cooperation and construction of cultural identity system among the three regions.

目 录

𝔹 Ⅰ 总报告

𝔹 Ⅱ 分报告

B Ⅲ　专题报告

皮书数据库阅读**使用指南**

CONTENTS

BLUE BOOK

𝔹 I General Report

𝔹 II Sub-reports

B Ⅲ Special Subject Reports

总 报 告

General Report

BLUE BOOK

B.1 京津冀三地功能定位和河北省总体布局

张 贵 张 超 马树强 金 浩*

摘 要：京津冀协同发展上升为重大国家战略，该区域历时30多载迎来重大战略机遇期。协同发展的关键在于成功启动技术产业前沿突破，把政府行为转变成开放环境下具有自生能力的新增长源泉；协同发展的根本不在于短期的政府行为和刺激政策，而在于能够直面深层次的体制改革和调整，推行创新驱动，把该区域建设成为世界级城市群、打造成为世界级创新中心。在三地功能定位上，对于北京的定位少有争议，即为全国政治中心、

* 张贵，河北工业大学教授、博士生导师，京津冀发展研究中心常务副主任；张超，河北工业大学讲师、博士；马树强，河北工业大学教授、博士生导师，京津冀发展研究中心主任；金浩，河北工业大学教授、博士生导师，经济管理学院院长，京津冀发展研究中心经济所所长。

文化中心、国际交往中心和科技创新中心，而对于天津和河北的定位，特别是河北的定位，有诸多说法。本报告更倾向于天津在先进制造业研发与转化、金融创新与运营、国际航运与贸易，以及综合改革等方面走在全国前列，而河北省总体上是京津冀地区打造全球影响力城市群的战略支撑区，应在先进制造、产业转型升级和京津冀生态安全屏障方面发挥独有作用。在空间发展布局与城镇体系上，京津冀未来将形成“两核两心四带多节点”的空间格局。另外，体制机制创新是协同发展的关键，建立富有活力的区域性统一市场是根本，产业、交通、生态和创新是四个战略重点，公共服务一体化是未来实现京津冀协同发展的战略支撑。

关键词: 京津冀协同发展　功能定位　空间发展格局　河北省

京津冀地区被公认是继长三角、珠三角之后中国经济发展的“第三极”。由于拥有中国两大直辖市，京津冀地区在引领我国经济增长中将发挥非同寻常的作用。2014 年 2 月 26 日，习近平总书记在北京主持召开座谈会，强调实现京津冀协同发展，首次将京津冀协同发展上升为重大国家战略，并提出 7 点具体要求，自此京津冀一体化迈入“快车道”。新形势下，京津冀三地各界都对协同发展给予前所未有的厚望，并积极投身于一体化当中。但实践中，京津冀协同发展战略在促成各种协议达成和多方效益取得的同时，也存在以下几点问题：一是不知己不知彼。在产业转移与承接过程中，京津冀三地不同程度地存在既不知自己有哪些优势、哪些劣势，自己需要什么、朝何处去，又不知对方的“三有”，即不知道对方有哪些产业要转移，对方对自己有何需求，自己又能为对方做些什么。二是京津冀及三地的顶层设计姗姗来迟，地方频繁出台各种规划，形成不合理的中央与地方博弈的格局，令中央权威和地方政府公信力受损。三是各地纷纷“跑部进京”，为争抢项目相互压低“出价”，既伤害当地整体福利和长远发展，又不利于企业“落地”后的接续发展，以致又回到了20世纪八九十年代园区开发的老路上，承接不该承接的产业，偏离当初的正确“定位”，造成新一轮的产业不合理空间布局。四是北京的非首都功能疏解和产业转移不彻底、“不接地气”，疏解人口的主观愿望多于产业转移，优质功能和服务并没有足够延伸和辐射到产业地，结果是人口迁徙并没有很好地实现，产业链上下游配套和对接自然也不会有大的改善。五是希望京津冀协同发展在很短时间内有较大突破，急于求成，不分重点，全面出击。很多地方出现造城热潮，按照发达国家和地区的经验，区域协同发展应该在30年左右的跨度内实现，片面追求速度，结果过犹不及。六是目前仍然不同程度地存在“一亩三分地”的思维，协同发展更多的是依靠政令推行，对市场这只“无形的手”如何在资源配置中发挥作用认识还不足，其背后深层原因既有体制机制因素，也有惯性思维影响，更有执政能力方面的问题。

如何更好、更有效地推进协同发展，打造中国经济增长“第三极”是亟待解决的重大现实课题和战略任务。实现区域一体化战略目标必须明确各地区“战略定位”并形成形态优良的“空间格局”，顶层设计责无旁贷地成为必须解决的第一要务。只有在京津冀内部各地区明确自身发展定位，并有效开展区域合作的前提下，京津冀协同发展才能更好地实现。

一　京津冀协同发展的背景及重大使命

（一）京津冀协同发展的背景

1. 京津冀协同发展历程

京津冀协同发展的本质是京津冀三地多方位一体化发展，实际上京津冀一体化由来已久，三地政府早在20世纪80年代初的国土整治规划中就已经初步形成了京津冀一体化发展思路，并成立了全国最早的区域经济协作组织——华北地区经济技术协作会。回顾京津冀城市群的合作关系发展脉络，依据京津冀三地商品价格标准差波动情况及三地协同发展政策规划，大致可将协同发展划分为“起步期”、“徘徊期”、“规划期”和目前的“战略协同期”4个阶段（见图1）。

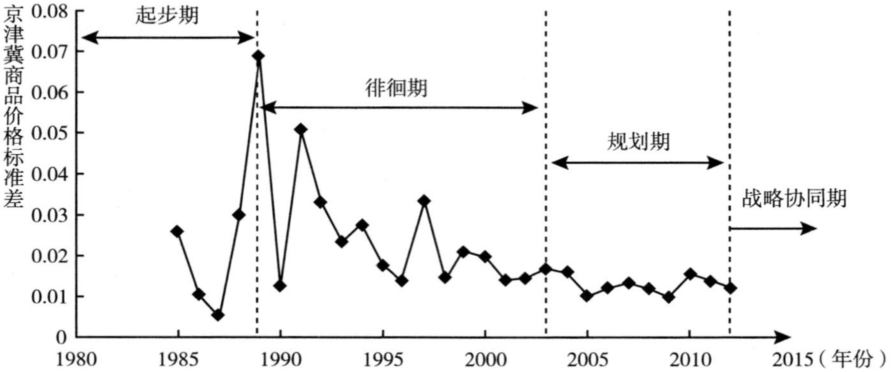

图1　京津冀协同发展阶段划分

（1）第一阶段为协同发展起步期（1981～1989年）

这一时期是区域协同发展的开端。在这一阶段，协同发展局限于物资合作，三大区域组织在协同发展中发挥着组织者的角色。

①华北地区经济技术协作会。1981年10月，由于物资短缺以及区域封闭等原因，华北地区首先决定打破地区之间的分割，成立中国范围内最早的区域合作组织——华北地区经济技术协作会，该协作会通过高层会商等方式促进地区间的物资协调，指导企业之间逐步开展横向的经济联合活动。

②环渤海地区经济联合市长联席会。1986年，时任天津市市长的李瑞环同志发起成立环渤海地区经济联合市长联席会，共有15个城市的市政府领导人参加，每年举办一次，由15个城市轮流主持。当时环渤海各城市之间的合作主要是物资串换和经济协作，各种类型的合作均处于起步阶段。

③环京津经济协作区。该协作区于1988年由北京与河北环京地区的保定、廊坊、唐山、秦皇岛、张家口、承德6地市组建而成，定位为“北京市、河北省政府指导下，以中心城市为依托的开放式、网络型的区域组

织”，并在协作区的基础上建立了市长、专员联席会制度，设立了日常行政工作机构，加强区域间合作共赢。该组织的政府色彩较为浓厚。

在此阶段，从中央到地方都逐步展开京津冀地区的规划编制工作。

一是《京津唐地区总体规划》。1982～1984 年，由国家计委牵头组织开展了“京津唐地区国土规划总体研究”，编制了《京津唐地区总体规划》，主要包括农业、工业、能源、交通、水利、城市建设、生态环保等 8 个分项规划。

二是首都圈观念的提出。1982 年，北京市编制了《北京城市建设总体规划方案》，第一次提到了首都圈的概念。方案提出首都圈两大圈层，即内圈——北京、天津和河北的唐山、廊坊、秦皇岛三市，以及外圈——河北的承德、张家口、保定和沧州。1986 年河北省提出环京津战略，试图依托京津的区位优势，带动当地发展。

（2）第二阶段为协同发展徘徊期（1990～2003 年）

在此阶段，区域协作的具体行动并无实质推进，华北地区经济技术协作会在经历了 1981～1990 年的 7 次协作会议后消失。环京津经济协作区自 1994 年起工作基本进入了停滞状态。在这种背景下，致力于消除环渤海地区行政壁垒并推进环渤海区域一体化的“环渤海地区经济联合市长联席会”在这一时期也未能有效解决行政藩篱所带来的各种问题，各地方政府专注于自身的经济建设，在招商引资、基础设施建设、产业发展等方面展开激烈的竞争。区域内大型国有企业主导经济发展，区域内地区政府之间、企业之间的盲目竞争、重复建设也愈演愈烈。

在此阶段，区域合作的规划思想出现了新的进展。

①“首都经济圈”概念的提出。北京市科委制定的《北京市经济发展战略研究报告》中首次提出“首都经济圈”概念，空间上强调以京津为核心，外围涵盖河北唐山、秦皇岛、承德、张家口、保定、廊坊和沧州 7 市。

②大北京规划的提出。北京市规划委员会、天津市规划和国土资源局、河北省建设厅等单位牵头组织的《京津冀北（大北京地区）城乡空间发展规划研究项目》中重点提出推进京津冀北地区一体化发展，京津冀北地区

是指由北京、天津、唐山、保定、廊坊等城市所统辖的京津唐和京津保两个三角形地区，以及周边的承德、秦皇岛、张家口、沧州以及石家庄等城市部分地区。然而，源于20世纪80年代的区域组织难以承担起区域规划和政策协调的职责，无法解决区际协作的深层次问题。

（3）第三阶段为协同发展规划期（2004～2013年）

这一时期中央及京津冀三地密集出台了大量京津冀协同发展规划，内容从物资交易、经济协作转向科技、金融、人才、医疗、环保、旅游等领域全方位合作，逐步形成了政府、行业、企业间多种形式合作与交流的新格局。

①“廊坊共识”。2004年2月，北京、天津和河北发改委领导在河北廊坊召开京津冀都市圈发展和战略研讨会，会上达成“廊坊共识”，决定就京津冀都市圈的基础设施、资源、环境展开合作，并引导区域内行业和企业间开展经贸、技术合作，建立京津冀发改部门的定期协商制度。同年6月，国家发改委、商务部和京、津、冀、晋等7个省区市的领导在廊坊达成《环渤海区域合作框架协议》，并商定成立环渤海合作机制的三层组织架构。

②《京津冀都市圈区域规划》。2004年11月，国家发改委正式启动《京津冀都市圈区域规划》的编制工作。2005年1月，《北京城市总体规划（2004～2020）》提出，加强京津冀地区在产业发展、生态建设等方面的协调发展。2010年8月，《京津冀都市圈区域规划》上报国务院，区域发展规划按照“8+2”的模式制定：包括北京市、天津市两个直辖市和河北省石家庄市、唐山市、秦皇岛市、廊坊市、保定市、沧州市、张家口市、承德市8个地级市。10月，河北省政府《关于加快河北省环首都经济圈产业发展的实施意见》正式出台，提出了在规划体系等6个方面启动与北京的“对接工程”。2011年3月，国家“十二五”规划纲要提出“打造首都经济圈”。2013年5月，河北与北京签署《北京市—河北省2013至2015年合作框架协议》，确定了双方7个重点合作领域。这一时期尽管出台了大量规划，但京津冀协同发展仍缺乏实质进展。

（4）第四阶段为协同发展战略协同期（2014 年以来）

①京津冀协同发展上升为国家战略。2014 年 2 月，习近平主持召开了京津冀三地协同发展专题座谈会，要求三地打破“一亩三分地”的思维定式，对编制京津冀协同发展规划提出了 7 项要求。习近平总书记的讲话首次将京津冀协同发展上升为重大国家战略。2014 年 3 月，国务院总理李克强做《政府工作报告》，将“加强环渤海及京津冀地区经济协作”列为 2014 年重点工作之一。3 月 26 日，河北省政府出台《河北省委、省政府关于推进新型城镇化的意见》，对保定市作为畿辅节点城市，利用地缘优势，谋划建设，集中承接首都行政事业等功能疏解的服务区的任务提出了明确安排。

②京冀合作协议。2014 年 7 月 31 日，北京和河北签署了《共同打造曹妃甸协同发展示范区框架协议》《共建北京新机场临空经济合作区协议》《共同加快张承地区生态环境建设协议》《共同加快推进市场一体化进程协议》《共同推进物流业协同发展合作协议》《交通一体化合作备忘录》6 份文件，在重大项目落地、经济示范区组建、重点产业合作、基本公共服务均等化等多个方面均做出实质性部署。

③京津合作协议。2014 年 8 月 6 日，北京和天津签署了《贯彻落实京津冀协同发展重大国家战略推进实施重点工作协议》《共建滨海—中关村科技园合作框架协议》《关于进一步加强环境保护合作的协议》《关于加快推进市场一体化进程的协议》《关于共同推进天津未来科技城京津合作示范区建设的合作框架协议》《交通一体化合作备忘录》6 项协议及备忘录。其中，《贯彻落实京津冀协同发展重大国家战略推进实施重点工作协议》制定了 9 个方面、30 个重点领域的内容，交通、生态治理以及产业转移是合作重点。

④津冀合作协议。2014 年 8 月 24 日，天津与河北签署了《加强生态环境建设合作框架协议》《推进教育协同发展合作框架协议》《共同打造津冀（涉县·天铁）循环经济产业示范区框架协议》《推进区域市场一体化合作框架协议》《交通一体化合作备忘录》5 项协议及备忘录。至此，在京津冀协同发展战略的指导下，京津冀协同发展将进一步走向实质阶段。

2. 协同发展目标下京津冀提出的发展战略

中央着力形成京津冀协同发展框架思路，正在积极酝酿组建京津冀协同发展领导组织机构，三省市分别成立了协同发展领导小组和协调小组，都由省市政府主要领导担任组长，定期研究合作发展中的重大问题。

北京市委十一届五次全会传达学习贯彻习近平总书记视察北京时的重要讲话，明确了“十个新认识”以及着力打造现代化的新型首都经济圈的主要任务。天津市委强调牢牢抓住推进京津冀协同发展和京津双城联动发展的战略机遇，着力推进承接合作载体建设，吸引更多优质资源，着力做好京津通关一体化试点准备工作，并提出了18个承载首都功能转移的平台。河北省研究出台了《关于贯彻落实习近平总书记重要讲话精神加快推进京津冀协同发展的意见》，系统地提出了河北省推进京津冀协同发展的指导思想、基本原则，明确部署了六大推进京津冀协同发展的重点任务，提出了40个承接京津功能疏解和产业转移的重点平台。

京津冀各地区在推进京津冀地区区域经济一体化发展，打造首都经济圈方面都提出了相关规划和政策。梳理三地“十二五”规划关于区域一体化的内容主要有以下几个方面。北京市规划提出要更深入、更广泛地开展与天津、河北、山西、内蒙古及环渤海地区的合作，充分发挥首都优势，显著增强服务区域、服务全国的功能，共同推动区域一体化进程和首都经济圈形成，实现整体发展水平的跃升；要围绕快速交通网络构建、资源环境保障、产业分工合作、区域合作机制创新等关键领域，积极推进区域资源合理配置和共同市场形成；着重增强首都科技服务、文化服务、金融服务、信息服务、商务服务等产业发展优势，推动一般制造业向市外转移，促进经济合理分工。天津市提出要逐步加强京津冀地区、环渤海地区交通、信息、人才、旅游等各个方面的一体化发展；做好与北京地区的产业分工以及衔接配套，打造京津唐高新技术产业带；加强生态环境治理和水源地保护的区域合作；建设京津城际机场联络线，建成京津城际延伸线，完善双城间的轨道交通。河北省提出在积极为京津搞好服务、全方位深化京津冀合作的同时，在承德、张家口、廊坊、保定4市选择毗邻北京、交通便利的14个县（市、区）重点突破，建设1圈（以新兴产业为主体的环首都经济圈）、4区（高层次人才创业园区、现代物流园区、科技成果孵化园区、新兴产业示范园区）、6基地（养老、健身、宜居生活、休闲度假、观光农业、有机蔬菜基地）；逐步形成环北京的“一小时交通圈”；加强与京津地区的融合，实施和北京、天津两地区错位发展的战略，承接北京、天津两市产业、人才、技术资金、项目管理、消费等的转移。

此外，河北省还率先明确各城市分工，积极落实协同发展战略。2014年3月26日，河北省召开推进新型城镇化工作会议，讨论《河北省委、省政府关于推进新型城镇化的意见》，率先落实京津冀协同发展战略。其中，在环首都城市群方面，要在规划、政策、功能、产业和设施等方面逐步与京津实施对接；积极整合环首都地区城镇发展资源，按照对不同城市主体功能区的定位，以培育打造新区、县城扩容升级等为重点，推进首都新机场临空产业区以及京东、京南、京北新区和白沟新城建设，逐步形成一批各具特色、设施完备、宜居宜业的中小城市群。在沿海城市带建设方面，提升唐山市、秦皇岛市、沧州市的城市功能，统筹推进沿海新区新城镇建设，较大幅度地提升基础设施建设水平，推动航运与铁路、公路、机场等配套设施的建设发展，形成港口、产业以及港城互动发展的新格局；倾力打造曹妃甸新区和渤海新区两大河北经济增长极，加速优化主要港口布局，拓展港口运输功能，促进港口腹地纵深发展，推动港口、产业以及相邻城市的互动发展，建设具有国际竞争力的新型工业化基地和现代化新型城市。在冀中南城市群方面，推进石家庄正定新区、临空港产业园区、东部新城，以及邯郸冀南新区、衡水滨湖新区、邢台新区的建设发展，将冀中南地区发展成国家重要的新能源、装备制造、服务外包和高新技术产业基地，建成区域性物流、旅游、商贸流通、科教文化和金融服务中心。

与此同时，河北省各地级市也明确提出自己的功能定位（见表1）。其中，石家庄市定位为京津冀城市群南部副中心城市，通过重点发展高新技术产业、新型产业和现代化服务业并重点建设正定新区、东部产业新城、大西柏坡、空港工业园、南部工业园重点工程，努力打造京津冀第三极，强化省会的冀中南经济区主导地位和全省领先地位。廊坊市则力争通过整合固安县、永清县资源，统筹推进首都新机场临空产业区建设，打造京津冀电子信息走廊、环渤海休闲商务中心城市，抓住京冀共建北京新机场和临空经济区的有利时机，以生态、智能、休闲、商务为发展方向，大力发展现代服务业和战略性新兴产业以及与北京关联度高的产业，着力建设创新型城市，成为京津冀城市群核心区的重要节点城市，建成京津冀协同发展的先行区和示范区。保定市则提出要打造京津保三角核心区，发展高端装备制造、新能源、节能环保和临空经济、现代物流等产业，建设集中承接首都行政事业等功能疏解的服务区，承接首都部分行政事业单位、高等院校、科研院所和医疗养老等功能疏解，增强对驻京外迁企事业单位的吸引力。张家口则定位为北京、河北、山西、内蒙古交界区域中心城市和服务首都的特色功能城市，并提出利用毗邻北京的区位优势，强化副中心城市建设。其中，怀来县定位为北京绿色农副产品供应区、环首都新兴产业示范区、京畿生态休闲旅游度假区和京西北现代物流区；蔚县定位为京西观光农业、文化旅游和文化产业样板城；涿鹿县定位为低碳环保的京北科技孵化基地、新兴产业示范区；赤城县定位为京北温泉水城、北京绿色农产品供应基地。承德提出充分发挥生态优势，打造服务首都的特色功能城市的发展定位，并进一步提出要打造国际休闲旅游基地、国家钒钛资源利用产业基地、首都绿色有机农产品加工基地、京北清洁能源基地四大增长极。秦皇岛提出充分发挥滨海资源优势，打造服务首都的特色功能城市，努力将北戴河新区建成中国北方乃至世界一流的旅游休闲度假目的地、国家级旅游度假区和生态文明示范区。唐山提出以循环发展为方向，承接北京石油化工、装备制造等新型重化工业和战略性新兴产业转移，打造首都经济圈产业发展的第二空间，建设京津冀城市群东北部副中心城市。沧州定位为环渤海重要工业城市。衡水提出通过大力发展装备制造、生态化工和食品加工产业推进生态宜居的北方湖城建设。邢台定位为冀中南地区重要增长点。邯郸定位为冀、晋、鲁、豫 4 省接壤地区的区域中心城市，并逐步建成全国重要的精钢生产基地、装备制造基地、煤电煤化基地、新型材料基地、文化旅游基地、现代物流综合枢纽。

表1 河北省各地级市城市功能定位

城市	定位
石家庄	京津冀城市群南部副中心城市
廊坊	京津冀城市群核心区的重要节点城市，京津冀协同发展的先行区和示范区
保定	承接首都行政事业等功能疏解的服务区，京津产业重要承接地
张家口	京、冀、晋、内蒙古交界区域中心城市，服务首都的特色功能城市
承德	服务首都的特色功能城市
秦皇岛	服务首都的特色功能城市
唐山	京津冀城市群东北部副中心城市
沧州	环渤海重要工业城市
衡水	生态宜居北方湖城
邢台	冀中南地区重要增长点
邯郸	冀、晋、鲁、豫4省接壤地区的区域中心城市

（二）京津冀协同发展的重大历史使命

京津冀协同发展的意义是实现习近平总书记提出的“四个需要”，即强调实现京津冀协同发展，是面向未来打造新的首都经济圈、推进区域发展体制机制创新的需要；是探索完善城市群布局和形态、为优化开发区域发展提供示范和样板的需要；是探索生态文明建设有效路径，促进人口、经济、资源、环境协调发展的需要；是实现京津冀优势互补、促进环渤海经济区发展、带动北方腹地发展的需要。京津冀协同发展是一个重大国家战略，要坚持优势互补、互利共赢的原则，扎实推进，加快走出一条科学持续的协同发展路子来。

遵循京津冀协同发展“四个需要”的重要思路，推进京津冀协同发展应立足各自的比较优势、立足现代产业分工要求、立足区域优势互补原则、立足合作共赢理念，以京津冀城市群建设为载体、以优化区域分工和产业布局为重点、以资源要素空间统筹规划和利用为主线、以构建长效体制机制为抓手，从广度和深度上推进区域一体化进程。由此，京津冀协同发展具有五大使命：一是重塑经济增长的动力源泉，建成世界级的技术和产业创新中心，打造新经济增长方式的引领区；二是促进和带动环首都欠发达地区加快发展，打造社会和谐和区域协调发展的首善区；三是以京津冀城市群建设为载体，形成世界级城市群，打造人、产、城和生态四者卓有成效地融合的示范区；四是让市场充分发挥资源配置的决定性作用，让资源要素相互对接和自由流动，构建区域现代产业体系的先行区；五是推动行政体制改革与创新，建设京津冀区域产业发展长效体制机制的探索区。

综上所述，京津冀协同发展的本质不在于能否协同发展、能否一体化发展，而在于如何协同发展、如何一体化发展；京津冀协同发展的根本不在于短期的政府行为和刺激政策，而在于能够直面深层次的体制改革和调整；京津冀协同发展的关键在于成功启动技术产业前沿突破，把政府行为转变成开放环境下具有自生能力的新增长源泉，实施创新驱动战略。

二　京津冀协同发展条件下京津冀三地功能定位

在新形势下，目前北京、天津、河北的既有功能定位尚不清晰，空间格局尚不明确，还不能很好地服务于京津冀地区的经济社会发展。因此，需要重新探讨京津冀三地的功能定位及空间布局，并在此基础上提出协同发展的战略举措。本报告试图在新时期京津冀协同发展背景下，从城市体系、交通或经济廊道、功能分区、要素禀赋和政策制度等维度对京津冀三地的发展定位及空间布局进行分析，并回答“在京津冀协同发展的新形势下，京津冀三地功能定位和总体空间格局是怎样的”这一核心问题。下文分别从目标层、定位层、布局层和策略层 4 个方面展开论述，分析框架如图 2 所示。

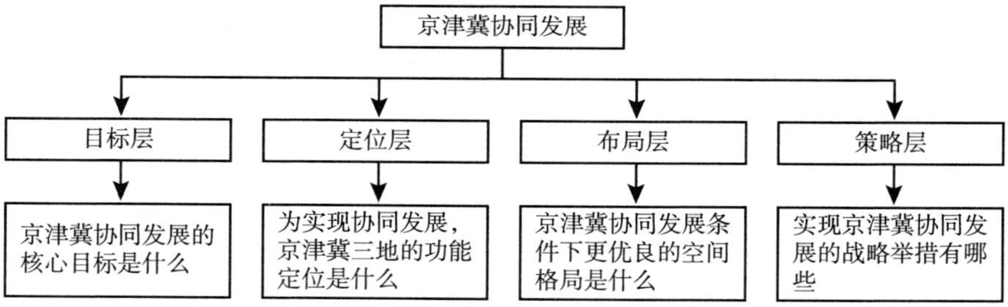

图 2　京津冀协同发展分析框架

京津冀协同发展战略目标的实现应遵循“机制合理、形态优良、科学持续、优势互补”的基本原则，以京津冀三地科学功能定位为前提，以京津冀城市群建设为载体，以优化区域分工和产业布局、疏解首都非核心功能、实现创新驱动发展为重点。具体而言，京津冀三地功能定位应重点考虑三大因素：协同发展战略目标、京津冀三地比较优势和首都非核心功能疏解的要求。

本报告认为，未来京津冀协同发展主要有三大核心目标，即打造世界级城市群、推进经济创新发展和承载首都功能疏解。其中，打造世界级城市群目的在于在提升国际化水平的基础上，着力推进国际高端要素向京津冀集聚，增强该区域在全球的资源配置能力和经济控制能力。推进经济创新发展即抓住科学发展这一主线，加快区域经济结构调整和转型升级，推进京津冀地区经济社会发展由原有的要素驱动和资本驱动向创新驱动转变。而承载首都功能疏解是京津冀协同发展最现实的要求，即通过科学定位和优化空间布局，推进北京非核心功能和产业向周边地区有序转移，以缓解北京的人口、资源、环境压力。遵循这一发展思路，京津冀三地的功能定位也必须服务于以上三大目标，突出功能定位高端化、产业创新转型升级和科学优化的产业空间布局。

为更好地确定京津冀三地的功能定位，在明确京津冀协同发展战略目标的条件下，还应进一步采用区位熵①和产业生产率对三地的比较优势产业进行分析和梳理。受数据可获得性限制以及考虑到地区之间与产业之间的可比性，我们选择京津冀地区制造业的 18 个细分产业 2012 年的数据进行研究，数据全部取自三省市 2013 年的统计年鉴，区位熵计算结果见表 2。

---

① 在区域经济分析中，常用区位熵来衡量某一区域内某一行业在更高层次区域中的地位和作用，或者某个行业在区域经济中的专业化程度。区位熵的计算公式为：

$$Q_{ip} = \frac{VA_{ip}}{\sum_{i=1}^{m} VA_{ip}} \Bigg/ \frac{VA_{in}}{\sum_{i=1}^{m} VA_{in}}$$

，式中，Q_{ip}为 p 区域 i 工业行业的区位熵；VA_{ip}为 p 区域 i 工业行业的工业总产值（或者工业增加值）；VA_{in}为全国 i 工业行业的工业总产值（或者工业增加值），m 为工业行业的数量。

表2　京津冀三地制造业细分行业区位熵

产　业	区位熵		
	北京	天津	河北
煤炭开采和洗选业	1.224	1.192	0.814
黑色金属矿采选业	0.326	0.116	1.726
农副食品加工业	0.598	0.935	1.181
食品制造业	0.680	1.763	0.701
酒、饮料和精制茶制造业	1.514	0.667	0.995
纺织业	0.126	0.188	1.759
纺织服装、服饰业	1.004	1.220	0.879
皮革、毛皮、羽毛及其制品业和制鞋业	0.061	0.166	1.794
木材加工和木、竹、藤、棕、草制品业	0.288	0.293	1.643
家具制造业	1.090	0.803	1.075
造纸及纸制品业	0.427	0.857	1.285
印刷和记录媒介复制业	1.727	0.403	1.062
文教、工美、体育和娱乐用品制造业	0.921	1.472	0.771
石油加工、炼焦及核燃料加工业	1.063	0.943	1.008
化学原料及化学制品制造业	0.503	1.167	1.089
医药制造业	1.808	0.905	0.759
橡胶和塑料制品业	0.378	0.949	1.253
非金属矿物制造业	0.946	0.429	1.331
黑色金属冶炼和压延加工业	0.054	0.837	1.431
有色金属冶炼和压延加工业	0.345	1.820	0.791
金属制品业	0.464	1.066	1.158
通用设备制造业	1.131	1.190	0.849
专用设备制造业	0.994	1.309	0.834
汽车制造业	2.322	1.060	0.488
铁路、船舶、航空航天和其他运输设备制造业	0.876	1.741	0.642
电气机械和器材制造业	1.164	0.983	0.950
计算机、通信和其他电子设备制造业	2.176	1.804	0.137
仪器仪表制造业	3.250	0.651	0.375
其他制造业	2.047	1.338	0.437
废弃资源综合利用业	0.147	2.456	0.517
金属制品、机械和设备修理业	2.399	0.559	0.733
电力、热力生产和供应业	2.456	0.388	0.806
燃气生产和供应业	2.921	0.803	0.411
水的生产和供应业	1.990	1.207	0.529

通过分析京津冀三地区位熵发现，北京市在汽车制造业，计算机、通信和其他电子设备制造业，仪器仪表制造业以及金属制品、机械和设备修理业的产业优势明显。天津市的优势产业则主要为铁路、船舶、航空航天和其他运输设备制造业，有色金属冶炼和压延加工业，文教、工美、体育和娱乐用品制造业，废弃资源综合利用业等。河北省在纺织业，皮革、毛皮、羽毛及其制品业和制鞋业，木材加工和木、竹、藤、棕、草制品业，黑色金属冶炼和压延加工业等产业具有比较优势。因此相对而言，北京市的优势主要集中在智力和技术密集型制造业，天津市的优势主要集中在技术和资本密集型制造业，而河北省的优势主要集中在劳动力和资本密集型制造业，这也为京津冀三地产业、功能分工提供了依据。

进一步考察首都非核心功能疏解的要求。表3梳理了近期首都非核心功

表3　首都非核心功能疏解内容及可能疏解的地区

疏解功能	细分类别	具体项目	可能的转移地区
产业类转移	服装类	北京动物园服装批发市场	河北永清、固安、高碑店白沟镇
	电子类	阿里数据处理中心、58同城、当当网、唯品会、酒仙网	天津武清
	钢铁类	首钢总公司北京产业园	唐山市曹妃甸区
	农产品批发	北京新发地农产品批发市场	保定
	航天企业	航天临空产业	涿州
	汽车类企业	北汽集团旗下北京汽车制造厂有限公司	河北黄骅
	新机场和临空产业	—	北京大兴、河北固安等
	北京高科技产业	转到廊坊科技园、天津滨海新区、天津武清科技园、保定涿州科技园等	廊坊、保定、天津滨海新区、天津武清
高校与园区合作	高等院校	北京城区高校	北京昌平区大学城、北京房山区大学城、河北廊坊大学城、天津滨海新区、河北沧州渤海新区等
	高等院校	北京城区高校	保定京南大学城、承德等
	科技园区	北京科技企业	保定白洋淀科技城、秦皇岛、承德、沧州、天津未来科技城等
事业单位、医疗机构合作	医疗机构	北京地区医院	河北涿州
	事业单位	北京部委下属单位	保定或秦皇岛
	事业单位	北京体育企业和机构	张家口等

能疏解的内容及可能的疏解地区，必须说明的是，尽管明确提出了首都功能疏解的要求，但不同产业、企业疏解地的区位选择主要还是其自身的市场行为。通过疏解目的地分析可进一步明确地区的区位优势。

从表 3 可以看出，首都非核心功能疏解主要有两大目的地：一是环首都 50～100 公里的廊坊、保定、天津部分地区，如固安、永清、涿州、高碑店、武清等；二是环渤海的天津滨海新区、曹妃甸、沧州黄骅等地区。企业做出这种区位选择的原因在于这些地区的区位和资源禀赋条件较好。

如图 3 所示，本报告认为协同发展条件下京津冀地区未来要实现建设世界级城市群、推进经济创新转型发展及承载首都功能疏解的发展目标，北京应定位为“四大中心”，即政治中心、文化中心、国际交往中心和科技创新中心。天津应在先进制造业研发与转化、金融创新与运营、国际航运与贸易，以及综合改革等方面走在全国前列。因为，目前天津面临前所未有的多重叠加的重大历史机遇：除了京津冀协同发展重大国家战略外，还有 2006 年国务院批复的滨海新区综合改革试验区，经过几年建设已经在全市发展中起到引擎带动作用；2014 年底国务院批复的建设国家自主创新示范区，推进科技创新、成果转化、创新创业等诸多先行先试政策，努力建设具有国际

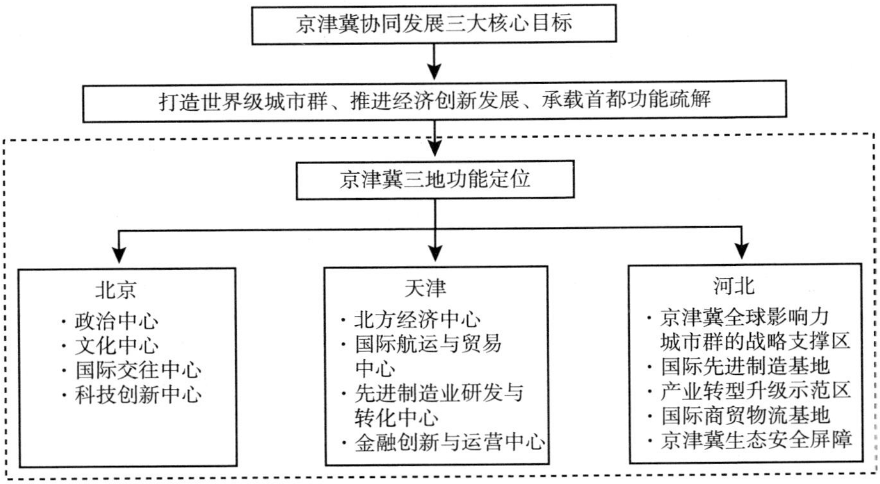

图 3　协同发展条件下京津冀三地功能定位

影响力的产业创新中心和国家级区域创新中心；2014 年底国务院批准成立自由贸易园区，通过构建更加开放的经济体系，抢占新一轮改革开放的制高点；面对我国实施全方位对外开放格局中的“一带一路”重大战略，天津正在打造中、蒙、俄经济走廊的主要节点和海上合作战略支点。河北省总体上是京津冀地区打造全球影响力城市群的战略支撑区，应在先进制造业、产业转型升级和京津冀生态安全屏障方面发挥独有作用。

三　协同发展条件下京津冀空间发展格局

实现区域协调发展的根本措施就是实施一体化战略，京津冀协同发展的战略核心也必定是一体化。按照“机制合理、形态优良、科学持续和优势互补”的发展思路，本报告借鉴多中心网络型世界级城市群空间结构发展的经验，充分考虑京津冀城市群发展的现状和未来趋势，统筹人口、资源、环境发展之间的关系，统筹海陆发展，将京津冀地区经济活动空间格局概括为以“两核两心四带多节点”为合作载体的空间布局（见图 4）。

“两核”是京津冀区域的中心，指北京和天津。北京市应立足首都城市性质，围绕“四个服务”推进首都核心职能发展。突出北京国家政治中心、文化中心、国际交往中心和科技创新中心的“四心定位”；依托北京长期作为我国首都的历史条件、政治文化资源及国际化程度，进一步强化北京原有的政治、历史、文化及国际交往等职能；依托北京优越的交通区位条件、丰裕的创新资源及密集的经济活动人口，推进北京科技创新中心职能建设；着力推进首都非核心功能向周边区域疏解，强化首都的核心功能。天津应立足京津地区的人口和经济集聚优势和创新资源优势，依托北方第一大港的港口优势、京津两地便捷的交通条件，充分利用国家自主创新示范区、天津滨海新区国家级新区、国家综合配套改革试验区、国家自主创新示范区、自由贸易园区建设等重大历史机遇，积极在创新创业及体制机制等方面推行先行先试政策。同时，在京津两地差别化职能定位的基础上，加快推进京津两地产业、基础设施、环境治理、公共服务等方面的对接合作，打造城市共同体和

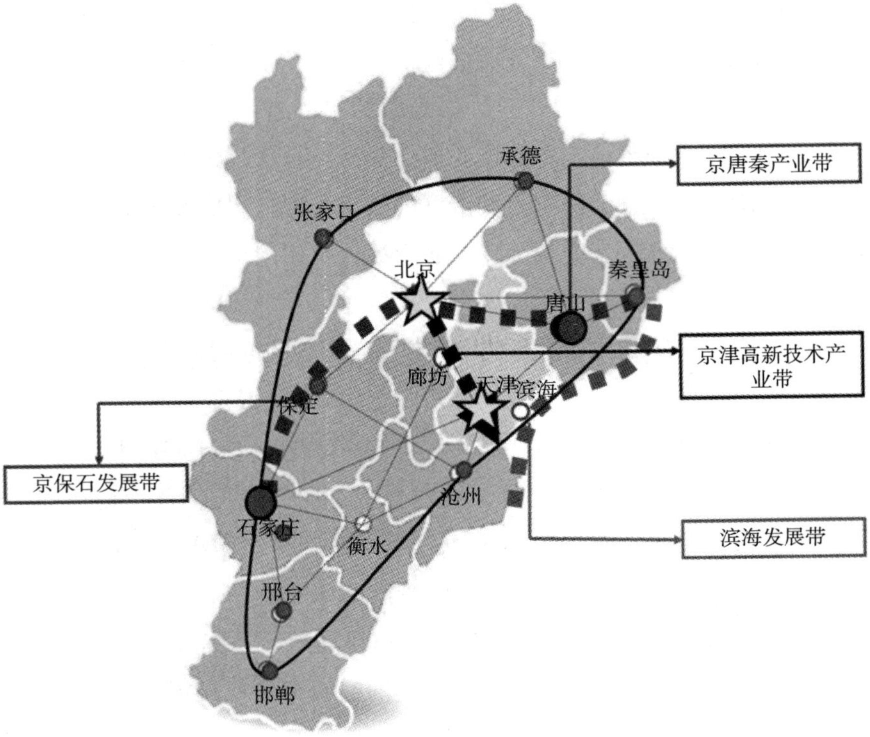

图 4　京津冀“两核两心四带多节点”空间布局

区域创新共同体。在北京市“四心”职能定位及首都非核心功能疏解的条件下，逐步夯实天津市在京津冀协同发展中的新定位。

“两心”是京津冀区域副中心（次中心），即石家庄和唐山。立足石家庄和唐山的人口集聚及交通区位优势，充分发挥两地区域次中心职能，进一步提升城市综合承载力和服务能力，加快产业和人口集聚，带动周边区域协调发展。积极推进石家庄商贸物流产业发展，将石家庄打造成为冀中南区域中心，辐射华北的区域商贸物流中心城市。强化唐山的冀北区域中心职能，推进唐山现代临港制造业基地建设，辐射秦皇岛和承德等地。

“四带”是京津冀区域的产业带、城市带，即京津高新技术产业带、滨海发展带、京保石发展带和京唐秦产业带。其中，京津高新技术产业带包含北京市城六区、昌平区、顺义区、通州区、大兴区、房山区、门头沟区，天津市城六区、北辰区、西青区、津南区、东丽区、滨海新区、武清区，廊坊市市辖区等地。应重点依托京津发展带上丰富的智力、人才、科教创新资源，利用中关村国家自主创新示范区、天津滨海新区高新技术产业开发区等产学研基地，重点引导科教创新资源进一步向该地区集聚，加快发展以科教研发、高新技术、商务休闲为主体功能的京津高新技术产业集聚区、战略性新兴产业集聚区。滨海发展带包含天津市滨海新区，唐山市丰南区、曹妃甸区、滦南县、乐亭县，秦皇岛市市辖区、抚宁县、昌黎县，沧州市黄骅市、海兴县等地。伴随曹妃甸工业区、天津滨海新区、沧州渤海新区等环渤海区域的开发建设，滨海发展带的区位优势和政策优势将进一步凸显，未来将形成装备制造、石化等重工业与航空航天、海洋经济、港口物流等新兴产业相结合的滨海新兴产业集聚带。京保石发展带包含石家庄市市辖区、鹿泉市、新乐市、藁城市、无极县、正定县、高邑县、赞皇县、栾城县、赵县、元氏县，廊坊市固安县，保定市市辖区、定州市、高碑店市、涿州市、徐水县、容城县、满城县、望都县、定兴县、清苑县，邢台市市辖区、沙河市、内丘县、临城县、隆尧县、任县、柏乡县、邢台县、南和县，邯郸市市辖区、峰峰矿区、武安市、成安县、临漳县、永年县、邯郸县、磁县等地。这一地区地处京津冀内陆地区，同时也是人口高度密集的地区，应积极承接首都非核心功能疏解，重点发展商贸物流等现代服务业和生物、新能源等战略新兴产业，注重科技成果转化，形成京津冀重要的产业转型升级发展带。京唐秦产业带包括京、唐、秦交通沿线的重要城市，包含天津市宝坻区、蓟县，唐山市市辖区、迁安市、滦县、玉田县，秦皇岛市市辖区、卢龙县、抚宁县，廊坊市三河市、香河县、大厂回族自治县等地。该地区未来应逐步壮大装备制造、电子信息等先进制造业，形成京津冀先进制造产业带。

各功能带经济社会发展指标统计如表 4 所示。2012 年京津高新技术产业带以占整个京津冀地区 7.40% 的土地承载了 29.00% 的人口和 51.70% 的经济活动，人口密度约为 1940 人每平方公里，相当于东京都市圈的 3/4，是京津冀地区人口和经济活动最密集的地区，经济活动集聚特征明显。此

表 4　各功能带经济社会指标统计

指标＼重点发展带	京津高新技术产业带	滨海发展带	京保石发展带	京唐秦产业带
总面积(km^2)	16124	14767	25893	12864
总面积占比(%)	7.40	6.80	11.90	5.90
2002 年总人口(万人)	1867.4	613.2	2043.6	824.2
人口占比(%)	20.40	6.70	22.30	9.00
人口密度(万人/km^2)	0.116	0.042	0.079	0.064
2012 年总人口(万人)	3127	722.8	2276	936.5
人口占比(%)	29.00	6.70	21.10	8.70
人口密度(万人/km^2)	0.194	0.049	0.088	0.073
人口年均增长率(%)	5.30	1.70	1.10	1.30
占比变化(个百分点)	8.60	0.00	-1.20	-0.30
2002 年总 GDP(亿元)	4831.5	1551.8	2194.2	1059.0
GDP 占比(%)	38.40	12.30	17.40	8.40
GDP 密度(亿元/km^2)	0.300	0.105	0.085	0.082
2012 年总 GDP(亿元)	29654.9	9983.3	8369.6	5553.3
GDP 占比(%)	51.70	17.40	14.60	9.70
GDP 密度(亿元/km^2)	1.839	0.676	0.323	0.432
GDP 年均增长率(%)	19.90	20.50	14.30	18.00
占比变化(个百分点)	13.30	5.10	-2.80	1.30

外，从近 10 年的变动上看，京津高新技术产业带人口和 GDP 年均增长率分别为 5.30% 和 19.90%，占比分别提高了 8.60 和 13.30 个百分点。而滨海发展带则以占京津冀地区 6.80% 的土地承载了 6.70% 的人口和 17.40% 的经济活动，人口密度仅为 490 人每平方公里，其产业主要以装备制造、重化工等为主。近 10 年 GDP 年均增速达到 20.50%，GDP 占比也上升了 5.10 个百分点。由此可以看出，京津高新技术产业带和滨海发展带目前仍处于人口和经济加速集聚的过程。而京保石发展带以 11.90% 的土地承载了 21.10% 的人口和 14.60% 的经济活动，是京津冀地区人口相对密集但经济发展相对落后的地区。相比 2002 年，2012 年京保石发展带人口占比下降了 1.2 个百分点，GDP 占比下降了 2.8 个百分点，由于京保石发展带位于京津冀内陆地区，产业以劳动密集型及重化工业为主，伴随未来经济活动进一步向京津高新技术产业带和沿海地区集聚，京保石发展带人

口和GDP比重也将进一步下降。京唐秦产业带以占京津冀5.90%的土地承载了8.70%的人口和9.70%的经济活动，近10年间，京唐秦产业带人口占比下降了0.3个百分点，而GDP占比提高了1.3个百分点，这一地区未来人口与经济集聚也将呈现相对弱化的趋势。

“多节点”指的是沧州、保定、廊坊、张家口、承德、秦皇岛、邢台、衡水、邯郸9个对京津冀具有重要支撑作用的地级市。其中，沧州应依托亚欧大陆桥新起点的战略区位优势、黄骅优良的港口条件以及沿海丰富的土地、水等资源条件，将自身打造成京津冀高新技术产业基地和港口物流枢纽。2007年渤海新区设立以后，沧州市几乎一直是河北各地市中经济成长最快的城市，到2013年，沧州市财政收入已在河北各地市中居第三位，人均GDP已高出邯郸约1万元，2014年GDP总量超过邯郸，成为河北省第三大地市经济体。保定市应充分利用其邻近京津、交通便利的区位优势，重点提升涿州、白沟、高碑店等重点城镇的产业承载能力，做大城市规模，做优城市环境，逐步推进国家低碳经济综合实验区、中国电谷和新能源等先进制造业基地以及国家历史文化名城建设。廊坊地处“京津高新技术产业带”，区位优势明显，未来应抓住京冀共建北京第二机场和临空经济区的重大战略机遇，加快推进距北京50~100公里的固安、大厂、三和、永清、霸州等地区承接首都非核心功能疏解，将廊坊建设成为京津发展带上的高新技术产业基地和现代服务业基地。张家口和承德总体处于京津冀生态涵养区，生态涵养、休闲旅游及农副产品供应是两地应承担的主体功能。两地应以加强生态功能区保护与建设，有效恢复和提升生态功能为主，有序推进人口向城镇和沿海区域有序转移，在产业方面积极发展生态旅游、休闲、保健康复、特色农业等优势产业，以及环境友好、污染小的高科技服务业和科教服务业。在此前提下，张家口应抓住与北京联合申办冬奥会的机遇，逐步建成京津冀农牧产品加工基地、科教研发新区和养老医疗基地。承德应重点推进生态文明示范区建设和新能源基地建设。秦皇岛应立足于滨海旅游资源优势，抓住北戴河新区开发建设机遇，打造全国著名的滨海休闲城市。地处河北南部的邢台、衡水和邯郸三市则应重点突出其对京津冀的产业支撑和保障作用，其中邢台应依托太行新区建设，推进科技成果转化和产业转型升级，加快新能源产业基地建设；衡水应重点突出京津冀地区农业生产保障的核心功能，推进国家粮食生产与绿色农副产品产业化基地和新农村建设；邯郸应重点推进装备制造和现代物流等产业发展，打造京津冀重要的先进制造业基地和商贸物流基地。

除此之外，应明确京津保三角、京津唐三角、京津廊三角、京张承三角、唐山—滨海—沧州增长带等空间结构组团与产业布局的未来方向；明确北京中关村、天津滨海新区、唐山曹妃甸区、沧州渤海新区、石家庄正定新区等战略性功能区定位；同时还要涉及诸如涿州、固安、大厂、黄骅、白沟新城、定州、任丘、迁安、武安等区位优势突出、要素禀赋明显、成长性好的中小城市和京津冀区域的新增长点。

未来京津冀协同发展应将加快培育和推进新增长极为经济空间布局和城镇空间优化的重点，以“两核两心四带多节点”为空间载体，着力形成京津双城联动、“两心”优化提升、“四带”协同发展的格局，加快推进重要节点城市发展，实现产业布局及城镇空间优化由单中心向多中心、由圈层结构向网络结构的转变。

在“两核两心四带多节点”的空间格局基础上，基于京津冀地区空间承载力、发展基础、功能导向及未来开发潜力，将京津冀区域划分为分工合理、功能互补的三大功能区，即西北部生态限制开发区、中部核心优化开发区和南部重点拓展区，以推进京津冀核心功能在区域内的优化布局。

其中，西北部生态限制开发区包含张家口、承德和秦皇岛三地，该区域生态系统脆弱，区域承载力较低，主要承担生态涵养、休闲旅游、农副产品供应等功能。中部核心优化开发区大致包含北京、天津、廊坊、唐山和沧州等市，主要承担科教研发、金融服务、电商物流等高端生产性服务功能和高端制造功能，该区域应成为整个京津冀优化提升首都城市功能、提高经济影响力和控制力、实现“世界级城市群”发展目标的核心支撑区域。南部重点拓展区则主要包含保定、石家庄、邢台、衡水和邯郸等市，主要承担科技成果产业转化、现代制造业及粮食生产供应等功能。

四　京津冀功能定位及空间布局决定因素分析

区域定位和空间布局本质上是为更好地推进区域发展而进行的空间谋划。对于区域发展问题，不同学科从不同角度对其影响因素进行了相关研究。区域科学侧重于从地理空间多维度特征出发探讨这一问题，并认为集聚经济、交易成本、比较优势和要素禀赋是影响一个地区竞争力提升的决定因素。杨开忠在《中国西部大开发战略》中提出我国西部地区发展滞后的关键在于“空间格局不经济”，其中“空间格局”指密度、距离、分割性和差异性等空间属性①。世界银行采用对全球不同国家的实证分析证明了密度、距离、分割性（Density，Distance，Division，即3D）对经济增长和空间集聚的重要性②。遵循这一思路，本小节将分别从经济集聚程度、区域通达性、资源要素禀赋、功能区划要求及政策环境差异5个维度探讨京津冀协同发展的区域定位及空间布局（见图5）。

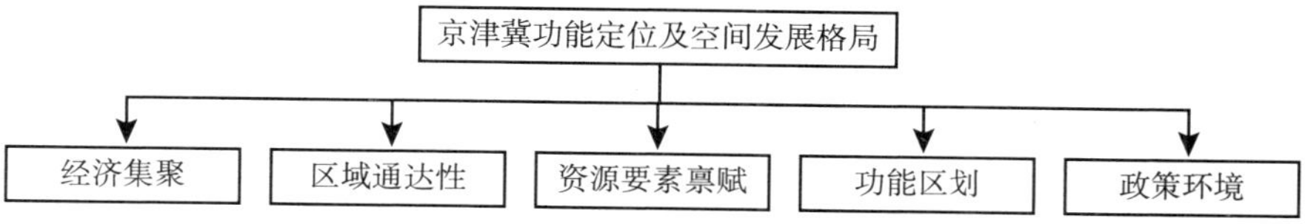

图5　京津冀功能定位及空间发展格局决定因素

（一）从经济集聚程度看

北京、天津以及京津高新技术产业带在人口、经济活动方面均是我国集聚程度较高的地区之一。京津高新技术产业带以约占京津冀1/14的面积承载了约1/3的人口和一半以上的经济活动。北京和天津是我国北方集聚效应最明显的两个城市。近年来，集聚效应吸引了更多的人口和经济活动。未来

① 杨开忠：《中国西部大开发战略》，广东教育出版社，2001。

② 世界银行：《2009年世界发展报告：重塑世界经济地理》，清华大学出版社，2009。

的集聚发展不仅仅是人口的进一步集聚，还体现为生产率的提高和高附加值产业的发展。而滨海发展带集聚则主要体现在经济活动上，该地区2012年GDP占京津冀GDP总量的17.4%，是重化工和装备制造产业集聚的重点地区，区域内能源、化工、冶金、建材、机械、汽车等是支柱产业，同时高科技产业、生物制药业等高新技术成为该区域的主导产业。此外，天津滨海新区的目标是建立与中国北方经济中心相适应的金融服务体系和金融改革创新基地。相对而言，京保石发展带与京唐秦产业带则主要体现为人口集聚，尤其是京石邯发展带。对比2012年京津冀人口密度、GDP密度与人均GDP分布图（见图6）可知，京保石发展带人口密度大，人口集聚特征明显，由于深居内陆，城市化水平低，经济发展相对落后。

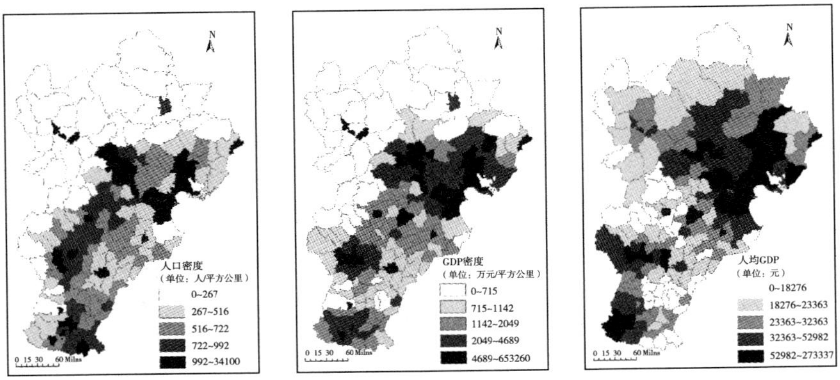

（a）京津冀人口密度　（b）京津冀 **GDP** 密度　（c）京津冀人均 **GDP** 分布

图6　2012年京津冀人口密度、GDP密度及人均GDP分布

（二）从区域通达性看

“四带”是京津冀地区通达性最好、与国内外经济联系最便捷的区域。通过图7可以看出，“四带”地区交通线路最为密集，京广、京哈、京沪、京津城际和津秦等高速铁路均途经“四带”区域。而从京津冀港口通达度来看，京津高新技术产业带和滨海发展带也是与秦皇岛港、曹妃甸港、京唐港、天津港和黄骅港五大港口距离最近、港口通达条件最好的区域。

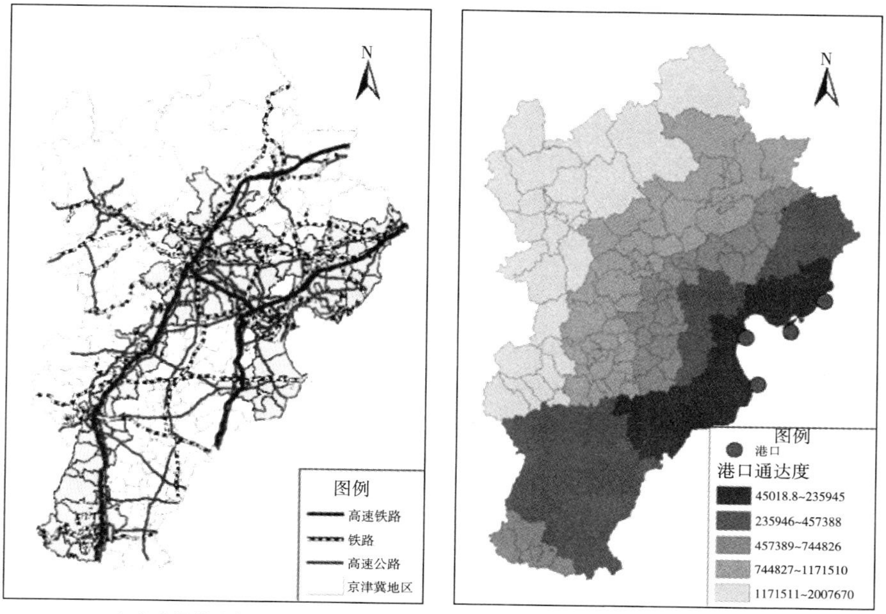

（a）京津冀重点交通路线现状　　（b）京津冀港口通达度

图 7　京津冀重点交通路线现状与港口通达度

可见，京津高新技术产业带与滨海发展带的区位优势最为突出。表 5 梳理了京津高新技术产业带的主要交通设施，京津两地皆为铁路枢纽，区域通达性优势十分突出。其中，北京是中国铁路网的中心之一，主要有北京到香港九龙的京九铁路、北京到上海的京沪铁路、北京到广州的京广铁路、北京到哈尔滨的京哈铁路等。北京首都国际机场是全球规模最大的机场，而首都第二机场，即北京大兴国际机场，位于北京市南端大兴区与河北廊坊市交界处，定位为国际大型枢纽机场，是继北京首都国际机场、北京南苑国际机场后的第三个客运机场，于 2014 年全面开工建设，预计 2018 年投入使用，建成后将达到 4500 万人次的吞吐量。而天津不仅位于京沪铁路、津山铁路两大传统铁路干线的交汇处，还是京沪高速铁路、京津城际铁路、津秦客运专线、津保客运专线等高速铁路的交汇点，是北京通往东北和上海方向的重要铁路枢纽。

表5 京津高新技术产业带交通条件

地区	铁路	高速公路	机场	港口
北京	京广、京九、京沪、京津城际、京唐城际、京秦、京承、京张、京哈、京包	京石、大广 京沪、京津 京哈、京藏	首都国际机场 北京南苑机场 首都第二机场 （建设中）	—
天津	京津城际、津滨城际、京沪、津保客专、津秦客专	京津、京沪 保津、长深、 海滨高速	天津滨海 国际机场	天津港 （北方第一大港）
廊坊	京沪线	京津、京沪、廊涿高速	—	—

滨海发展带地理位置优越，表6梳理了滨海发展带主要交通设施及腹地条件。区域内港口众多，腹地广阔，新亚欧大陆桥向西连接了山西、甘肃等地区，内陆市场广阔，是我国西部地区沟通沿海地区的重要节点，向东沟通韩国、日本，向北连接蒙古国和俄罗斯，是我国沟通东北、西北和华北经济以及进入国际市场的重要集散地。其中，天津港是世界等级最高、中国最大的人工深水港，是吞吐量居世界第四的综合性港口，致力于打造北方国际航运中心与国际物流中心，同时该港口上煤炭、干散货、杂货、集装箱并存。黄骅港腹地范围广阔，并富有陆域纵深，港口辐射范围覆盖河北省中南部地区、山东北部、河南北部、山西和陕西的大部分地区以及内蒙古的部分区域，腹地面积近100万平方公里，涉及1.8万亿元的GDP，具有较大的发展潜力。曹妃甸港水深条件极好，同时也是煤炭、铁矿石的输送码头。京唐港自孙中山先生提出建设后就一直不断地供应煤炭。秦皇岛港拥有2亿吨的煤炭吞吐量，并且依托大秦线的支撑，港口建设发展迅猛。

表6 滨海发展带主要港口交通与腹地条件

港　口	主要铁路线	腹　地
天津港	京沪线、京哈线、京津线、京包线等	华东、华南、西部、京津地区等
京唐港	京九线、京沪线、京广线、京哈线、京承线、京包线等	河北、北京、山西、宁夏、内蒙古
曹妃甸港	京山线、京秦线、大秦线等	华北、东北及北部部分地区
秦皇岛港	京哈线、京包线、京沪线等	华北、东北、西北地区
黄骅港	京沪线、京大线、京九线等	华北、华东、山西以及铁路线延伸地区

表7重点梳理了京保石发展带和京唐秦产业带的主要交通设施资源。京保石发展带交通便利，路网密集，腹地广阔，覆盖我国西北和华北地区，市场潜力巨大；邻近黄骅港、天津港等港口，货物集散方便；向西连接太原、银川，是我国中西部地区通向环渤海地区的必经之地；向南连接郑州、武汉、广州，是沟通我国南北方的重要轴带。目前区域内已形成以石家庄为枢纽，包含航空、铁路、高铁、高速公路、国道等的综合交通运输网络，运输规模大、能力强，是京津冀地区乃至全国交通网络的重要组成部分。石家庄是京广运输通道和朔黄运输通道的交汇处，是以铁路为主进行对外运输的集疏型与通道型相结合的华北地区内部综合运输枢纽。京广、石太、石德、朔黄铁路交会于此，其中京广铁路是贯穿我国南北的重要铁路通道，是国家铁路南北交通的大动脉，是我国线路最长、运输最为繁忙的铁路，具有极其重要的战略地位。石太铁路是晋煤外运的主要通道。而石太铁路客运专线是我国中长期铁路规划中“四纵四横”客运专线的“一横”——青太客运专线的重要组成部分。此外，石家庄与北京、天津、济南、太原、郑州几乎等距相望，1小时的高铁交通经济圈已经形成，石家庄市全面进入了高铁时代。

表7　京保石发展带和京唐秦产业带交通条件

对应发展带	铁路线路	高速公路
京保石发展带	京广铁路(北京—广州) 石太铁路(石家庄—太原) 石德铁路(石家庄—德州) 朔黄铁路(朔州—黄骅港) 京广高铁(北京—广州) 邯长铁路(邯郸—长治) 邯济铁路(邯郸—晏城) 邯黄铁路(邯郸—黄骅港) 石武客运专线(石家庄—武汉)	京石高速(北京—石家庄) 石黄高速(石家庄—沧州) 石太高速(石家庄—太原) 107国道(北京—广东) 207国道(内蒙古—广东) 石安高速(石家庄—邯郸) 京昆高速(北京—昆明) 京港澳高速(北京—澳门) 保津高速(保定—天津) 保沧高速(保定—沧州) 张石高速(张家口—石家庄) 京深高速(北京—深圳) 兰青高速(兰州—青岛)

续表

对应发展带	铁路线路	高速公路
京唐秦产业带	京哈铁路（北京—哈尔滨） 京哈高铁（北京—哈尔滨） 津山铁路（天津—山海关） 大秦铁路（大同—秦皇岛） 津秦客运专线（天津—秦皇岛） 秦沈客运专线（秦皇岛—沈阳） 迁曹铁路（迁安—曹妃甸） 唐港铁路（唐山—京唐港） 坨港铁路（滦县—京唐港） 遵小铁路（唐山—承德） 津秦城际铁路（天津—秦皇岛） 蒙曹铁路（张家口—曹妃甸） 张唐铁路（张家口—唐山） 张唐曹城际铁路（张家口—曹妃甸） 曹沧城际高铁（曹妃甸—沧州）	京哈高速（北京—哈尔滨） 沿海高速（沈阳—海口） 承秦高速（承德—秦皇岛） 102 国道（北京—哈尔滨） 105 国道（北京—珠海） 唐港高速（唐山—京唐港） 唐承高速（承德—唐山） 秦青线（秦皇岛—承德） 青乐线（承德—秦皇岛） 蛇刘线 京建线

京唐秦产业带北依燕山，南临渤海，西临北京、天津，地理位置优越。地处我国东北和华北两大经济区的结合部，以东北、华北为腹地，能够有效沟通我国东北、华北和西北地区，市场潜力巨大。京唐秦产业带陆路交通发达，是华北地区通往东北地区的咽喉地带，国家级铁路干线——京哈铁路、津山铁路、大秦铁路、津秦高铁等贯穿通过，连接着东北、华北地区，多条高速公路、国道穿境而过，与铁路互补，形成综合性交通网络。此外，该地区拥有秦皇岛港，货物集散方便，现代物流业发达，向东沟通朝鲜、韩国、日本，向北连接蒙古国和俄罗斯，是我国北方地区重要的对外贸易口岸，是我国北方地区货物进入国际市场的重要通道。

（三）从资源要素禀赋看

京津高新技术产业带创新资源优势突出，区域内集聚了京津冀地区绝大多数的科研人员、高校、科研机构和企业创新资源（见图8）。北京不仅拥有全国数量最多的著名高校，同时也拥有中国科学院、中国工程院等科学研

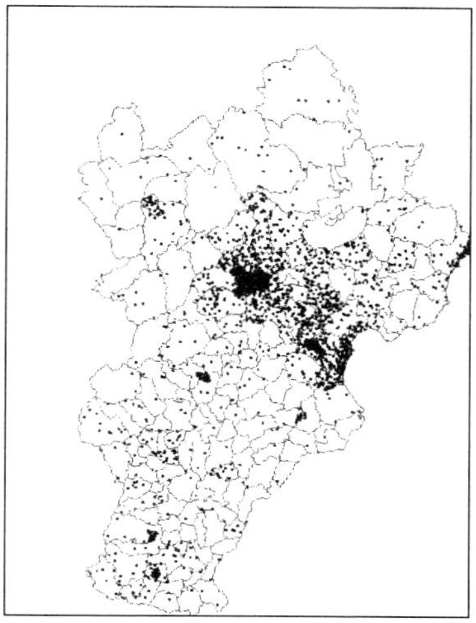

（a）京津冀信息传输、软件和信息技术服务从业分布

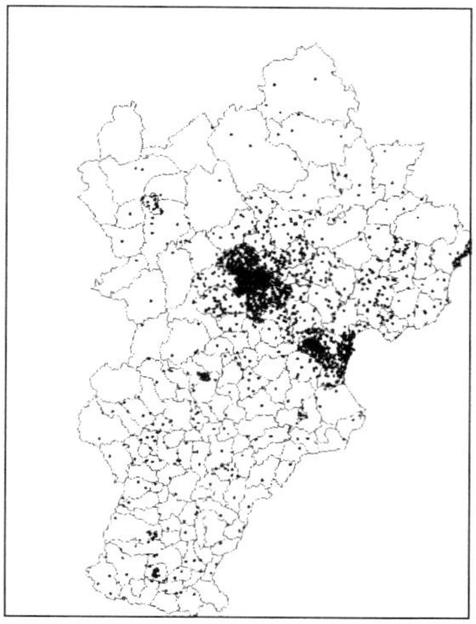

（b）京津冀科研和技术服务从业分布

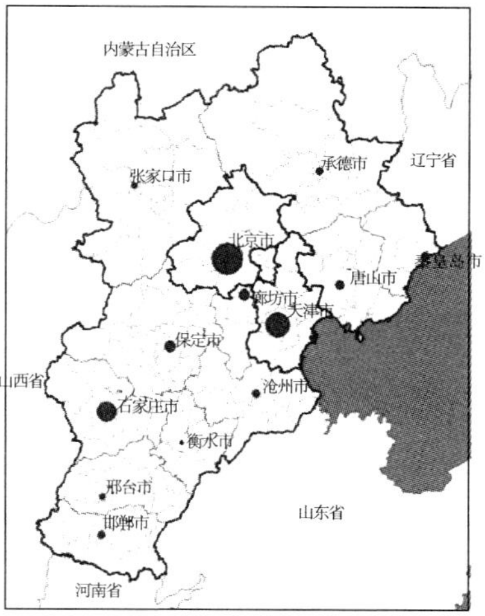

（c）京津冀高校分布图

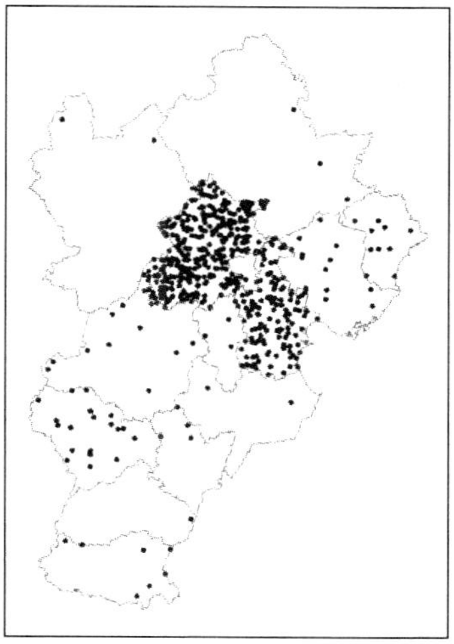

（d）京津冀地区专利数量分布图

图8　京津冀科教创新资源要素分布

究机构和号称“中国硅谷”的中关村科技园区，每年获国家奖励的成果约占全国的1/3，是全国高等院校中心和全国最大的科学技术研究基地。此外，北京还是跨国公司总部和研发机构集聚地，2013 年北京已有 48 家世界 500 强企业总部，首次位居全球城市第一，截至 2014 年 2 月，跨国公司在京总部企业和研发机构达到 714 家。此外，如图 8 所示，从科研和技术服务从业分布，信息传输、软件和信息技术服务从业分布，高校分布及专利数量分布看，京津高新技术产业带无疑是京津冀地区创新资源最密集的区域，因此未来京津高新技术产业带将成为引领京津冀地区创新发展的核心地区。

而滨海发展带上各地区具有自然资源禀赋的优势，拥有水资源、石油资源、海洋资源等。水资源是京津冀地区承载力的最大瓶颈，而环渤海发展轴可开发利用的海水资源丰富，可通过海水淡化缓解京津冀地区的水资源压力。环渤海发展带内自然资源丰富，且分布相对集中，易于开发利用。仅沧州境内的华北油田、大港油田两大油田，已探明石油地质储量就达 15 亿吨，天然气储量达 282 亿立方米。唐山拥有丰富的铁矿资源，保有量为 72 亿吨，为国家三大铁矿集中地之一。环渤海发展带内还拥有丰富的海洋资源、渔业资源，海洋捕捞、海水养殖已具有一定规模。环渤海发展轴内有大量滩涂，其盐类产业具有规模优势，其中沧州盐田为中国四大产业基地之一。轴内还存在大量盐碱荒地，适宜大规模的工业用地开发。

（四）从功能区划看

区域功能定位及重点地区开发不仅要充分考虑密度、距离、分割性和差异性，还应服从整体功能区划要求。如图 9 所示，京津冀地区地形的区域差异明显，可将京津冀地区划分为西北部山地区域和东南部平原区域。此外，京津冀地区土地利用分异特征明显，北部张承地区和京石保西部山地区域以林草地类型为主，而南部及沿海地区则以农用地和建设用地为主。从河北省主体功能区划和生态功能区划来看，京津高新技术产业带上的廊坊地区及滨海发展带上的唐山、沧州等地区是国家优化开发区，京保石一带则是国家重点开发区，沧州西北部、廊坊南部地区及衡水部分地区为省级重点开发区，而张承地区及太行山区则为国家或省级生态涵养区，而河北中南部广大平原地区则为国家农产品主产区。

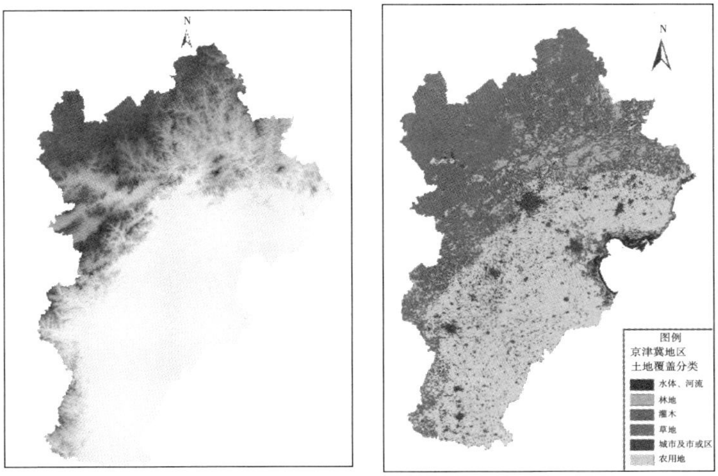

图9　京津冀地区高程、土地利用分类图

（五）从政策因素看

北京、天津两大直辖市具备相应的政策优势，北京市拥有的中关村国家自主创新示范区是中国第一个国家级高新技术产业开发区、第一个国家自主创新示范区、第一个“国家级”人才特区，是我国体制机制创新的试验田和中国高科技产业中心。它是北京市科技、智力、人才和信息资源最密集的区域，在支持研发机构创新、扶持人才创业、开展人才服务等方面有多项优惠政策；区内有各类高新技术企业万余家，成为北京市经济发展的重要增长源。天津市拥有天津滨海新区，滨海新区是天津市下辖的副省级区、国家级新区和国家综合配套改革试验区，是经国务院批准的第一个国家综合改革创新区。该区总面积2270平方公里，人口263万人，拥有国家级开发区、保税区、海洋高新区、出口加工区等一批功能经济区，是中国经济第三增长极的龙头。除此之外，河北省曹妃甸新区、渤海新区、正定新区、北戴河新区等地也是政策倾斜的重点区域。

五　京津冀协同发展的战略举措

2014年2月26日，习近平在北京主持召开座谈会，会上强调京津冀协同发展目标即在坚持优势互补、互利共赢、科学持续的前提下，推动京津冀地区高效、公平、可持续发展，并明确提出应重点从顶层设计、地方政府合作、产业协同、城市体系、生态保护、交通设施及市场机制等方面推进京津冀协同发展。实现区域协调发展的根本措施就是实施一体化战略①。世界银行发布的《2009年世界发展报告》明确提出，未来地区发展的核心策略就是空间经济一体化，而无空间差别的制度环境、连接性的基础设施以及针对性干预措施将是实现经济一体化的政策工具②。从这个意义上讲，推进京津冀协同发展的过程也是“一体化为核心的区域协调发展机制”逐步优化的过程。本报告认为京津冀协同发展战略主要包含6个方面的内容，即产业一体化、市场一体化、基础设施一体化、公共服务一体化、健全地方政府合作机制、健全生态补偿机制（见图10）。

第一，要将产业对接转移、人口迁徙、城镇建设和生态保护四者结合起来。重点在北京和天津的“两核”、石家庄和唐山的“两心”，京津高新技术产业带、滨海发展带、京保石发展带和京唐秦产业带的“四带”，以及京津保三角、京津唐三角、京津廊三角、京张承三角、唐山—滨海—沧州增长带等空间结构组团，围绕发展潜力大、成长性强、带动作用显著的优势产业链，以技术“进链”、企业“进群”、产业“进带”、园区“进圈”为主线，以“缺链补链、短链拉链、弱链强链、同链错链”为总体思路，以一批新的园区、合作区为支撑点，以区域的主要交通干线等为轴线，形成具有自研发设计至终端产品相对完整产业链的整体优势；打造“企业拉动、项目带动、集群驱动、区域联动”格局，建成一个“研发—转化—生产”良性循环的区

① 杨开忠：《迈向空间一体化：中国市场经济与区域发展战略》，四川人民出版社，1993。

② 世界银行：《2009年世界发展报告：重塑世界经济地理》，清华大学出版社，2009。

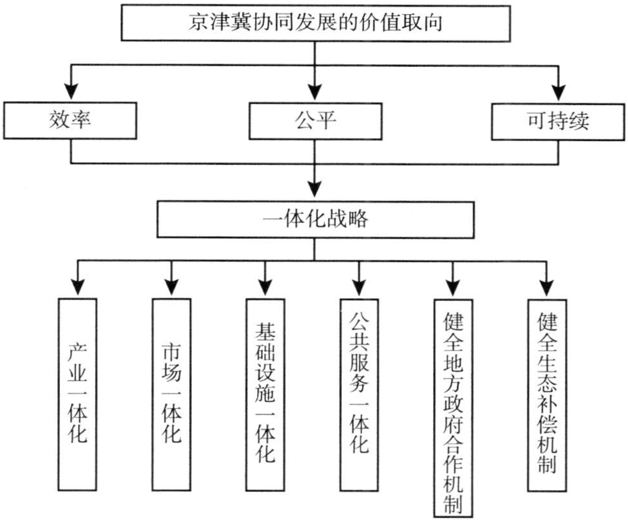

图 10　京津冀协同发展的战略框架

域产业生态系统，全面增强整个区域产业的综合实力、创新能力和竞争能力。

第二，着力推进京津冀市场一体化进程，强化市场对资源配置的决定性作用。市场一体化是京津冀“一体化战略”的基础。京津冀地区“官本位”思想较为严重，地区条块分割程度较高，非公有制经济发展不够活跃，市场在区域一体化发展中的决定性作用相对滞后，这严重制约了生产要素在京津冀的自由流动，不利于发挥各地区的比较优势和规模经济效应。因此，京津冀协同发展应首先建立健全市场起决定性作用的体制机制，打破地区行政壁垒，建立京津冀开放统一的区域共同市场。逐步消除地方政府在产品市场上各种形式的地方保护，逐步削弱地方政府对土地、劳动力、资本及技术要素市场的干预，建立京津冀三地金融、技术、人才等要素交易平台，推动京津两地公共资源向河北延伸，推进京津冀三地基本公共服务均等化，使企业、劳动力、资金、技术产品和服务在市场供求机制、价格机制和竞争机制下实现区际自由流动。

第三，着力推进京津冀基础设施一体化，加快京津冀交通体系由单中心放射型向多中心网络型转变。重点推进便捷高效的城市铁路网与轨道交通网建设，以综合枢纽为节点，以快速铁路和高速公路为骨架，建设快速、便捷、高效、安全、大容量、低成本的立体化多中心网络型综合交通网络系统，实现区域主要城市间2小时内快速通达。以北京为中心，加快构建京张、京承、京石邯、京唐曹、京沈、京九等城际铁路或客运专线；以天津为中心，加快构建津保、津沧、石津唐等城际铁路；加快建设环首都大外环、北京—天津—唐山—保定城际铁路环，以及经天津、沧州、衡水、石家庄、张家口、承德、秦皇岛、唐山的城际铁路大环线。从而实现京津冀交通体系由单中心放射型向多中心网络型转变。

第四，着力推进京津冀公共服务区际衔接，推进京津冀协同发展“软环境”建设。协同发展，出发点在民生，落脚点也在民生。改进公共服务，既是应有之义，又是动力源泉。如果说基础设施建设是“硬”环境，那么，公共服务水平就是“软”环境。相比一体化发展已经较为完善的长三角和珠三角地区，京津冀公共服务一体化发展程度仍相对较低。京津冀三地在医疗、养老、教育、公共服务财政支出等多方面差距巨大①。这将导致劳动力为追求更高的福利效用进一步向北京、天津等地区集聚，从而不利于京津冀协同发展中产业布局和城镇空间由单中心向多中心、由圈层结构向网络结构转变的目标实现，也不利于首都非核心功能疏解和“大城市病”的有效解决。遵循这一理念，未来京津冀公共服务区际衔接应着眼于推进三地基本公共服务均等化和社会保障区域一体化，这其中包括加大困难地区教育支持力度，完善流动人口随迁子女平等接受义务教育保障机制，优化区域高等教育整体布局，支持河北建设全国重点院校，缩小高等院校区域间差距；支持北京优质医疗卫生资源向周边发展，联合组建医疗联合体或医院集团，推动区域内医疗机构通过远程诊疗、驻派专家、交流进修等方式加大合作交流；加快推进养老、失业保险

① 2014年京津冀三地城乡居民基础养老金分别为每人每月北京430元、天津200元和河北55元；2012年三地人均公共教育支出分别为北京3038元、天津2680元和河北1188元；2013年三地每百万人拥有三级医院数分别为北京3.2家、天津2.9家、河北0.9家；2013年三地每千人常住人口执业医师数分别为北京3.7人、天津2.2人和河北2.1人；2012年三地人均公共财政预算收入分别为北京16022元、天津12456元和河北2860元。

政策一体化，实现流动过程中养老保险、失业保险关系的无障碍转移接续，逐步实现跨地区异地就医即时结算，探索建立区域内异地养老补贴机制。

第五，健全京津冀地方政府合作机制，克服区域治理“碎片化”。尽管在2004年“廊坊共识”后，京津冀三地协商机制逐步形成与发展起来，但迄今为止，由于政府间未能有效理顺组织架构和利益分配机制，在合作动力、机构建立、合作项目等方面还存在若干困境，导致京津冀地方政府合作尚未进入实质性阶段，京津冀协同发展进展缓慢。为此，未来在京津冀协同发展过程中，应首先成立“京津冀协同发展委员会”，管理跨省市的区域性事务，并设立由国务院有关部门及京津冀三省市政府为成员的京津冀协同发展联席会议，负责研究制定京津冀协同发展中的重大政策、重大事项及规划实施中的重大问题。其次，京津冀地区应广泛开展包括基础设施建设、生态保护和建设、重大科研开发项目、重大工程项目和一些新兴产业的国家投资项目在内的区域合作。最后，应尽快出台旨在保障区域合作机制顺利实施的京津冀三地政府合作法律保障体系，当区域合作各方发生利益冲突，或者成员利益与区域整体利益不相符时，可以适当的法律制度来规范和限制区域合作。

第六，健全京津冀生态补偿机制，深化区际生态环境领域的合作。坚持“谁受益、谁补偿，谁污染、谁付费”的原则，建立区域横向生态补偿制度。开展水库水源保护跨省流域生态补偿试点，建立流域性水资源补偿机制，探索建立水权交易制度。建立海河流域、渤海湾近岸地区的跨界污染控制补偿机制。加强区域生态建设和环境保护合作，北京、天津安排专项资金在河北省生态地区开展生态水源保护林建设、森林防火、林木有害生物联防联治等生态合作项目；天津加大对引黄入冀补淀、滦河水源保护等工程项目在资金、技术、就业培训等方面的支持。加大生态保护与环境治理力度，吸引社会资本投入生态环境保护，推行环境污染第三方治理。加强区域污染联防联治，实施污染物排放总量控制，逐步提升污染物排放标准，推进标准对接，同时研究制定区域统一的环境准入标准，明确区域产业负面清单。强化京津冀三地森林碳汇合作和交易机制，通过建立森林碳汇项目基金，发展森林碳汇项目，将碳汇交易引入碳交易机制，加强城乡之间的碳汇交易，使森林碳汇成为碳汇交易主力。制定企业碳排放指标，核准企业碳排放量和排放清单，引导企业间进行碳排放指标交易。

六　河北省在京津冀产业协同发展中的战略布局

（一）京津冀产业协同发展中河北的发力点

1. 交通先行，加快推进河北省与北京、天津及河北省内各城市间海陆空综合交通设施的一体化衔接

习近平在七点要求中提到，着力构建现代化交通网络系统，把交通一体化作为先行领域，加快构建快速、便捷、高效、安全、大容量、低成本的互联互通综合交通网络。以此为指导，河北省应以推进京津冀建设世界级城市群、实现产业创新发展及首都功能疏解为目标，以综合交通枢纽为节点，以陆上铁路及高速公路为主体骨架，加快建成多种方式并举、网络布局完善、运输便捷高效、管理协调通畅的综合交通运输网络。重点推进首都第二机场建设，强化石家庄正定国际机场区域枢纽功能，改扩建邯郸、唐山、张家口等机场，带动整个京津冀地区多功能网络化航空体系建设。加快推进津保、石济、京张、京沈、京唐等城际铁路建设，力争实现京津冀区域内主要城市2小时通达。加速推进建成唐山港、秦皇岛港、黄骅港三大港口分工合理、优势互补的现代港口群。推进北京大外环建设，加快国省干线公路改造升级，积极对接京津，打通与京津之间的“瓶颈路”和“断头路”，逐步实现互联互通的公路网络。未来实现京津冀地区铁路大网络、公路大对接、民航大联通、港口大融合的交通格局。

2. 加速区域产业对接合作，形成“项目带动、企业拉动、集群驱动、产城互动和区域联动”的产业发展新载体、新格局

紧紧抓住京津产业转移的机遇，以企业总部、高校科研机构及研发转化基地等结构转型及业务拓展为契机，以廊坊环首都新兴产业区、临空经济区、秦皇岛数据产业基地等重点项目为抓手，推动京津企业在河北直接投资

或转移产业链环节，加快推进京津科技研发在河北的成果转化。依托协同发展背景下京津冀共建的自由贸易区、综合配套改革试验区等平台，围绕战略新兴产业、高端装备制造、现代物流等重点产业，着力推进多样化行业联盟建设，在市场机制下力促企业开展深度对接协作。依托现有高端装备、战略新兴产业及文化创意产业基地，深度开展京津冀园区合作共建，并逐步将其打造成未来京津冀产业协作的新载体。抓住首都非核心功能疏解的重大机遇，综合考虑地区自身资源禀赋、比较优势和功能要求，以县级地方政府合作平台为关键载体，着力推进符合地区功能定位的京津优质产业、设施和资源的本地化对接。以城市建设为载体，推进人口、产业、公共服务、城市基础设施协调发展。

3. 着力构建富有活力的统一区域市场，促进经济要素自由流动和迅速集结

一是实现京津冀三地政策法规相互对接，建立公平、开放、透明的市场规则，着力推进京津冀统一的制度环境建设。二是破除京津冀三地以及河北省内部各地区间各种形式的地方保护主义，大力推进非禁即行的“负面清单制度”，严格约束地方政府干预市场行为，逐步建立京津冀整体区域的市场准入标准，激活民营企业、中小型企业的活力，降低民资进入市场的门槛，提供投资便利化服务。三是依托金融、产权交易、技术及专利服务、碳排放等交易平台，逐步推进开放统一的资金市场、劳动力市场、技术市场和企业产权市场建设，促进人流、物流、资源流和信息流等的互联互通，从而更有利于跨地区产业分工合作和规模效益的实现。四是以京津冀协同发展为契机，推进户籍制度改革，推进京津冀三地基本公共服务均等化和社会保障一体化，逐步实现社会政策跨区域衔接，使一体化发展成果更公平地惠及广大人民群众。

4. 着力优化投资环境，提升自身承载能力和服务

京津冀三地在政务环境、公共服务、基础设施以及人力资源等方面差距较大，这严重制约了京津地区优质产业或资源的转移，为弥补这一弊端，使河北能够更好地承接京津地区的功能疏解，河北应联合京津冀、中央和市场

“三地五方”的力量，共同完善市政基础设施等硬环境，提高商业、医疗、社保等公共服务软环境。一是从园区建设入手，完善国家级或省级开发区软硬件环境，促进京津冀园区环境均等化，从而提升河北与京津产业资源的对接层次。二是着力推进河北地区地方品质建设，打造高品质生产环境和生活环境，从而提升与京津人才的对接层次。三是依托并深入挖掘地方垄断性优势资源，以独有的、特色化地方优势营造创新创业所需要的生态环境，积极培育吸引创新创业人才进入的服务环境，以更好地承接京津高端产业和人才转移。

（二）京津冀产业协同发展中河北省的战略举措

京津冀协同发展不仅是河北省充分发挥环绕京津独特区位优势，加速经济发展的需要，是解决河北省突出矛盾和问题的迫切需要，更是未来形成新的经济增长极的战略选择。目前京津冀发展环境和条件明显地不同于过往，河北省要想加速融入京津冀产业协同发展进程，需要进行根本性的战略转变，而这个转变的核心则是在清晰界定政府、企业、社会行为边界及内容的基础上，理顺企业、政府、社会三者之间的关系。世界上没有完全独立于政府和社会的放任自由的市场，健全的社会是市场经济运行的基础，而市场化改革的过程本身也是政府重新定位自身的权力范围及实施方式的过程。本质上讲，京津冀产业协同发展机制即在理顺企业、政府、社会三者关系的基础上，以实现“区域产业协调发展”为目标的一系列规则、规律的总和。这套体系以效率、公平和可持续为核心价值观，不仅强调市场的基础作用，而且突出了政府（尤其是地方政府）和社会公众所发挥的作用。从这一理念出发，京津冀产业协同发展中河北省的战略举措也可大致从政府、企业、社会这三个维度展开（见图 11）。

1. 从政府维度看，应着力构建京津冀产业协同发展的政策体系

一是产业承接应以河北省各地区产业发展规划为依据，以河北省重大产业基地和特色产业园区为平台，明确河北不同地区产业对接协作或承接产业转移的目标行业门类，同时制定不应承接产业的“负面清单”，并以此为指

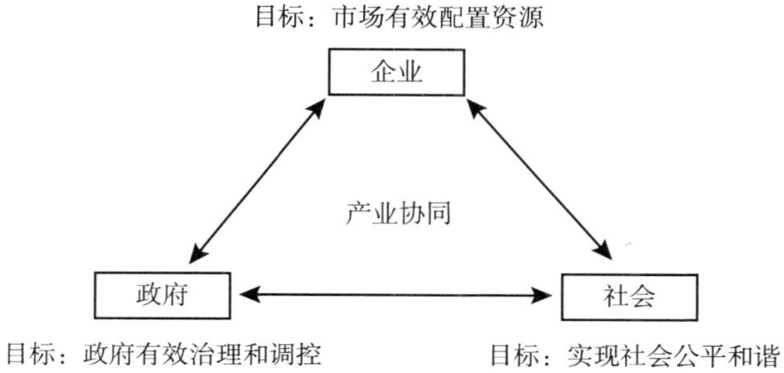

图11　京津冀产业协同发展中企业、政府、社会三大维度

导力促形成产业分工合理、地区错位互补的产业发展格局。其中，河北沿海地区应依托曹妃甸新区和渤海新区，重点承接重化工和装备制造产业转移；相应的河北内陆，如张承地区和保定—石家庄—邯郸一线则不应过多地承担重工业职能，而应依托北京新机场、高铁铁路节点、重要港口，重点承接现代物流产业转移；河北内陆京保石沿线应依托人口集聚优势和交通优势，重点承接商贸物流产业转移；北京周边地区及京广高铁沿线节点中小城市则可重点承接都市型现代农业转移。出于整个京津冀地区生态涵养功能的需要，张承地区应重点吸引农牧产品加工、科技研发产业转移，而一批高污染、高排放、高消耗的产业则应被列入“负面清单”。二是综合运用财税和金融政策，保障产业协同顺利发展。从财税政策看，应有针对性地通过税收优惠、财政贴息及建立风险投资等形式对特定地区新能源、新材料、生物医药等战略性新兴产业进行扶持。探索建立产业转移的跨区利益共享机制，对政府主导的转移企业或项目，在一定期限内实行经济总量与税收分享政策，特别是对于高新技术成果转化项目和知名院校、科研院所、医疗机构及其他居民生活服务业项目，自取得第一笔营业收入当年起，转出地（京津两市）按设定比例分享转出企业在转入地（河北）上缴的地方税收。从金融政策看，应积极打造各类区域合作金融平台，鼓励开展科技金融、文化金融和生态金融创新试点，在临空经济区、滨海产业区开展离岸金融试点，推进相关目标产业顺畅转移。三是完善各类有助于产业协同发展的保障措施。加快推进建立专门负责京津冀产业协同发展的领导小组，落实工作责任，制订规划工作方案，明确工作分工，做好三地组织协调工作；着力改革官员考核体系，逐步推动考核体制由原来的GDP导向向社会民生、生态环境导向转变；加快推进京津冀三地户籍制度改革、医疗社保对接以及基本公共服务均等化和同城化等。

2. 从企业维度看，应着力完善京津冀产业协同发展的企业合作新机制

一是以打造区域产业集群为目标，以搭建“两大平台”为抓手，推进京津冀企业间基于协作联盟的合作。地方政府应着力搭建京津冀规模以上企业数据化平台，引导相关企业基于自身发展需求、优势等发现合作企业。此外，应积极搭建企业战略联盟平台，引导相关企业通过联盟平台寻找合作的“聚焦点”和“引爆点”，并积极参与企业合作。二是加快推进各类生产要素交易中心和科技创新平台建设，推进企业间基于产业链及关键投入要素的合作。推进科技成果孵化转化，建立各级各类“孵化器”和生产力促进中心，完善多层次投融资渠道和市场，健全北京和天津的产权交易中心，在北京环境交易所、天津排放权交易所、河北省能源环境交易所基础上，建立联动统一的碳交易市场，加快科技成果的市场化和产业化进程。三是发挥行业协会作用，推进各方协会的交流与合作，充分发挥其在行业标准制定和修订、人才教育和培训、技术交流与推广、信息搜集与服务、统计体系建立、规则咨询服务、行业对外交流与合作等方面的重要作用。

3. 从社会维度看，应着力建立京津冀产业协同发展的民间团体合作新机制

一是加强民间团体在产业协同发展中的作用。积极拓展社会组织推动产业协同合作的渠道，增加公共事务的公开性和透明度；大力扶持和发展服务类、管理类和慈善类公益性社会组织；推动政府将部分针对产业协同的管理职责向社会组织转移，鼓励发展社会服务管理新型载体。二是加强各种社会团体的民间交流与合作，促进三地居民形成对京津冀区域的文化认同感、归属感和自豪感，形成互利共赢的民间基础。三是重视非政府组织的作用，引导它们在环境保护、扶贫解困、解决就业、促进社会融合、弘扬精神文明等

方面发挥积极作用；通过民间团体积极培育和营造亲商文化、创业文化、创新文化等，形成风清气正、积极向上的主流文化和环境。

参考文献

[1] 孙久文、原倩：《京津冀协同发展战略的比较和演进重点》，《经济社会体制比较》2014 年第 5 期。

[2] 刘安国、张英奎等：《京津冀制造业产业转移与产业结构调整优化重点领域研究——不完全竞争视角》，《重庆大学学报》（社会科学版）2013 年第 5 期。

[3] 杨开忠：《迈向空间一体化：中国市场经济与区域发展战略》，四川人民出版社，1993。

[4] 吴良镛：《京津冀地区城乡空间发展规划研究》，清华大学出版社，2002。

[5] 文魁、祝尔娟主编《京津冀发展报告：城市空间优化与质量提升》，社会科学文献出版社，2014。

[6] 杨开忠：《中国西部大开发战略》，广东教育出版社，2001。

[7] 世界银行：《2009 年世界发展报告：重塑世界经济地理》，清华大学出版社，2009。

[8] 吴群刚、杨开忠：《关于京津冀区域一体化发展的思考》，《城市问题》2010 年第 1 期。

[9] 张贵：《加快推进京津冀产业对接协作》，《滨海时报》2014 年 3 月 24 日。

[10] 周立群等：《京津冀都市圈的崛起与中国经济发展》，经济科学出版社，2013。

[11] 张贵、石海洋、刘帅：《京津冀都市圈产业创新：网络再造与能力提升》，《河北工业大学学报》（社科版）2014 年第 1 期。

[12] 马树强、金浩、张贵主编《河北省经济发展报告：新型城镇化的路径选择与运行模式》，社会科学文献出版社，2014。

[13] 张贵：《推进京津冀产业对接协作，拓展区域一体化新格局》，《天津日报》2014 年 3 月 17 日。

[14] 祝尔娟等：《全新定位下京津合作发展研究》，中国经济出版社，2009。

分 报 告

Sub-reports

B.2

京津冀产业协同发展与河北省制造业发展的空间布局研究

王雅洁　马树强　闫会强*

摘　要： 产业协同是推进京津冀协同发展的重要举措。本报告首先分析了京津冀制造业的发展现状：北京现代制造业比重不断增加，而传统制造业比重不断下降；天津高端制造业保持着良好的发展势头；河北省仍以传统制造业为主。其次，分析了北京、天津及河北省11个地级市制造业的空间联系，结果表明随着时间的推移，京津冀三地制造业的联系越发紧密，制造业发展好的地区主要集聚在京津唐地区，发展不好的地区主要集聚在冀中南地区。最后，针对河北省制造业发展的空间构建和空间布局提出了政策建议。

关键词： 产业协同　制造业　空间联系　京津冀

* 王雅洁，河北工业大学经济管理学院讲师，博士。马树强，河北工业大学教授，博士生导师。闫会强，河北工业大学经济管理学院讲师，博士。

京津冀协同发展上升为国家战略，习近平总书记就推进京津冀协同发展提出 7 点要求，其中之一为“着力推进产业对接协作，理顺三地产业发展链条，形成区域间产业合理分布和上下游联动机制”。目前，京津冀协同发展已走向实质阶段，三地合作框架搭建初步完成，产业链合作是当前京津冀协同发展中重点实施的三大领域之一。大力推进京津冀三地之间的产业协同，是推进京津冀一体化、贯彻京津冀协同发展这一重大国家战略的题中之意和必然要求。

一　京津冀制造业发展现状

依据我国对制造业的分类，本报告选取 31 个制造业，分析其发展现状。这 31 个制造业为：农副食品加工业；食品制造业；酒、饮料和精制茶制造业；烟草制品业；纺织业；纺织服装、服饰业；皮革、毛皮、羽毛及其制品和制鞋业；木材加工和木、竹、藤、棕、草制品业；家具制造业；造纸和纸制品业；印刷和记录媒介复制业；文教、工美、体育和娱乐用品制造业；石油加工、炼焦和核燃料加工业；化学原料和化学制品制造业；医药制造业；化学纤维制造业；橡胶和塑料制品业；非金属矿物制造业；黑色金属冶炼和压延加工业；有色金属冶炼和压延加工业；金属制品业；通用设备制造业；专用设备制造业；汽车制造业；铁路、船舶、航空航天和其他运输设备制造业；电气机械和器材制造业；计算机、通信和其他电子设备制造业；仪器仪表制造业；其他制造业；废弃资源综合利用业；金属制品、机械和设备修理业。

北京、天津、河北 2010 ~2012 年制造业各行业增长率及占工业销售总产值的比重如表 1、表 2、表 3 所示。

由表 1 可以看出，2010 ~2012 年，北京市制造业的工业销售总产值依然保持上涨的势头，但增速有所放缓。其中，有色金属冶炼和压延加工业增长得最快，年均增长率达到 21.81%；其次是医药制造业，年均增幅为 20.80%；再次为金属制品业，年均增幅为 16.87%；其余依次为食品制造业，通用设备制造业，农副食品加工业，化学原料和化学制品制造业，烟草制品业，非金属矿物制造业，酒、饮料和精制茶制造业，平均增幅分别为13.84%、13.12%、12.57%、11.98%、11.57%、10.59%、10.45%，分列第4~10位。北京市制造业增长幅度前10位的产业均维持10%以上的年均增幅，且位于10.45%和21.81%之间。

表1 北京市制造产业增长率及占工业销售总产值比重

单位：%

制造业	2010~2012年		2010年		2011年		2012年	
	平均增长率	平均占比	增长率	占销售总产值比重	增长率	占销售总产值比重	增长率	占销售总产值比重
农副食品加工业	12.57	2.16	14.88	2.05	14.43	2.21	8.39	2.23
食品制造业	13.84	1.49	16.45	1.40	15.95	1.53	9.13	1.55
酒、饮料和精制茶制造业	10.45	1.31	2.44	1.19	22.08	1.37	6.82	1.36
烟草制品业	11.57	0.29	13.07	0.27	15.82	0.30	5.83	0.29
纺织业	-8.59	0.44	10.17	0.51	20.83	0.58	-56.78	0.23
纺织服装、服饰业	—	—	—	—	—	—	—	0.91
皮革、毛皮、羽毛及其制品和制鞋业	—	—	—	—	—	—	—	0.08
木材加工和木、竹、藤、棕、草制品业	—	—	—	—	—	—	—	0.08
家具制造业	—	—	—	—		—	—	0.42
造纸和纸制品业	0.67	0.45	5.06	0.49	-0.54	0.46	-6.52	0.40
印刷和记录媒介复制业	—	—	—	—	—	—	—	0.78
文教、工美、体育和娱乐用品制造业	—	—	—	—	—	—	—	0.52
石油加工、炼焦和核燃料加工业	10.07	6.10	23.46	6.20	7.83	6.30	-1.09	5.79
化学原料和化学制品制造业	11.98	2.45	38.91	2.61	2.96	2.53	-5.93	2.21
医药制造业	20.80	2.94	20.69	2.59	19.65	2.92	22.05	3.31
化学纤维制造业	-10.99	0.014	0.39	0.19	-26.95	0.013	-6.42	0.01
橡胶和塑料制品业	—	—	—	—	—	—	—	0.71
非金属矿物制造业	10.59	2.95	13.86	2.84	14.09	3.05	3.82	2.95

续表

制造业	2010～2012年		2010年		2011年		2012年	
	平均增长率	平均占比	增长率	占销售总产值比重	增长率	占销售总产值比重	增长率	占销售总产值比重
黑色金属冶炼和压延加工业	-25.17	1.85	-6.29	3.20	-57.55	1.28	-11.66	1.05
有色金属冶炼和压延加工业	21.81	0.60	38.49	0.53	40.65	0.70	-13.70	0.56
金属制品业	16.87	1.78	28.52	1.74	5.63	1.73	16.45	1.88
通用设备制造业	13.12	3.74	40.67	3.90	8.36	3.98	-9.66	3.34
专用设备制造业	5.14	3.53	16.32	3.66	9.27	3.77	-10.19	3.15
汽车制造业	—	—	—	—	—	—	—	16.35
铁路、船舶、航空航天和其他运输设备制造业	—	—	—	—	—	—	—	1.32
电气机械和器材制造业	4.90	4.87	17.5	5.07	11.08	5.30	-13.87	4.25
计算机、通信和其他电子设备制造业	-0.64	14.45	5.39	16.15	-7.4	14.09	0.11	13.11
仪器仪表制造业	3.18	1.60	9.18	1.66	8.77	1.70	-8.39	1.45
其他制造业	—	—	—	—	—	—	—	0.31
废弃资源综合利用业	—	—	—	—	—	—	—	0.05
金属制品、机械和设备修理业	—	—	—	—	—	—	—	0.26

从发展趋势来看，2010～2012年，北京市仅有医药制造业一直保持着强劲的增长势头，其他各制造行业增长缓慢，黑色金属冶炼和压延工业、化学纤维制造业、纺织业更是出现大幅度下滑，电气机械和器材制造业，有色金属冶炼和压延加工业，专用设备制造业，通用设备制造业，仪器仪表制造业，造纸和纸制品业，化学原料和化学制品制造业，石油加工、炼焦和核燃料加工业也在不同年份出现了负增长。

从各制造业工业销售产值占工业销售总产值的平均比重来看，计算机、通信和其他电子设备制造业所占比重最大，为14.45%；其次为石油加工、炼焦和核燃料加工业，占比为6.10%；排名第3～10位的依次为电气机械和器材制造业、通用设备制造业、专用设备制造业、非金属矿物制造业、医药制造业、化学原料和化学制品制造业、农副食品加工业、黑色金属冶炼和压延加工业，这些行业的年均工业销售产值占年均工业销售总产值的45.04%。可见，北京市重点发展计算机、生物等高技术制造业，现代制造业比重不断增加，而传统制造业比重不断下降，一些“高能耗、高物耗、高污染、低附加值”的产业正在有序退出。

由表2可以看出，2010～2012年，天津市制造业的工业销售总产值依然保持上涨的势头，但增速有所放缓。其中，食品制造业增长最快，年均增长率达到64.58%；其次是有色金属冶炼和压延加工业，年均增幅为44.90%；再次为石油加工、炼焦和核燃料加工业，年均增幅为44.59%；其余依次为农副食品加工业、烟草制品业、造纸和纸制品业、化学原料和化学制品制造业、化学纤维制造业、专用设备制造业、金属制品业，平均增幅分别为36.68%、34.50%、33.29%、32.19%、32.16%、30.54%、26.23%，分列第4～10位。天津市制造业增长幅度前十位的产业均维持20%以上的年均增长幅度，且位于26.23%和64.58%之间。

表2　天津市制造产业增长率及占工业销售总产值比重

单位：%

制造业	2010～2012年		2010年		2011年		2012年	
	平均增长率	平均占比	增长率	占销售总产值比重	增长率	占销售总产值比重	增长率	占销售总产值比重
农副食品加工业	36.68	2.72	14.72	2.26	32.90	2.40	62.41	3.49
食品制造业	64.58	3.22	39.76	1.98	124.62	3.57	29.35	4.12
酒、饮料和精制茶制造业	16.28	0.65	7.52	0.61	45.72	0.72	-4.40	0.61
烟草制品业	34.50	0.17	41.32	0.16	21.23	0.16	40.95	0.20
纺织业	11.50	0.41	33.87	0.50	-1.80	0.39	2.43	0.36
纺织服装、服饰业	—	—		—		—	—	1.21
皮革、毛皮、羽毛及其制品和制鞋业	—	—	—	—		—	—	0.21
木材加工和木、竹、藤、棕、草制品业	—	—	—	—		—	—	0.077

续表

制造业	2010~2012 年		2010 年		2011 年		2012 年	
	平均增长率	平均占比	增长率	占销售总产值比重	增长率	占销售总产值比重	增长率	占销售总产值比重
家具制造业	—	—				—	—	0.32
造纸和纸制品业	33.29	0.75	56.70	0.74	12.77	0.69	30.39	0.80
印刷和记录媒介复制业	—	—	—	—	—	—	—	0.19
文教、工美、体育和娱乐用品制造业	—	—	—	—	—	—	—	0.82
石油加工、炼焦和核燃料加工业	44.59	5.63	107.48	5.73	31.89	6.05	-5.60	5.10
化学原料和化学制品制造业	32.19	5.36	65.00	5.41	27.82	5.53	3.76	5.13
医药制造业	17.69	1.65	16.51	1.71	13.36	1.55	23.21	1.70
化学纤维制造业	32.16	0.05	3.03	0.04	41.42	0.04	52.02	0.06
橡胶和塑料制品业	—	—		—		—	—	1.76
非金属矿物制造业	18.40	1.41	33.60	1.53	10.39	1.35	11.21	1.34
黑色金属冶炼和压延加工业	13.40	16.40	6.20	16.43	27.83	16.81	6.16	15.95
有色金属冶炼和压延加工业	44.90	2.90	88.54	2.75	36.38	3.00	9.78	2.95
金属制品业	26.23	4.24	30.28	4.03	32.85	4.28	15.57	4.42
通用设备制造业	10.93	4.02	19.17	4.37	18.85	4.16	-5.23	3.52
专用设备制造业	30.54	3.29	10.25	2.98	16.36	2.78	65.00	4.10
汽车制造业	—	—	—	—	—	—	—	7.46
铁路、船舶、航空航天和其他运输设备制造业	—	—	—	—	—	—	—	2.53
电气机械和器材制造业	12.33	3.84	5.84	3.93	23.36	3.88	7.78	3.73
计算机、通信和其他电子设备制造业	20.32	10.31	18.38	10.37	16.30	9.65	26.29	10.90
仪器仪表制造业	-12.72	0.59	21.55	0.87	-8.75	0.63	-50.95	0.28
其他制造业	—	—	—	—	—	—	—	0.25
废弃资源综合利用业	—	—	—	—	—	—	—	0.79
金属制品、机械和设备修理业	—	—	—	—	—	—	—	0.03

从发展趋势来看，2010～2012年，天津市的农副食品加工业，医药制造业，化学纤维制造业，专用设备制造业，电气机械和器材制造业，计算机、通信和其他电子设备制造业均一直保持增长势头；纺织业，造纸和纸制品业，石油加工、炼焦和核燃料加工业，化学原料和化学制品制造业，非金属矿物制造业，有色金属冶炼和压延加工业，仪器仪表制造业的增势趋缓，有些甚至出现负增长。

从各制造业工业销售产值占工业销售总产值的比重来看，黑色金属冶炼和压延加工业所占比重最大，为16.40%；其次为计算机、通信和其他电子设备制造业，占比为10.31%；排名第3～10位的依次为石油加工、炼焦和核燃料加工业，化学原料和化学制品制造业，金属制品业，通用设备制造业，电气机械和器材制造业，专用设备制造业，食品制造业，有色金属冶炼和压延加工业，这些行业的年均工业销售产值占年均工业销售总产值的59.21%。

可见，装备制造业在天津市制造业中的优势最为明显，其中，电气机械和器材制造业、专用设备制造业发展较好，而通用设备制造业的发展水平有所降低；石油化工产业尽管在天津制造业中仍占有重要地位，但发展势头有所下降；计算机、通信和其他电子设备制造业，医药制造业等高端制造业发展势头良好。

由表3可以看出，2010～2012年，河北省制造业的工业销售总产值依然保持上涨势头，但增速有所放缓。其中，金属制品业增长得最快，年均增长率达到35.51%；其次是专用设备制造业，年均增幅为33.11%；再次为计算机、通信和其他电子设备制造业，年均增幅为26.50%；其余依次为石油加工、炼焦和核燃料加工业，有色金属冶炼和压延加工业，纺织业，化学纤维制造业，化学原料和化学制品制造业，食品制造业，造纸和纸制品业，平均增幅分别为26.41%、24.29%、24.08%、23.57%、23.13%、22.97%、22.74%，分列第4～10位。河北省制造业增长幅度前10位的产业均维持20%以上的年均增长幅度，且位于22.74%和35.51%之间。

表3　河北省制造产业增长率及占工业销售总产值比重

单位：%

制造业	2010～2012年		2010年		2011年		2012年	
	平均增长率	平均占比	增长率	占销售总产值比重	增长率	占销售总产值比重	增长率	占销售总产值比重
农副食品加工业	22.69	4.05	25.29	4.40	-4.65	3.29	47.42	4.47
食品制造业	22.97	1.49	11.27	1.36	41.64	1.50	16.00	1.61
酒、饮料和精制茶制造业	20.20	0.88	21.76	0.87	30.56	0.89	8.29	0.89
烟草制品业	17.91	0.37	15.81	0.38	16.32	0.35	21.59	0.39
纺织业	24.08	3.20	28.82	3.12	29.74	3.16	13.68	3.32
纺织服装、服饰业	—	—	—	—	—	—	—	0.84
皮革、毛皮、羽毛及其制品和制鞋业	—	—	—	—	—	—	—	2.24
木材加工和木、竹、藤、棕、草制品业	—	—	—	—	—	—	—	0.43
家具制造业	—	—	—	—	—	—	—	0.44
造纸和纸制品业	22.74	1.17	23.04	1.13	32.23	1.17	12.96	1.22
印刷和记录媒介复制业	—	—	—	—	—	—	—	0.48
文教、工美、体育和娱乐用品制造业	—	—	—	—	—	—	—	0.43
石油加工、炼焦和核燃料加工业	26.41	5.22	32.74	4.97	35.39	5.26	11.10	5.41
化学原料和化学制品制造业	23.13	4.74	34.52	4.81	23.32	4.63	11.56	4.78
医药制造业	17.53	1.39	21.26	1.45	17.69	1.33	13.64	1.40
化学纤维制造业	23.57	0.18	31.92	0.18	23.91	0.18	14.89	0.19
橡胶和塑料制品业	—	—	—	—	—	—	—	2.36
非金属矿物制造业	19.15	4.17	22.00	4.17	28.01	4.17	7.45	4.15
黑色金属冶炼和压延加工业	17.60	28.57	23.35	29.21	27.15	29.03	2.30	27.47
有色金属冶炼和压延加工业	24.29	1.24	30.31	1.21	27.41	1.21	15.17	1.29
金属制品业	35.51	4.10	31.28	3.50	47.02	4.02	28.23	4.77
通用设备制造业	16.21	3.43	45.29	3.78	36.12	4.02	-32.80	2.50
专用设备制造业	33.11	2.43	47.88	2.38	19.31	2.22	32.13	2.71
汽车制造业	—	—	—	—	—	—	—	3.45

续表

制造业	2010～2012年		2010年		2011年		2012年	
	平均增长率	平均占比	增长率	占销售总产值比重	增长率	占销售总产值比重	增长率	占销售总产值比重
铁路、船舶、航空航天和其他运输设备制造业	—	—	—	—	—	—	—	0.95
电气机械和器材制造业	17.67	3.75	32.60	3.97	23.15	3.82	-2.73	3.44
计算机、通信和其他电子设备制造业	26.50	0.82	53.76	0.88	14.50	0.79	11.25	0.81
仪器仪表制造业	10.09	0.20	28.10	0.23	14.23	0.21	-12.05	0.17
其他制造业	—	—	—	—	—	—	—	0.079
废弃资源综合利用业	—	—	—	—	—	—	—	1.80
金属制品、机械和设备修理业	—	—	—	—	—	—	—	0.072

从发展趋势来看，2010～2012年，河北省各产业的增长多呈回落态势，其中，石油加工、炼焦和核燃料加工业，化学原料和化学制品制造业，化学纤维制造业，非金属矿物制造业，黑色金属冶炼和压延加工业，通用设备制造业，电气机械和器材制造业，计算机、通信和其他电子设备制造业，仪器仪表制造业的增长水平均有较大幅度的回落。

从各制造业工业销售产值占工业销售总产值的比重来看，黑色金属冶炼和压延加工业所占比重最大，为28.57%；其次为石油加工、炼焦和核燃料加工业，占比为5.22%；排名第3～10位的依次为化学原料和化学制品制造业、非金属矿物制造业、金属制品业、农副食品加工业、电气机械和器材制造业、通用设备制造业、纺织业、专用设备制造业，这些行业的年均工业销售产值占年均工业销售总产值的63.66%。

可见，河北省制造业主要以钢铁、石油化工和装备制造业为主，然而，这三大产业并没有呈现良好的发展势头，反而发展比较疲弱；医药制造业，计算机、通信和其他电子设备制造业等高端制造业在河北省制造业中所占比重较小，而且发展势头不好。

二　京津冀制造产业的分布特征

本书采用区位熵来衡量制造业在京津冀各地区的发展程度。如果某行业在某地区的区位熵大于1，则认为该行业在当地具有相对优势，大于1.5则认为该行业具有明显的相对优势。

总体来看，北京市在煤炭开采和洗选业，酒、饮料和精制茶制造业，纺织服装、服饰业，家具制造业，印刷和记录媒介复制业，石油加工、炼焦及核燃料加工业，医药制造业，通用设备制造业，汽车制造业，电气机械和器材制造业，计算机、通信和其他电子设备制造业等行业上具有优势。天津市在煤炭开采和洗选业，食品制造业，纺织服装、服饰业，文教、工美、体育和娱乐用品制造业，化学原料及化学制品制造业，有色金属冶炼和压延加工业，金属制品业，通用设备制造业，专用设备制造业，汽车制造业，铁路、船舶、航空航天和其他运输设备制造业，计算机、通信和其他电子设备制造业等行业上具有优势。河北省在黑色金属矿采选业，农副食品加工业，纺织业，皮革、毛皮、羽毛及其制品业和制鞋业，木材加工和木、竹、藤、棕、草制品业，家具制造业，造纸及纸制品业，印刷和记录媒介复制业，石油加工、炼焦及核燃料加工业，化学原料及化学制品制造业，橡胶和塑料制品业，非金属矿物制造业，黑色金属冶炼和压延加工业，金属制品业等行业上具有优势（见P14表2）。

通过以上分析，我们可以得出京津冀部分制造业具有相对优势的地区，见表4。

表4　京津冀部分制造业具有相对优势的地区

制造业	该行业具有优势的地区
煤炭开采和洗选业	北京、天津
黑色金属矿采选业	河北
农副食品加工业	河北
食品制造业	天津

续表

制造业	该行业具有优势的地区
酒、饮料和精制茶制造业	北京
纺织业	河北
纺织服装、服饰业	北京、天津
皮革、毛皮、羽毛及其制品和制鞋业	河北
木材加工和木、竹、藤、棕、草制品业	河北
家具制造业	北京、河北
造纸及纸制品业	河北
印刷和记录媒介复制业	北京、河北
文教、工美、体育和娱乐用品制造业	天津
石油加工、炼焦及核燃料加工业	北京、河北
化学原料及化学制品制造业	天津、河北
医药制造业	北京
橡胶和塑料制品业	河北
非金属矿物制造业	河北
黑色金属冶炼和压延加工业	河北
有色金属冶炼和压延加工业	天津
金属制品业	天津、河北
通用设备制造业	北京、天津
专用设备制造业	天津
汽车制造业	北京、天津
铁路、船舶、航空航天和其他运输设备制造业	天津
电气机械和器材制造业	北京
计算机、通信和其他电子设备制造业	北京、天津

三　京津冀制造业空间关联性分析

（一）Moran 指数全局指标

本报告采用 Moran 指数分析北京市、天津市及河北省 11 个地级市之间制造业的空间相关性，其计算公式为：

$$I = \frac{\sum_{i=1}^{n}\sum_{j=1}^{n} W_{ij}(X_i - \overline{X})(X_j - \overline{X})}{S^2 \sum_{i=1}^{n}\sum_{j=1}^{n} W_{ij}}$$

其中，$S^2 = \frac{1}{n}\sum_{i=1}^{n}(X_i - \overline{X})^2$；$\overline{X} = \frac{1}{n}\sum_{i=1}^{n}X_i$；

X_i：第 i 地区的观测值，在本报告中为规模以上工业企业工业总产值；

n：地区数；

W_{ij}：空间权矩阵，表示区域 i 与 j 的临近关系，本研究只考虑地区间的相邻关系，即 $W_{ij}=1$（i 与 j 相邻），$W_{ij}=0$（i 与 j 不相邻）。

I 的取值范围为 $-1 \leqslant I \leqslant 1$，$I$ 大于 0，表示地区间呈空间正相关，越接近 1，空间正相关性越强；I 小于 0，表示地区间呈空间负相关，越接近 -1，空间负相关性越强；I 接近 0，表示地区间不存在空间相关性。

本报告根据上述公式计算得出 2000～2012 年京津冀制造业全局 Moran 指数。结果显示，2000～2012 年各年度 Moran 指数均为正值，取值范围为 0.15～0.32，且通过 10% 的显著性检验，这表明京津冀制造业人均工业产值存在正的空间相关性，即京津冀三地的制造业并非相互独立变化，而是存在地区间的空间溢出或扩散效应。从时间维度看，Moran 指数的最低值出现在 2000 年，最高值出现在 2008 年，随着时间的推移，Moran 指数虽然有所波动，但总体呈上升趋势，这表明京津冀地区间制造业的空间相关性在逐渐加强，制造业发展水平相似的地区在空间上集中分布，各地区之间制造业的联系逐渐增强（见图 1）。

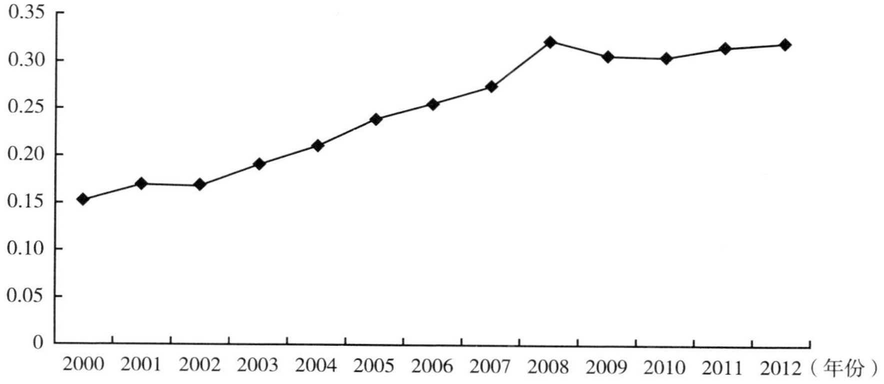

图 1　2000～2012 年京津冀制造业全局 Moran 指数

全局 Moran 指数反映了河北省 11 个地级市空间邻接的制造业发展存在空间集聚性，但并未揭示河北省制造业空间分布的局部特征。Moran 散点图可直观反映统计上显著的局部空间相关性及其类型。按局部空间自相关类型将区域单元划分为高—高、低—低、高—低和低—高 4 种数值类型。“高—高”指具有较高观测值的单元，其相邻区域的观测值也较高，代表高值的局部空间集聚，表示正的空间自相关性，具有这一数值特征的区域即为热点区。“低—低”指具有较低观测值的单元，其相邻区域的观测值也较低，代表低值的局部空间集聚，表示正的空间自相关关系，具有这一数值特征的区域即为均质区。“高—低”指具有较高观测值的单元，其相邻区域的观测值较低，代表高值区域被低值区域所包围，表示负的空间自相关关系。“低—高”指具有较低观测值的单元，其相邻区域的观测值较高，代表低值区域被高值区域所包围，表示负的空间自相关关系。

Moran 散点图中，x 和 y 轴的坐标分别是 Z_i 和 $\sum_{j=1}^{n} W_{ij}Z_j$，其中，$Z_i = X_i - \overline{X}$，$Z_j = X_j - \overline{X}$。Z_i、Z_j 分别是第 i、第 j 地区的观测值，在本报告中是指规模以上工业企业的工业总产值，W 为空间权矩阵，同前文。

从表 5 来看，2000～2012 年，京津冀制造业大部分集中在高—高集聚区和低—低集聚区。高—高集聚区集中在京津及其周边地区，低—低集聚区集中在河北省南部地区。

表 5　京津冀制造业全局散点图对应省份

年份	高—高 集聚型	高—低 集聚型	低—高 集聚型	低—低 集聚型
2000	北京、天津、唐山	石家庄	承德、廊坊	张家口、秦皇岛、保定、沧州、衡水、邢台、邯郸
2001	北京、天津、唐山	石家庄	承德、廊坊	张家口、秦皇岛、保定、沧州、衡水、邢台、邯郸
2002	北京、天津、唐山	石家庄	承德、廊坊	张家口、秦皇岛、保定、沧州、衡水、邢台、邯郸
2003	北京、天津、唐山	石家庄	承德、廊坊	张家口、秦皇岛、保定、沧州、衡水、邢台、邯郸

续表

年份	高—高 集聚型	高—低 集聚型	低—高 集聚型	低—低 集聚型
2004	北京、天津、唐山	石家庄	承德、廊坊、沧州	张家口、秦皇岛、保定、衡水、邢台、邯郸
2005	北京、天津、唐山		承德、秦皇岛、廊坊	石家庄、张家口、保定、沧州、衡水、邢台、邯郸
2006	北京、天津、唐山	石家庄	承德、秦皇岛、廊坊	张家口、保定、沧州、衡水、邢台、邯郸
2007	北京、天津、唐山	石家庄	承德、秦皇岛、廊坊	张家口、保定、沧州、衡水、邢台、邯郸
2008	北京、天津、唐山	石家庄	承德、秦皇岛、廊坊	张家口、保定、沧州、衡水、邢台、邯郸
2009	北京、天津、唐山	石家庄	承德、秦皇岛、廊坊	张家口、保定、沧州、衡水、邢台、邯郸
2010	北京、天津、唐山、廊坊	石家庄	承德、秦皇岛	张家口、保定、沧州、衡水、邢台、邯郸
2011	北京、天津、唐山、廊坊	石家庄	承德、秦皇岛	张家口、保定、沧州、衡水、邢台、邯郸
2012	北京、天津、唐山、廊坊	石家庄	承德、秦皇岛、沧州	张家口、保定、衡水、邢台、邯郸

具体来看，2000～2012 年京津冀制造业集聚类型的特征与分布如下。①高—高集聚型区域。北京、天津、唐山一直属于高—高集聚型。位于该区域的城市，不仅自身制造业发展得好，其相邻地区的制造业发展得也不错，对周边地区能产生强烈的辐射作用和集聚效应，这一区域属于能够产生扩散效应的区域。廊坊自 2010 年起由低—高集聚型转为高—高集聚型，说明该区域扩散效应显著。②高—低集聚型区域。京津冀地区只有石家庄属于高—低集聚型，这类区域的制造业发展水平较高，但其周边地区的制造业发展水平则较低，这一区域属于能够产生极化效应的区域，石家庄与其周边地区制造业的差距有增大的趋势。③低—高集聚型区域。承德一直属于低—高集聚型区域，廊坊在 2000～2009 年位于这一区域，秦皇岛自 2005 年从低—低集聚型区域进入低—高集聚型区域，沧州则在 2004 年、2012 年两次进入这一区域。此类区域制造业发展得相对较差，但其周边地区的制造业发展得相对较好，这类地区属于制造业发展的“低洼地”。④低—低集聚型区域。张家口、保定、衡水、邢台和邯郸一直属于低—低集聚型区域，沧州大部分时间属于这一区域，秦皇岛在 2000～2004 年属于这一区域。这类区域自身的制造业发展较慢且周边区域的制造业发展状况也不好，处于制造业低级发展

阶段。

2000~2012 年，京津冀地区制造业的 4 种集聚类型较为稳定，只有个别地区的集聚类型发生变化。制造业发展水平相似的地区在空间上呈块状集聚分布。制造业发展水平较高的地区集中分布在北京、天津、唐山，是京津冀制造业发展的核心地带，在区域制造业发展中有着重要的地位。而承德、张家口、保定、衡水、邢台、邯郸属于制造业发展水平较低的区域，在区域内的地位没有实质性的改变。

京津唐地区的制造业水平明显高于其他地区，而且对周边地区的制造业有一定的带动作用，秦皇岛自 2005 年起由低—低集聚型转为低—高集聚型，廊坊自 2010 年起由低—高集聚型转为高—高集聚型。冀中南地区制造业发展水平相对较低，大部分低—低集聚型位于该区域，而且石家庄对周围地区制造业没有产生扩散效应。

（二）Moran 指数局部指标

全局 Moran 指数测度的是全域范围内各地区间的空间相关性，局部 Moran 指数则可以用来分析具体地区间的空间相关性。Anselin 指出，局部 Moran 指数可能会反映出全局 Moran 指数所不能反映的“非典型”情况，甚至出现局域空间关联趋势与全域趋势相反的状况。局部 Moran 指数与散点图配合使用能对局域相关的格局与特征给出较为清晰的刻画①。

局部 Moran 指数计算公式为：

$$I_i = Z_i \sum_{j=1}^{n} W_{ij} Z_j$$

其中：$Z_i = X_i - \overline{X}$，$Z_j = X_j - \overline{X}$，Z_i、Z_j分别是第 i、第 j 地区的观测值，在本报告中是指规模以上工业企业的工业总产值；n 为地区数；W_{ij}为空间权矩阵。局部 Moran 指数正值表示该地区与周边地区具有正相关的特征，即具有相似制造业发展水平的地区聚集在一起，属于高—高集聚型或低—低集聚

① Anselin L.，“Local Indicators of Spatial Association-LISA”，*Geographical Analysis* 2（1995）.

型；负值表示该地区与周边地区具有负相关的特征，即相异制造业发展水平的地区聚集在一起，属于高—低集聚型或低—高集聚型。2000～2012 年京津冀地区制造业局部 Moran 指数计算结果如表 6 所示。

表 6　2000～2012 年代表性年份京津冀地区局部 Moran 指数及其类型情况

年份	2000		2006		2010		2012	
类型	地区	局部 Moran 指数	地区	局部 Moran 指数	地区	局部 Moran 指数	地区	局部 Moran 指数
高—高集聚型	北　京	3.460	北　京	1.700	北　京	0.470	北　京	0.130
	天　津	6.860	天　津	9.200	天　津	8.940	天　津	9.250
	唐　山	0.190	唐　山	2.540	唐　山	4.960	唐　山	5.310
					廊　坊	0.098	廊　坊	0.330
低—低集聚型	张家口	0.050	张家口	0.770	张家口	1.540	张家口	1.950
	秦皇岛	0.150	保　定	0.630	保　定	0.890	保　定	0.870
	保　定	0.053	沧　州	0.045	沧　州	0.110	衡　水	2.000
	沧　州	0.034	衡　水	1.780	衡　水	2.190	邢　台	1.390
	衡　水	0.680	邢　台	1.080	邢　台	1.340	邯　郸	0.300
	邢　台	0.720	邯　郸	0.420	邯　郸	0.230		
	邯　郸	0.580						

表 6 表明，在 2000～2012 年的 4 个代表性年份中，属于高—高集聚型的地区有北京、天津、唐山、廊坊。具体来看，2000～2012 年，北京的局部 Moran 指数逐渐减小，天津、唐山的局部 Moran 指数逐步增大，廊坊由 2010 年转为高—高集聚型，尽管其局部 Moran 指数很小，但在逐步增强。这表明北京对周边地区制造业的辐射作用在逐渐减弱，而天津、唐山、廊坊对周边地区制造业的辐射作用在逐渐增强。

石家庄的局部 Moran 指数自 2000 年以来一直都小于 0，属于高—低集聚型，没有对周边地区起到辐射作用。在低—低集聚型的省份中，以张家口、保定、衡水、邢台、邯郸为主形成了制造业低水平发展集聚带，并对周边地区产生影响，承德等地明显受到低—低集聚带的影响。

2000～2012 年，京津冀地区制造业发展较好的城市主要集中在京津唐地区，发展较差的城市主要集中在冀中南地区，并且，河北省制造业发展水平低的地区较多，且多年来没有显著改善。

（三）空间差异的影响因素分析

1. 历史发展基础

历史发展基础不同是京津冀制造业发展水平出现差异的重要原因。2000～2012年，京津冀制造业的空间分布存在一定的随机性和不稳定性，但总体趋势平稳。属高—高集聚型的京津唐地区，主要得益于良好的发展基础，在经济基础、产业基础、基础设施基础等方面具有明显的优势。

2. 地理区位条件

从区位上来看，河北省的优势制造业主要集中在以资源开发为发展动力的产业上，因此，地理区位条件不仅影响了区际分工格局，还影响到区域开发的次序与机遇。属高—高集聚型的唐山地区，是全国非常重要的能源、原材料工业基地，具有丰富的矿产资源，现已探明储量的矿藏有47种，是全国焦煤的主要产区，铁矿保有量57.5亿吨，是全国三大铁矿区之一，以此为基础，拥有开滦、唐钢、冀东水泥、机车车辆、三友碱业、唐山陶瓷等一大批大型工业企业。承德、张家口地区资源基础薄弱，干旱、风沙、地震等自然灾害频繁，水土流失、沙漠化等日趋严重，加之主要的交通、通信等基础设施远不如其他地区完善，因此，制造业发展水平远落后于周边地区。

3. 政府政策因素

区域政策是制造业区域空间差异演化的重要推动力，在制造业的发展中扮演着十分重要的角色。曹妃甸工程先后被河北省、唐山市列为“一号工程”，2005年10月，被列为国家首批发展循环经济试点产业园区，2008年1月25日，国务院正式批准了《曹妃甸循环经济示范区产业发展总体规划》，首钢迁建工程、二十二冶装备制造基地等项目陆续入园建设，这些政策措施进一步推动了唐山地区的制造业发展。天津滨海新区是国家级新区和国家综合配套改革试验区，是国务院批准的第一个国家综合改革创新区，国务院在财税、用地等方面给予其相应的扶持，天津制造业所取得的巨大成绩与一系列的政策优惠密不可分。

4. 空间邻近效应

由于“地理学第一定律”的存在，大多数空间数据都具有空间相关性，且空间相关性与空间距离成反比。从京津冀制造业发展差异的空间格局来看，这种空间邻近效应也十分明显，例如，距离北京、天津、唐山较近的廊坊地区，能够最大化地接受中心地区的辐射，因而，在2010年，由低—高集聚型转为高—高集聚型。

四 河北省制造业产业空间构建与空间布局

（一）河北省制造业集群功能发展定位

1. 优化发展区域

唐山、廊坊应作为河北省制造业的优化发展区域。唐山经济基础好、资源丰富、工业基础雄厚，曹妃甸的开发建设为唐山经济发展注入新活力，因此应继续将唐山作为河北省制造业的发展龙头来打造。廊坊拥有1个国家级工业园区、8个省级工业园区、1个省级产业集聚区，并充分利用毗邻京津的优势，积极承接京津乃至沿海地区的产业梯度转移，吸引了一大批国内外知名企业、高校、科研单位进区建立研发基地和产业基地，工业产值不断攀升，已成为河北省制造业的后起之秀。

这两个地区应在保持原有竞争优势的基础上，继续增强自身实力，提升参与市场竞争与分工的能力，进一步发挥其在区域制造业中的扩散效应。

2. 重点发展区域

石家庄属于河北省制造业的重点发展区域。石家庄是河北省的政治、经济、文化和科技中心，是一座综合性的中心城市。工业以轻纺、医药、电子、机械、化工、建材为主，门类比较齐全，是全省最大的工业基地。其纺织工业发达，是全国重要的纺织基地之一，医药工业发展势头良好，是全国生产抗生素和化学原料药的重要基地之一，此外也是全省重要的电子工业基地。

重点发展区域是河北省制造业产业集群未来发展的增长区和崛起区，是全省未来制造业发展的重中之重，应进一步挖掘石家庄制造业的潜力，使其扩散效应更好地发挥出来。

3. 引导发展区域

秦皇岛、沧州、保定、邯郸、邢台属于河北省制造业产业集群引导发展区域。这些地区都有一定的制造业发展基础，但制造业总体水平不高，而且，沧州、保定、邯郸、邢台属于冀中南连片区域，该区域制造业水平总体实力不强也是导致这些地区制造业发展水平较低的重要原因。

这些地区应因势利导，在现有产业的基础上，以重点产业、特色产业为主，积极提升自身产业实力。

4. 适度发展区域

承德、张家口、衡水属于河北省制造业产业集群适度发展区域。受自身历史发展基础和地理区位条件的限制，这些地区的制造业发展相对落后。因此，这些地区应根据产业布局均衡原则和资源有效分配原则，立足本地资源优势，实施差异化发展战略，走适合本地的产业发展道路。

（二）河北省制造业空间布局框架

根据京津冀制造业空间关联性分析，在产业布局态势的基础上，提出一种空间布局框架，即“两圈一带、小集聚、大联合”。“两圈”指环首都产业圈，以北京为核心，包括廊坊、保定、张家口、承德；冀中南产业圈，以石家庄为核心，包括邢台、邯郸、衡水。“一带”指沿海产业带，以唐山为核心，包括秦皇岛、沧州。“小集聚”指上述3个产业带各自形成制造业集聚区，“大联合”指3个集聚区的整体联合和发展。

（三）河北省制造业产业带产业布局重点

1. 环首都产业圈

该区域应借助毗邻北京的地理优势，充分利用京津的经济、科研、技术和人才优势，以北京为带动点，促进制造业的迅速发展。该区域应将发展重点之一放在与北京的产业对接上，根据自身优势、特点积极主动地承接来自北京的辐射，改善自身的投资环境，促进京冀资本、人才、技术、市场等要素的流动和转移。

同时，该区域应做好铁路、公路、通信、邮政等基础设施建设，开展社会、文化、经济等多领域的交流合作。区域内各地方政府要与北京各级政府加强沟通，签署一系列利于京津冀合作发展的政策协议，推动形成健康、统一、开放、有序的大市场。

2. 冀中南产业圈

冀中南产业圈在装备制造、钢铁产业、煤化工产业、生物医药、纺织服装、农副产品加工等传统产业上具有良好的发展基础，传统产业的升级改造是该产业带今后产业发展的一个重点。

该产业带的高新技术产业也有所发展，石家庄高新技术产业开发区是经国务院批准设立的首批国家级高新区之一，形成了以生物医药、电子信息、机械装备为主的制造业。应继续优化该开发区的创新创业环境，加快创新资源集聚，提升其自主创新能力，推进产学研合作，使之成为河北省培育和发展战略性新兴产业的重要策源地。

3. 沿海产业带

沿海产业带重点发展煤炭、钢铁、石油化工、装备制造等主导产业。沿海产业带城市为京津周边城市，应在自身地理区位优势的基础上，做好与京津地区的产业对接。北京、天津在经济结构调整的过程中，将一些缺乏比较优势的产业，特别是一些传统重工业，如钢铁业和传统制造业，进行梯度转移。目前的产业转移主要以冶金、机械制造、服装加工等传统制造业，以及资源消耗性产业为主。沿海产业带各地区依据自身优势，积极承接这些转移产业，并在这一过程中进行传统产业升级，降低能耗、减小污染，建立包括科研、生产、配套、维修在内的较为完整的工业体系。此外，该产业带还应借助邻近京津的优势，借助京津的科研、人才、资金优势，有重点、分层次地发展高端装备制造业、新能源等高新技术产业。

（四）河北省制造业产业带内外联合与协作

河北省制造业产业带内各地区应立足本地区，着眼河北省、京津冀总体利益，积极参与联合与协作。

1. 共同建设交通网络体系

交通运输体系是各地经济交流与合作的基础，更是促进区域协调发展的前提。交通网络的建立，有利于各种要素在地区间自由流动，改善生产力格局，实现要素的最优配置，并最终实现区域协调发展。

京津冀已初步形成了以北京、天津、石家庄等城市为中心，以高速公路为依托，以中高档客车为主要载体，通达地市的城际快速客运网络。在京津冀协同发展的国家战略下，三地的联系越来越紧密，构建起以京津为主轴，以石家庄、秦皇岛为两翼的城际轨道交通网络，大力发展城际快速通道，推进城乡交通一体化，基本形成以北京、天津为中心的“两小时交通圈”。

2. 建立区域利益协调机制

首先，应编制科学、合理的区域规划，明确各地发展的功能定位、经济结构战略性调整目标、空间发展模式，统筹产业结构调整，使资源、人才、资金、企业资产等生产要素在区域内顺畅流动。其次，应由省政府出面建立省级协调机构，围绕河北省总体发展目标和各地的区域特色，规划经济布局和产业重点，从整体上确定发展战略和产业政策，建立重大产业项目统筹协商机制，优化区域内的社会分工和专业化协作，推动优势互补，联合发展。最后，启动地方、企业、民间多层次的组织联合，发挥河北省工业经济联合会等行业协会在产业协调中的作用，加强区域内不同产业层次的合作，共同促进行业的发展。

3. 建设区域性市场体系

建立统一开发、竞争有序的区域性市场体系。建立统一的人力资源市场，促使劳动力自由流动，为产业发展做好人力资源保障；建设区域性金融市场，对信托、证券、投资、企业金融中心、结算中心等进行整合，扩大规模，增强实力，组建区域性金融中心；规范市场交易行为，完善市场竞争机制；组建区域性大型企业集团，以优势企业为龙头，打破区域、企业限制，联合投资、联合生产，壮大产业实力。

4. 加强与京津地区的合作

一方面，在产业转移与分工上，三地要合理定位，形成产业分工、产业合作、产业转移、产业升级于一体的产业发展新格局，形成有效的产业对接形式。另一方面，河北省应充分利用京津的经济、科研、技术和人才优势，以京津为产业带动点，促进产业的迅速发展。各地区应积极主动地与京津展开合作，这也是河北省实行全方位对外开放战略中的一个重点。

5. 共同改善生态环境

资源是人类社会和经济发展的物质基础，同时也是人类生存和发展的基本要素。其中，环境是人类生存与发展的基本资源之一。

河北省各地应推动技术进步，提高资源综合利用水平，加快新技术、新产品、新材料的推广和应用；大力发展生态产业，构造循环经济，调整产业结构，发展低耗、高效、无污染或少污染的生态型产业；关停一些高污染的造纸、冶金、水泥厂；促进能源的循环利用和清洁生产，发展循环经济。

加强各级政府部门在环境保护中的联系，形成有序的监管体系；制定可操作的节能、节水、资源综合利用规划和实施方案；加强环境立法工作，加大环保部门的监管力度和执法力度。

参考文献

［1］孙久文、张红梅：《京津冀一体化中的产业协同发展研究》，《河北工业大学学报》（社会科学版）2014 年第 3 期。
［2］吴爱芝、孙铁山等：《中国纺织服装产业的空间集聚与区域转移》，《地理学报》2013 年第 6 期。

[3] Anselin L. , "Local Indicators of Spatial Association-LISA", *Geographical Analysis* 2 (1995) .

[4] Anselin L. , "The Moran Scatterplot as an ESDA Tool to Assess Local Instability in Spatial Association ", in M. Fischer, H. J. Scholten and Unwin, eds, *Spatial Analytical Perspectives on GIS* (London' UK: Taylor and Francis) .

[5] Tobler W. R. , " A Computer Movie Simulating Urban Growth in the Detroit Region", *Economic Geography* 46 (1970) .

B.3

京津冀协同发展与河北省农业发展模式构建

马林靖　齐晓梦*

摘　要：京津冀协同发展已上升为国家级重点战略，在此大背景下，三地农业的发展，特别是河北省农业的发展成为大家关注的焦点。本报告首先从自然资源、经济产值、农业生产产量与农业种植业结构、人民生活水平这4个方面分别阐述了京津冀三地的农业发展现状及特点，其次，对三地农业发展进行了深入的比较分析，包括效率评价、聚类分析和质量评价，最后，构建了河北省农业发展模式，即由中短期目标——提高农业发展效率，向远期目标（高级模式）——发展都市型现代农业演进。

关键词：京津冀　河北　农业发展　模式构建

一　京津冀农业发展现状及特点

京津冀位于华北平原，耕地面积约占全国耕地面积的5.34%，是我国重要的农产品基地和保障粮食安全的重要区域之一。水资源短缺、土地资源短缺是该区域三省市的共同特点。在京津冀一体化的大背景下，寻求城市群

* 马林靖，南开大学博士后，现为河北工业大学经济管理学院副研究员，主要研究方向为农业经济管理、发展经济学；齐晓梦，河北工业大学硕士研究生，主要研究方向为产业经济学。

间的区域协作特别是农业协作，实现区域农业一体化，共谋农业发展是京津冀地区协同发展的重要内容之一。

（一）北京市农业发展的现状及特点

1. 自然资源

北京市位于华北平原西北部，总面积约为16800平方公里，其中，山区占48.7%，丘陵占1.7%，台地占6.5%，西部山地属太行山山脉，北部山地属燕山山脉，平原呈西北高、东南低的倾斜趋势。北京的耕地面积为22.37万公顷，农业产值占总产值的比例不足1%，且这个比例在逐年下降，是典型的大城市、大郊区、小农业。北京市人均水资源占有量不足300立方米，仅为全国人均占有量的1/6，世界人均占有量的1/25；且土地资源数量有限，质量不高，农业发展空间及资源的刚性约束越发凸显。因此，寻求农业转型，加快转变农业发展方式，推动农业的集约化、高端化发展，是北京市的当务之急。

2. 经济产值

近年来，北京市第一产业增加值逐年提高，由2009年的118亿元增加到2013年的161亿元，但随着经济转型和城镇化步伐的加快，第一产业增加值在生产总值中所占比重逐年下降，由2009的0.97%下降到2013年的0.83%（见表1）。

表1　2009～2013年北京市第一产业增加值与全市生产总值

单位：亿元，%

年份	第一产业增加值	GDP	第一产业增加值占GDP比重
2009	118	12153	0.97
2010	124	14113	0.88
2011	136	16251	0.84
2012	150	17879	0.84
2013	161	19500	0.83

资料来源：北京市统计局、国家统计局北京调查总队主编《北京统计年鉴》，中国统计出版社，2013。

2013 年北京市农林牧渔业总产值为 421.93 亿元，占全市生产总值的 2.16%，且除渔业产值有所下降外，农、林、牧业以及服务业的产值均有所增长，其中林业增长幅度较大。农业与牧业产值占农林牧渔业总产值的 77.07%，反映了北京市农牧结合程度较高（见表 2）。

表 2　2013 年北京市农林牧渔产值、结构

单位：亿元，%

项　目	农业产值	林业产值	牧业产值	渔业产值	农林牧渔服务业	合计
总产值	170.41	75.89	154.75	12.78	8.10	421.93
同比变化量	2.48	38.41	0.38	-1.54	8.00	47.73
占农林牧渔业总产值比重	40.39	17.99	36.68	3.03	1.92	100

注：2013 年农林牧渔服务业产值是预测值。

资料来源：北京市统计局、国家统计局北京调查总队主编《北京统计年鉴》，中国统计出版社，2013。

3. 农业生产产量与农业种植业结构

2012 年农产品产量多有下降，只有禽蛋、奶类和水产品的产量较上年略有增加。粮食产量达到 113.77 万吨，比上年下降 6.57%；棉花产量下降较多，降幅为 47.18%；油料、蔬菜、肉类产量较上年有所下降（见表 3）。

表 3　2012 年北京市主要农产品产量和增长速度

单位：万吨，%

项　目	粮食	棉花	油料	蔬菜	肉类	禽蛋	奶类	水产品
总产量	113.77	0.03	1.34	279.90	43.19	15.15	65.05	6.38
同比变化	-6.57	-47.18	-3.60	-5.71	-2.77	0.06	1.67	4.25

资料来源：北京市统计局、国家统计局北京调查总队主编《北京统计年鉴》，中国统计出版社，2013。

北京市一直在减少农业用地，由 2008 年的 31.14 万公顷减少到 2012 年的 26.86 万公顷。除其他农作物面积外，其他主要作物的播种面积均有所减少，其中，棉花和油料作物的面积减少得较多，分别为 83.33% 和 93.06%。

2012 年，农作物总播种面积为 26.86 万公顷，比上一年减少 2.32 万公顷。其中，粮食作物播种面积 19.39 万公顷，同比减少 1.55 万公顷；棉花作物播种面积 0.02 万公顷，减少 0.02 万公顷；油料面积 0.05 万公顷，减少 0.44 万公顷；蔬菜面积 6.41 万公顷，减少 0.27 万公顷（见表 4）。全年种植业生产取得明显成效，种植结构进一步优化合理。

表 4　2008～2012 年北京市主要农作物播种面积

单位：万公顷

年份	合计	粮食	棉花	油料	蔬菜	其他农作物
2008	31.14	22.63	0.12	0.72	6.82	0.85
2009	30.97	22.63	0.06	0.61	6.85	0.83
2010	30.65	22.35	0.04	0.54	6.75	0.97
2011	29.18	20.94	0.04	0.49	6.68	1.03
2012	26.86	19.39	0.02	0.05	6.41	0.99

资料来源：北京市统计局、国家统计局北京调查总队主编《北京统计年鉴》，中国统计出版社，2013。

4. 人民生活水平

随着经济的快速发展，北京市农民的生活水平不断提高，人均纯收入逐年增加，由 2009 年的 11668.6 元增加到 2013 年的 18337.5 元，增幅为 57.2%，是全国农民人均纯收入 8895.9 元的 2.06 倍（见图 1）。

5. 农业发展特点

根据《北京市“十二五”时期都市型现代农业发展规划》，首都的农业定位是都市型现代农业，是第一、第二、第三产业相互融合，充分体现人文、科技和绿色特征的低碳产业。

现在，北京市的农业已由传统农业向现代化农业过渡，原有的各种农业生产经营模式也在逐渐发生着变化，呈多样化发展，在发展过程中呈现出如下特点。

（1）农业产业化组织发展迅猛，产业类型以果、菜和畜禽养殖为主，多种产业化组织类型并存。自 2000 年起，农业产业化组织便以年均 28.6%

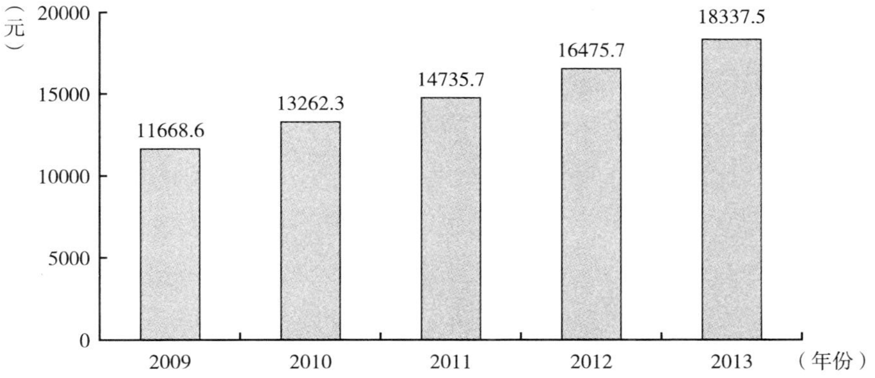

图1　2009～2013年北京市农民人均纯收入

资料来源：北京市统计局、国家统计局北京调查总队主编《北京统计年鉴》，中国统计出版社，2013。

的速度递增，截止到2010年底，北京市农业产业化组织总数已达5626个，其中，数量最多、比重最大的是中介组织。目前，北京市农业产业化经营由原来的全面均衡向高品质发展，由初加工为主向精深加工延伸，由单一组织模式向多元化组织模式发展。例如，现在北京改变了以种植业为主、以粮食为主的单一结构，初步形成了以果、菜和畜禽养殖为主的发展模式。同时，龙头企业发挥了巨大的作用，带动了农业产业化的快速发展。例如，北京卓宸畜牧有限公司生产的分割牛肉，大批出口到中东地区，市场前景十分广阔；此外，还有三元食品、王致和食品、绿润食品等公司也发挥了载体作用，实现了农业产业纵向一体化经营。

（2）都市化农业方兴未艾。现如今，农业不再仅仅是指传统的农、林、牧、渔业，在巩固和发展农业传统生产功能的基础上，北京都市型现代农业生活、生态和示范功能凸显。以农业景观资源为依托，以农业观光园和民俗旅游为主体的农业新形态方兴未艾。例如，垂钓型、森林度假型、科技示范型以及综合型等农业形态在郊区蓬勃发展起来。农业观光园和民俗旅游业收入逐年增加，成为农民收入的重要来源之一。2013年全市农业观光园1299个，比上年增加16个；观光园总收入27.4亿元，同比增长

1.8%。民俗旅游实际经营户达8530户，比上年增加163户；民俗旅游总收入10.2亿元，同比增长12.6%。设施农业实现收入57.3亿元，同比增长10.3%，但其在发展过程中同样存在许多问题，例如总供给过剩、项目趋同、低档次重复建设、文化内涵缺乏、季节性强等，这些问题都有待解决。

（二）天津市农业发展现状及特点

1. 自然资源

天津市地处华北平原东北部，东临渤海，海岸线全长126.5公里。区域总面积为11760平方公里，地势北高南低，分平原区、低平海岸带区和山地丘陵区。水资源严重匮乏，人均水资源占有量仅为105立方米，不到全国人均水平的1/20。近年来，农用耕地的面积也大大减少，由2002年的42.28万公顷减少到2012年的39.54万公顷，其主要原因是工业用地增多。与此同时，林地面积有所增加，由2002年的17.53万公顷增加到2012年的21.46万公顷。果园面积由2002年4.36万公顷下降到2012的3.37万公顷（见图2）。

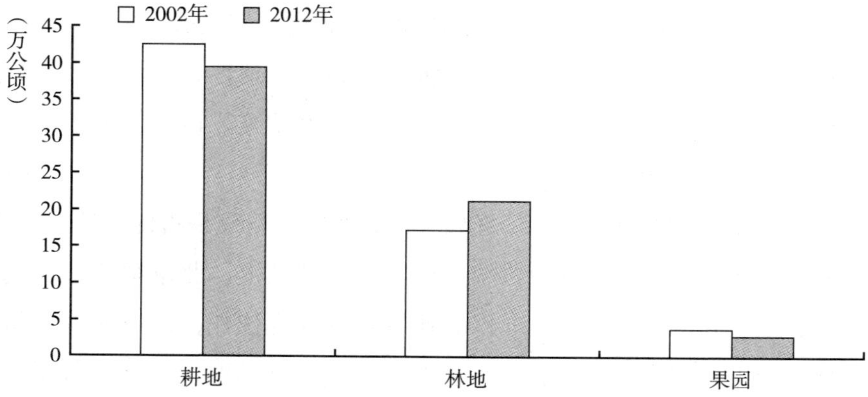

图2　天津市农用土地类型变化

资料来源：天津市统计局、国家统计局天津调查总队主编《天津统计年鉴》，中国统计出版社，2013。

2. 经济产值

近年来，天津市农业稳步发展，农业生产总值逐年增加。2013 年第一产业增加值为 188 亿元，比上年增长 9.9%，但随着经济转型和城镇化步伐的加快，第一产业增加值占国内生产总值的比例逐年下降是必然趋势，由 2009 年的 1.71% 下降到 2013 年的 1.31%（见表 5）。

表 5　2009 ~ 2013 年天津市第一产业增加值与全市生产总值

单位：亿元，%

年份	第一产业增加值	GDP	第一产业增加值占 GDP 比重
2009	128	7521	1.71
2010	145	9224	1.57
2011	159	11307	1.41
2012	171	12893	1.33
2013	188	14370	1.31

资料来源：天津市统计局、国家统计局天津调查总队主编《天津统计年鉴》，中国统计出版社，2013。

2013 年全市农林牧渔业总产值 412.95 亿元，占全市生产总值的 2.87%，且农、林、牧、渔业及服务业产值均有所增长，其中渔业增长幅度较大。农业与牧业产值占农林牧渔业总产值的 78.9%，反映了天津市农牧结合程度较高（见表 6）。

表 6　2013 年天津市农林牧渔产值、结构

单位：亿元，%

项　目	农业产值	林业产值	牧业产值	渔业产值	农林牧渔服务业	合计
总产值	217.16	3.09	108.63	73.20	10.87	412.95
同比增长量	10.80	10.70	3.40	18.70	6.70	50.30
占农林牧渔业总产值比重	52.6	0.7	26.3	17.7	2.6	100

注：2013 年农林牧渔服务业产值是预测值。

资料来源：天津市统计局、国家统计局天津调查总队主编《天津统计年鉴》，中国统计出版社，2013。

3. 农业生产产量与农业种植业结构

2012 年天津市粮食产量达到 161.8 万吨，比上年略微下降 0.4%；棉花和油料作物产量与上年相比下降较多；蔬菜、肉类和水产品较上年有略微增长，而禽蛋和奶类产量与上年相比略微下降（见表7）。

表7　2012年天津市主要农产品产量和增长速度

单位：万吨，%

项　目	粮食	棉花	油料	蔬菜	肉类	禽蛋	奶类	水产品
总产量	161.8	5.8	0.6	447.7	45.8	18.7	67.9	36.5
同比变化	-0.4	-20.3	-15.1	3.8	6.7	-0.5	-1.8	3.7

资料来源：天津市统计局、国家统计局天津调查总队主编《天津统计年鉴》，中国统计出版社，2013。

自2008年起，天津市一直在增加农业用地，农作物播种面积由2008年的43.96万公顷增加到2012年的47.35万公顷。其中，2012年除棉花和油料的播种面积减少外，其他作物的面积均有不同程度的增加。在总的农业用地面积增加的情况下，种植业的结构正逐步变得合理。

现在，天津市正大力发展现代农业，推进种植结构调整，实现种植业生产的稳步发展。2012年完成农作物播种面积47.35万公顷，比上年增加1.11万公顷。其中，粮食作物播种面积32.29万公顷，增加1.21万公顷；棉花作物播种面积5.54万公顷，减少0.46万公顷；油料作物面积0.19万公顷，减少0.03万公顷；蔬菜面积8.89万公顷，增加0.18万公顷。全年种植业生产取得明显成效，种植结构进一步优化合理（见表8）。

表8　2008～2012年天津市农作物播种面积

单位：万公顷

年份	合计	粮食	棉花	油料	蔬菜	其他农作物
2008	43.96	29.35	6.92	0.18	7.22	0.29
2009	44.80	30.66	5.56	0.20	8.08	0.30
2010	45.35	31.18	5.18	0.22	8.49	0.29
2011	46.24	31.08	6.00	0.22	8.71	0.22
2012	47.35	32.29	5.54	0.19	8.89	0.44

资料来源：天津市统计局、国家统计局天津调查总队主编《天津统计年鉴》，中国统计出版社，2013。

4. 人民生活水平

农民的生活水平不断提高，农民纯收入不断增加，在5年时间内天津市农民人均纯收入增加了82.3%，由2009年的8687.6元增加至2013年的15841.0元，是全国农民人均纯收入8895.9元的1.78倍（见图3）。

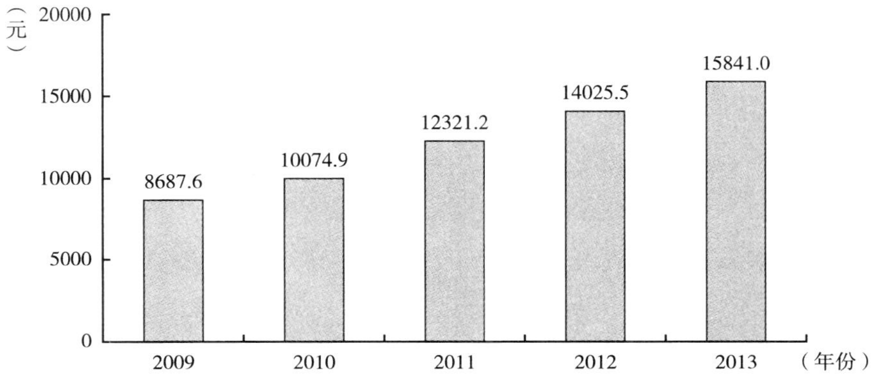

图3　2009～2013年天津市农民人均纯收入

资料来源：天津市统计局、国家统计局天津调查总队主编《天津统计年鉴》，中国统计出版社，2013。

5. 农业发展特点

（1）区位优越性。在京津冀一体化中，天津市定位为北方经济中心。同时，天津作为现代化国际港口大都市，海、陆、空交通便捷，是华北地区的交通枢纽和内外贸易商品集散地，其农业生产用地位于市郊和交通要道的两侧，运输方便，距市场近，是天津农业发展得天独厚的优势。

现如今，许多依托天津临海优势、天津港口优势的产业正蓬勃发展起来。渔业一直在天津农业生产中占据较大比重，其水产品产量逐年提高，2012年的水产品产量为36.5万吨，同比上年增长了3.7%，不仅可以满足天津市人民的需求，还可以出口海外。水产品的捕捞还直接与加工、流通环节密切结合，呈一体化发展。另外，沿海都市农业还具有保护生态环境的功能，为居民提供绿色观光休闲场所的生活功能，以及示范、辐射、带动区域农业发展的服务功能。

（2）随着经济的发展，寻求农业转型升级、发展都市农业成为天津市农业发展的方向。农业的发展不再仅仅依靠传统农业，而是依赖于新的产业，如生产资料产业、食品加工产业、物流产业和信息产业等，产业界限日益模糊。

（三）河北省农业发展的现状及特点

1. 自然资源

河北省位于华北平原，黄河下游以北，面积达 19 万平方公里。全省地貌多样，有高原、山地、丘陵、盆地、平原、湖泊、洼淀等。北部坝上高原，海拔 1200～1500 米，面积 24343 平方公里，占全省总面积的 12.92%，为丰农丰牧区；连绵于西部的太行山地和北部的燕山山地，面积共 70194 平方公里，占全省总面积的 37.3%；两山丘陵区面积 9068 平方公里，占全省总面积的 4.8%，适宜林果生产；盆地面积 22709 平方公里，占全省总面积的 12.1%，为山区农业生产基地；平原面积 57223 平方公里，地势平坦，土壤肥沃，是全省的主要农产区。河北省水资源匮乏，全省水资源总量为 203 亿立方米，人均 311 立方米，为全国平均水平的 1/7。

2. 农业生产产量与经济产值

近年来，河北省农业稳步发展。农业生产总值逐年增加。2013 年全年第一产业增加值为 3500 亿元，比上年增长 9.8%，最近 5 年第一产业增加值占生产总值的比重变化不大，但整体呈先降后升的趋势（见表 9）。

表 9　2009～2013 年河北省第一产业增加值与全省生产总值

单位：亿元，%

年份	第一产业增加值	GDP	第一产业增加值占 GDP 比重
2009	2207	17235	12.81
2010	2563	20394	12.57
2011	2906	24516	11.85
2012	3187	26575	11.99
2013	3500	28301	12.37

资料来源：《河北经济年鉴》，中国统计出版社，2013。

河北是农业大省，2013 年全省农林牧渔业总产值为 5826.48 亿元，占全省生产总值的 20.59%，且农、林、牧、渔业及服务业产值均有所增长，其中林业增长幅度较大。农业和牧业产值占农林牧渔业总产值的比重较高，合计为 90.8%（见表 10）。

表 10　2013 年河北省农林牧渔产值、结构

单位：亿元，%

项　目	农业产值	林业产值	牧业产值	渔业产值	农林牧渔服务业	合计
总产值	3473.27	96.30	1818.19	178.72	260.00	5826.48
同比增长量	12.21	23.65	4.04	0.55	7.64	48.09
占农林牧渔业总产值比重	59.6	1.7	31.2	3.1	4.5	100

注：2013 年农林牧渔服务业产值是预测值。

资料来源：《河北经济年鉴》，中国统计出版社，2013。

3. 农业种植业结构

由于地区间的气候差异较大，河北省的农作物种类较多，是全国粮油集中产区之一，可耕地面积达 600 多万公顷，居全国第四位。2012 年，河北省粮食产量达 3246.60 万吨，比上年增加 2.33%；油料和禽蛋与上年相比产量略有增加；蔬菜、肉类、奶类和水产品较上年有较大幅度增长，而棉花产量与上年相比下降较多（见表 11）。

表 11　2012 年河北省主要农产品产量和增长速度

单位：万吨，%

项　目	粮食	棉花	油料	蔬菜
总产量	3246.60	56.44	142.83	7695.10
同比变化	2.3	-13.6	0.7	4.2
项　目	肉类	禽蛋	奶类	水产品
总产量	442.91	342.56	470.37	116.32
同比变化	5.9	0.8	2.5	9.1

资料来源：《河北经济年鉴》，中国统计出版社，2013。

近5年河北省的耕地面积没有太大变化，略有增加，由2008年的857.17万公顷增加到2012年的862.23万公顷，增幅为0.59%。其中，粮食和蔬菜面积增加，棉花、油料和其他农作物的面积减少。在总的农业用地面积增加的情况下，种植业的结构正逐步变得合理。

现在，河北省正大力推进其农业由传统农业向现代化农业转型，推进种植结构调整，实现种植业生产的稳步发展。2012年农作物播种面积达862.23万公顷，比上年增加0.04%。其中，粮食作物播种面积630.24万公顷，比上年增加0.26%；蔬菜面积120.30万公顷，比上年增加3.89%；河北省是全国主要产棉区之一，曾被誉为“中国产棉第一省份”，但近年来棉花播种面积却在逐年下降，2012年棉花作物播种面积57.83万公顷，比上年减少8.57%；油料面积45.40万公顷，比上年增加0.20%（见表12）。全年种植业生产取得明显成效，种植结构进一步优化合理。

表12　2008～2012年河北省农作物播种面积

单位：万公顷

年份	合计	粮食	棉花	油料	蔬菜	其他农作物
2008	857.17	615.81	69.0	51.69	110.14	10.54
2009	853.95	621.65	62.0	49.66	110.09	10.54
2010	856.86	628.22	58.16	46.44	113.86	10.19
2011	861.91	628.61	63.25	45.31	115.79	8.94
2012	862.23	630.24	57.83	45.40	120.30	8.46

资料来源：《河北经济年鉴》，中国统计出版社，2013。

4. 人民生活水平

农民的生活越来越好，近5年河北省农民纯收入有了很大的提高，由2009年的5149.7元增加到2013年的9101.9元，增幅为76.7%，略高于全国农民人均纯收入的8895.9元（见图4）。

同时，河北省积极争取中央和省级农业投资64亿元，比上年增长11.1%。其中，落实小麦、玉米、水稻、棉花良种补贴资金12.36亿元，争取中央和省级两批农机购置补贴资金9.15亿元，与上年相比有大幅度增长。

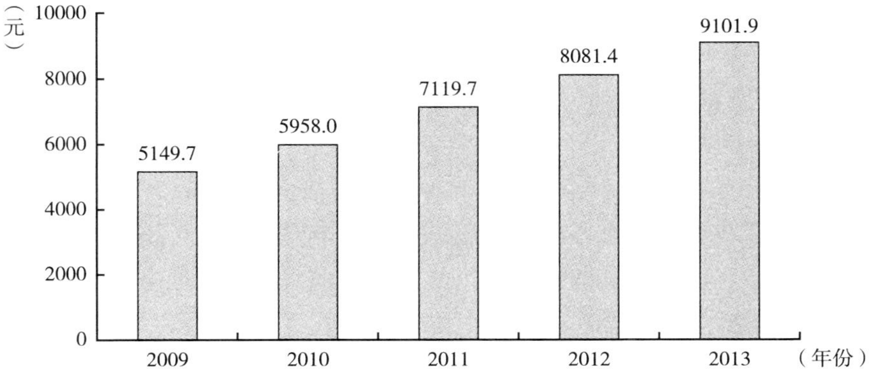

图 4 2009～2013 年河北省农民人均纯收入

资料来源：《河北经济年鉴》，中国统计出版社，2013。

5. 农业发展特点

（1）农业发展仍以传统农业为主。农、林、牧、渔业持续稳定增长，粮食作物生产实现再丰收，蔬菜生产规模进一步扩大，果品生产实现较快发展，主要畜禽产品生产保持稳定增长，渔业生产步伐加快，农业产业化经营取得进展。河北省生产力水平总体上处于农业机械化阶段，平原农业区 80% 左右农户的施肥、耕种、浇水、收割等生产活动主要由农业机械完成。

（2）现代化都市农业正在起步。统筹农业与城市的发展，在以城市需求为导向的同时促使农业由过去单纯生产型为主的产业形态向集生产、生态、生活多功能于一身的产业形态转变。例如，栾城正大力发展高效设施和生态观光农业，并着力打造省会最大的错季菜供应基地和最休闲、最有特色的生态农业旅游观光基地。

（3）农业产业化蓬勃发展。农业产业化紧紧围绕“一产抓特色、二产抓提升、三产抓拓展”的发展战略，以“特色主导、项目支撑、龙头带动、园区集聚”为主线，强化工作举措，发挥产业特色，产业化经营水平持续提高。深入推进项目建设年活动，2012 年建设产业化项目 1455 个、完成投资 860 亿元，分别同比增长 23% 和 18%，138 个亿元以上项目竣工投产。认定第五批省级龙头企业454家，新增88家，年销售收入2098亿元，同比增长29%。全年农业产业化经营总量达到5394.3亿元，同比增长13.4%，产业化经营率达到61.5%，同比提高1.5个百分点。

二 京津冀农业发展效率与质量的深入探讨

（一）DEA分析

数据包络分析（Data Envelopment Analysis，DEA）方法首先由Charnes和Cooper于1978年创建，是一种对多投入、多产出的多个决策单元（Decision Making Unit，DMU）的非参数前沿效率分析方法，是目前最常用的一种效率分析方法，根据对各DMU数据的计算，判断各DMU是否有效，即DEA是否有效。本报告采用BCC模型，即规模报酬可变模型进行计算。

1. 指标的选择

根据国内外文献对农业效率的实证研究，并参考指标选择的原则，即可比性、差异性、可获得性，本报告在分析时采用如下指标。

产出指标：

①农林牧渔总产值（亿元）；

②农民人均纯收入（元）。

投入指标：

①农作物播种面积（万公顷）；

②农林牧渔从业人员（万人）；

③化肥施用量（万吨）；

④农村用电量（亿千瓦小时）；

⑤农村机械总动力（万千瓦）。

其中，共有产出指标2个，投入指标5个，DMU 31个［决策单元为全国31个省份（不含港、澳、台）］。DMU数量大于投入产出指标之积的两倍［31 > (2×5) ×2］，因此可认为DEA评价结果有合理的区分度，满足DEA分析的要求。

2. 结果分析

本报告选取了2013年《中国统计年鉴》的相关数据，运用DEAP Version 2.1软件进行测算，得出各省市的综合效率、纯技术效率、规模效率等。其中，综合效率指不考虑规模收益时的技术效率，纯技术效率衡量产业结构能否符合总体要求（综合效率）并使之发挥最大的经济和社会效益，规模效率衡量产业结构通过优化配置对产出单元所产生作用的大小，纯技术效率和规模效率是对综合效率的细分，它们之间的计算公式为：

综合效率 = 纯技术效率 / 规模效率

可以看出，京津冀地区的农业发展非常不平衡。北京的农业总体发展最好，农业综合效率最高，其综合效率、纯技术效率和规模效率均为1，DEA有效，规模收益不变；天津的农业发展次之，其综合效率为0.772，有“减少一些投入，并保持产出不变”的改进潜力，规模收益递增；河北虽为农业大省，但其综合效率却是京津冀地区最低的，为0.625，为非弱DEA有效，有“投入可减少，产出可增加”的改进潜力，规模收益递减（见表13）。

表13　全国31个省份农业效率评价

省　份	综合效率	纯技术效率	规模效率	规模收益	DEA有效性
北　京	1	1	1	—	DEA有效
辽　宁	1	1	1	—	DEA有效
黑龙江	1	1	1	—	DEA有效
上　海	1	1	1	—	DEA有效
江　苏	1	1	1	—	DEA有效
浙　江	1	1	1	—	DEA有效
福　建	1	1	1	—	DEA有效
海　南	1	1	1	—	DEA有效
西　藏	1	1	1	—	DEA有效
青　海	1	1	1	—	DEA有效
湖　北	0.975	1	0.975	drs	非弱DEA有效
新　疆	0.943	0.952	0.990	drs	非弱DEA有效
吉　林	0.929	1	0.929	drs	非弱DEA有效
四　川	0.866	1	0.866	drs	非弱DEA有效
广　东	0.811	1	0.811	drs	非弱DEA有效
内蒙古	0.783	0.788	0.994	drs	非弱DEA有效

续表

省　份	综合效率	纯技术效率	规模效率	规模收益	DEA 有效性
湖　南	0.780	1	0.780	drs	非弱 DEA 有效
天　津	0.772	0.834	0.925	irs	非弱 DEA 有效
宁　夏	0.771	0.927	0.831	irs	非弱 DEA 有效
山　东	0.725	1	0.725	drs	非弱 DEA 有效
江　西	0.677	0.789	0.857	drs	非弱 DEA 有效
广　西	0.643	1	0.643	drs	非弱 DEA 有效
重　庆	0.642	0.671	0.957	drs	非弱 DEA 有效
河　北	0.625	0.775	0.807	drs	非弱 DEA 有效
贵　州	0.592	0.616	0.962	drs	非弱 DEA 有效
甘　肃	0.570	0.618	0.923	drs	非弱 DEA 有效
陕　西	0.552	0.704	0.785	drs	非弱 DEA 有效
云　南	0.527	0.723	0.730	drs	非弱 DEA 有效
河　南	0.486	1	0.486	drs	非弱 DEA 有效
安　徽	0.485	0.681	0.712	drs	非弱 DEA 有效
山　西	0.438	0.444	0.985	drs	非弱 DEA 有效

注：规模效益一栏中，“—”表示规模收益不变，“drs”表示规模收益递减，“irs”表示规模收益递增。

资料来源：由 DEAP Version 2.1 软件运行归纳得到。

根据DEA有效与否，大致可以把全国31个省份分为两类，一类为DEA有效，如北京、上海、江苏等；另一类为非弱DEA有效，如天津、河北、山东等。在非弱DEA有效这一类别下，又可根据改进潜力的不同分为两类（见表14）。

表 14　全国 31 个省份的 DEA 有效性

DEA 有效性	改进潜力	省　份
DEA 有效	—	北京、辽宁、上海、江苏、海南 浙江、福建、西藏、青海、黑龙江
非弱 DEA 有效	投入可减少， 产出可增加 （drs）	河北、湖北、新疆、吉林、四川、广东 湖南、山东、江西、广西、重庆、内蒙古 贵州、陕西、甘肃、云南、河南、山西、安徽
	减少一些投入， 并保持产出不变 （irs）	天津、宁夏

（二）聚类分析

本小节我们使用聚类分析方法从客观角度对全国31个省份的农业发展特点做综合分类，从而了解京津冀农业在全国各省份中的归类情况。

聚类分析实质上是寻找一种客观反映元素之间亲疏关系的统计量，然后根据这种统计量把元素分成若干类。本报告采用距离系数的聚类统计量，距离系数一般用于对样品分类，其基本思想是在样品之间定义距离，用距离代表样品之间的相似程度。按相似程度的大小，将样品逐一归类，关系密切的样品聚集到一个小的分类单位，然后逐步扩大，使得关系疏远的聚合到一个大的分类单位，直到所有的样品都聚集完毕，形成一个表示亲疏关系的谱系图，依次按照某些要求对样品进行分类。

1. 指标选择

对于解释性指标的选择，依据全国农业发展的实际情况以及聚类分析的要求，有如下原则：①指标具有可比性，即指标可以全面反映全国31个省份的农业发展状况；②指标具有差异性，即选取的指标可以反映出各地的差异；③指标具有可获取性。

根据以上原则，我们选取如下7个解释性指标数据对全国31个省份样本进行聚类分析，从而发现全国各地区之间科学发展关系的异同之处：

①农作物播种面积（万公顷）；

②农林牧渔业从业人员（万人）；

③化肥施用量（万吨）；

④农村用电量（亿千瓦小时）；

⑤农业机械总动力（万千瓦）；

⑥农林牧渔总产值（亿元）；

⑦农民人均纯收入（元/年）。

2. 结果分析

这里我们选择欧氏平方距离衡量组间距离，0～25的标尺刻度显示类别之间的亲疏距离，聚类产生的树形图见图5。

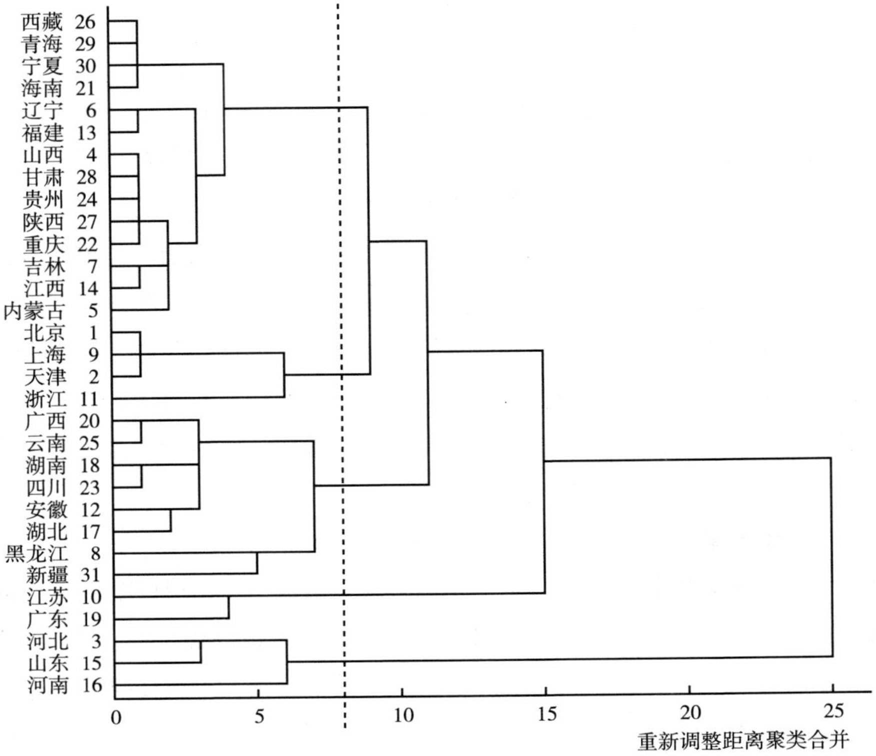

图5　全国31个省份的聚类分析结果

我们把标尺距离在8以内（如图5虚线所示）的省份划为一类，共得到5类省份（见表15），这5类省份的区分方法和我们在上一节中讨论的各种排名没有关联，结果也完全不同，且这5类省份也没有效率高低之说，没有好坏之分，而是完全源于数据本身亲疏关系的划分。

表15　全国31个省份聚类分析

第一类省份	河北、山东、河南
第二类省份	江苏、广东
第三类省份	广西、云南、湖南、四川、安徽、湖北、黑龙江、新疆
第四类省份	北京、上海、天津、浙江
第五类省份	西藏、青海、宁夏、海南、辽宁、福建、山西、甘肃 贵州、陕西、重庆、吉林、江西、内蒙古

可以看出，河北省位于第一类省份，与河南，山东同处一类。这三省均位于华北平原，地貌相似，地缘相邻，是我国的农业大省，农作物产量丰富。且这三省的农业均以传统农业为主，春播玉米，秋种小麦，或者种植果树，而少有现代型农业。

北京、天津、上海同属于一个分类，这三个直辖市也有许多共同的特点，即第二、第三产业发达，占 GDP 比重较高，而第一产业发展对 GDP 的贡献较小；人多地少，土地资源匮乏，且城市用地、工业用地不断挤占农业用地，导致农业的发展空间越来越小，都市农业发达，农业现代化集约化水平较高。

（三）京津冀三地农业发展的质量分析

1. 比较劳动生产率分析

比较劳动生产率（用 E 表示），即一个部门的产值比重同在此部门就业的劳动力比重的比率，它反映该部门 1% 的劳动力所生产的产值在国内总产值中的比重。其值越大，说明该产业的劳动生产率越高，具体可以用公式表示为：

$$E_i = \frac{G_i}{L_i},\ i = 1,\ 2,\ 3$$

式中：G_i——i 部门的国民收入或国内生产总值比重，即 i 部门产值/国内生产总值；

L_i——i 部门的劳动力比重，即 i 部门劳动力/劳动力总数；

E_i——i 部门的比较劳动生产率。

由此公式计算出北京、天津、河北及全国的三次产业比较劳动生产率如表 16 所示。

根据库兹涅茨的实证分析，进入工业化中期以后，第一产业的比较劳动生产率会趋于稳定，进入工业化后期以后，产业间比较劳动生产率的差距会逐渐缩小。

表 16　北京、天津、河北及全国的三次产业比较劳动生产率

	年份		2008	2009	2010	2011	2012
比较劳动生产率	第一产业	北京	0.16	0.16	0.15	0.15	0.16
		天津	0.15	0.15	0.16	0.15	0.15
		河北	0.32	0.33	0.33	0.33	0.34
		全国	0.27	0.27	0.28	0.29	0.30
	第二产业	北京	1.11	1.17	1.22	1.13	1.18
		天津	1.31	1.28	1.26	1.27	1.25
		河北	1.73	1.64	1.62	1.61	1.54
		全国	1.73	1.67	1.63	1.59	1.50
	第三产业	北京	1.04	1.02	1.01	1.03	1.01
		天津	0.93	0.96	0.95	0.94	0.94
		河北	1.14	1.20	1.17	1.14	1.15
		全国	1.25	1.28	1.26	1.23	1.24

资料来源：由《中国统计年鉴》（2009～2013 年）相关数据计算得出。

近 5 年的数据表明，①京津冀各省市的第一产业比较劳动生产率数值偏小，均低于 0.4，且比较稳定，波动不大，而目前我国处于工业化中期，这也印证了库兹涅茨的说法。②京津冀地区第一产业 1% 的就业人数带来的国民收入低于地区经济总量的 1%，即第一产业发展缓慢，这一方面是因为农业生产效率低下，产值低；另一方面则是因为第一产业滞留了大量的剩余劳动力。③京津冀的第一产业比较劳动生产率都低于 1，而第二、第三产业的比较劳动生产率基本上都大于 1（天津市的第三产业比较劳动生产率虽小于 1，但是均大于 0.9）。

分三次产业看，河北的第一产业比较劳动生产率高于北京和天津（见图 6）。需要说明的是，这并不是因为河北的经济比较发达，而是因为河北的第二、第三产业发展落后。河北省是农业大省，其农业增加值对 GDP 的贡献率高于北京、天津，对农业的重视程度也高于北京和天津，这是导致河北第一产业比较劳动生产率高于北京和天津的另一个原因。

近 5 年，除北京的第二产业比较劳动生产率略微上升外，天津、河北及

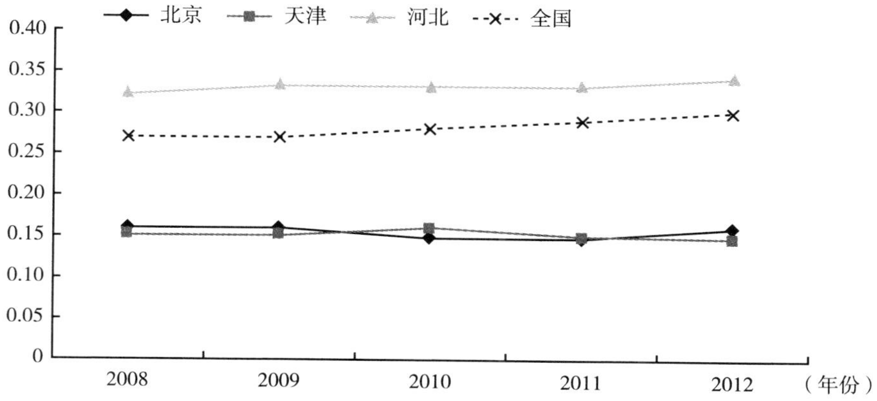

图 6　京津冀及全国第一产业比较劳动生产率比较

资料来源：由《中国统计年鉴》（2009～2013 年）相关数据计算得出。

全国的第二产业比较劳动生产率均呈下降或基本不变的趋势（见图 7）。京津冀及全国的第三产业比较劳动生产率均呈基本不变的趋势。而且，京津冀三省市第二产业比较劳动生产率总体大于第三产业比较劳动生产率（见图 8）。

这充分说明，我国京津冀地区还处于工业化进程中，第二产业比第一产

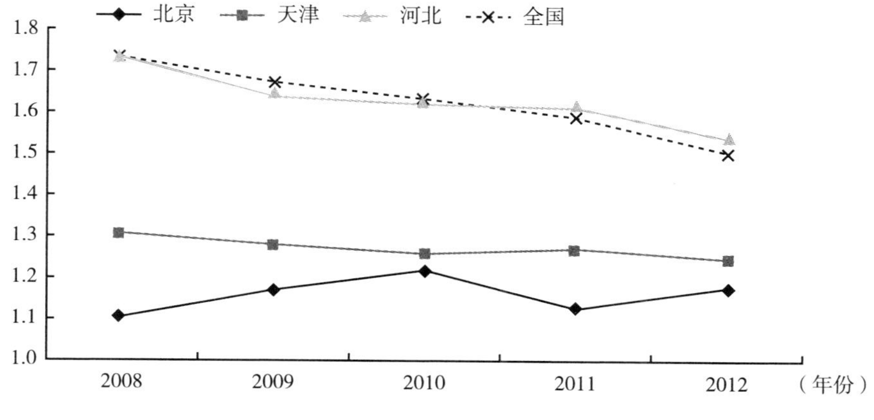

图 7　京津冀及全国第二产业比较劳动生产率比较

资料来源：由《中国统计年鉴》（2009～2013 年）相关数据计算得出。

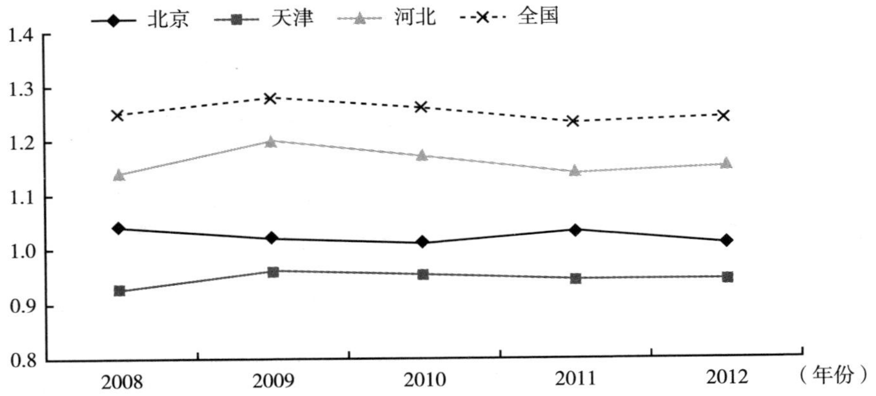

图 8　京津冀及全国第三产业比较劳动生产率比较

资料来源：由《中国统计年鉴》（2009～2013 年）相关数据计算得出。

业、第三产业更有生产优势，但已处于工业化中期的后半阶段，正逐渐由第二产业为主导转变为以第三产业为主导。

2. 二元经济结构强度分析

二元经济结构，指发展中国家现代化的工业和技术落后的传统农业同时并存的经济结构，其系数（用 T 表示）用来反映城乡二元经济结构的总体水平，分析产业结构与就业结构的变动关系。

$$T = \text{非农业比较劳动生产率} / \text{农业比较劳动生产率} \times 100\%$$

河北的第一产业较北京、天津来说规模较大，其产值占 GDP 比重较大，而第二、第三产业发展水平与京津相比较低，同全国平均发展水平相当，正处于工业化中期的后半阶段；而京津已进入工业化后期的前半阶段，第二、第三产业发展水平较高，并且正逐步将发展重心由第二产业转向第三产业。可见，河北的经济结构较为均衡，二元经济结构强度低于京津及全国平均水平；而北京、天津的二元经济结构强度较高，且较大幅度地高于全国平均水平（见表 17、图 9）。

另外，河北经济发展较为均衡，二元经济结构强度呈逐年下降的趋势，表明河北地区第一产业与第二、第三产业之间的差距并不大，这与河北地区第二、第三产业较不发达有直接关系；而北京、天津较为重视第二、第三产业的发展，忽略第一产业的发展，导致二元经济结构现象较为明显，二元经济结构强度一直较高。因此，对于河北而言，应当加快三次产业发展，使其齐头并进；而北京、天津则应在保持非农经济繁荣的同时尽快提高第一产业的比较劳动生产率。

表 17　京津冀及全国二元经济结构

地　区	二元经济结构				
	2008 年	2009 年	2010 年	2011 年	2012 年
北京市	6. 67	6. 72	7. 18	6. 88	6. 47
天津市	7. 20	7. 24	7. 01	7. 41	7. 24
河北省	4. 53	4. 35	4. 24	4. 24	3. 94
全　国	5. 45	5. 34	5. 16	4. 78	4. 51

资料来源：根据中国统计年鉴（2009～2013 年）相关数据计算得到。

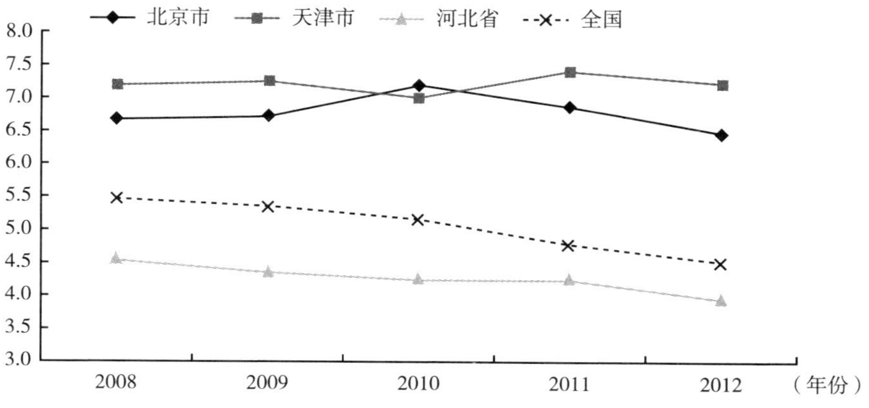

图 9　京津冀及全国二元经济结构比较

资料来源：根据中国统计年鉴（2009～2013 年）相关数据计算得到。

3. 产业结构偏离度分析

产业结构偏离度是指某一产业的就业比重与增加值比重之差，其计算公式为：

$$E_i = Y_i - X_i,\ i = 1,\ 2,\ 3$$

其中，E_i ——产业结构偏离度；

Y_i ——各产业劳动力所占比重；

X_i ——各产业产值所占比重。

若某一产业的结构偏离度为0，则表示该产业结构与就业结构能在总量上保持均衡状态；若为正，即就业比重高于增加值比重，则说明该行业相对劳动生产率较低，存在大量的隐性失业，应促使劳动力从该产业转向其他产业；反之，若产业结构偏离度为负，则表示存在劳动力转入的可能，该产业应吸纳更多的劳动力以满足产业发展的需要。京津冀三地三次产业结构偏离度计算结果见表18。

表18　产业结构偏离度分析表

单位：%

	年份		2008	2009	2010	2011	2012
产业结构偏离度	第一产业	北京	5.38	5.23	5.12	4.66	4.36
		天津	9.98	9.49	8.52	8.19	7.57
		河北	27.05	26.19	25.31	24.48	22.92
		全国	28.94	27.75	26.56	24.67	23.49
	第二产业	北京	-2.43	-3.50	-4.41	-2.59	-3.50
		天津	-13.21	-11.52	-10.97	-11.03	-10.48
		河北	-22.93	-20.25	-20.14	-20.23	-18.41
		全国	-19.95	-18.52	-18.17	-17.54	-15.08
	第三产业	北京	-2.96	-1.73	-0.71	-2.07	-0.86
		天津	3.24	2.03	2.45	2.84	2.91
		河北	-4.12	-5.94	-5.17	-4.24	-4.50
		全国	-8.36	-9.40	-8.83	-8.09	-8.66

资料来源：根据《中国统计年鉴》（2009~2013年）相关数据计算得到。

由表18数据可知，北京、天津和河北三省市的第一产业结构偏离度均大于0，表明京津冀地区的农业劳动力已存在大量的隐性失业，其中又属河北的第一产业结构偏离最为严重，因此应促进第一产业就业人员向第二、第三产业转移。这与京津冀地区耕地面积减少，而劳动生产率又不断提高有密切关系。但是，三省市的第一产业结构偏离度有逐年下降的趋势，说明其产业结构正逐渐趋于合理。

京津冀地区的第二产业就业比重低于产值比重，需要促使大量劳动力向第二产业转移。这其中又属河北的第二产业结构偏离度最大，且大于全国平均水平。这意味着河北省在第二产业的发展上存在着较大空间，劳动力转移缺口较大。

北京、河北的第三产业结构偏离度小于0，天津的则大于0，但都低于全国平均水平，偏离程度较小。

4. 京津冀三地城乡居民收入差距分析

在京津冀地区，河北省的城镇居民人均可支配收入最低，低于全国平均水平；农村人均纯收入几乎与全国平均水平持平，略高于全国平均水平，北京、天津经济发展水平较高，其城镇居民人均可支配收入和农民人均纯收入均高于全国平均水平（见图10）。

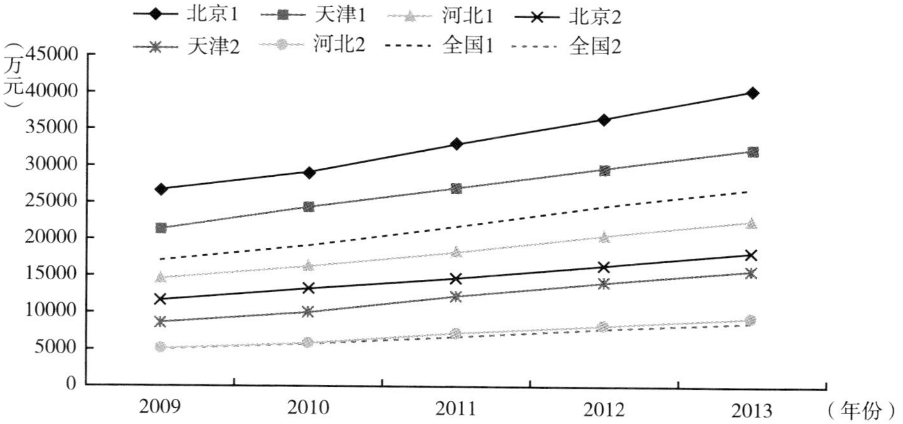

图10　京津冀及全国城镇与农村人均收入比较

注：1代表城镇居民人均可支配收入，2代表农村人均纯收入。

资料来源：根据国家统计局数据（2009～2013年）整理得到。

整个京津冀地区的城乡居民收入差距比均低于全国平均水平，且差距比基本都在逐年减小。然而，在京津冀地区，人均收入最低的河北省，其城乡居民收入差距比是最大的，2013 年为 2. 48，而北京、天津的分别为 2. 20、2. 04。这表明河北地区不仅整体经济发展落后，而且存在城乡收入差距较大的问题（见表 19）。

表 19　京津冀城乡居民收入差距比

单位：%

城市	2009 年	2010 年	2011 年	2012 年	2013 年
北京	2. 29	2. 19	2. 23	2. 21	2. 20
天津	2. 46	2. 41	2. 18	2. 11	2. 04
河北	2. 86	2. 73	2. 57	2. 54	2. 48
全国	3. 33	3. 23	3. 13	3. 10	3. 03

资料来源：根据国家统计局数据（2009 ~2013 年）整理得到。

三　河北省农业发展的重点方向与模式构建

河北省农业生产现存的问题，如水资源短缺，土地资源短缺，农药、化肥使用量大，机械化水平不够高等，已经阻碍了当地现代化农业的发展。针对这些问题，我们应改变当前这种传统的发展模式，重视对生态环境的保护，改善农业发展的条件，结合成功的经验及当地的实际情况，构建可以在河北省广泛推广、具有当地特色的现代化生态农业发展模式，并以此作为河北省未来农业发展的重点方向。对于河北省农业发展模式的构建，本报告将按照由初级到高级的发展阶段进行推进，即由中短期目标到远期目标。

（一）初级阶段（中短期目标）——提高农业生产效率

1. 基于资本的提高生产效率的发展模式

从对农业生产效率 DEA 的分析得知，目前河北省农业发展效率不高，属于非弱 DEA 有效，规模收益递减，可通过减少投入，并增加产出的方式提高农业生产效率。这就说明在农业生产中，一方面，存在着资源浪费，资源利用效率低下；另一方面，现有条件下产出不足，仍存在提高产出的可能性。

所以，我们应该抓好农村节能工作，提高资源利用率，这是提高生产效率必不可少的一个环节，也是农业经济可持续发展的必然要求。节水、节地、节能、节肥、节药都是农村节能的重点；同时，及时更新机械设备，提高农民的节能意识，带领农民学习资源利用的相关知识，进而实现农业的高效可持续发展。

另外，在目前有限的资源环境下，要提高农业产值，进而提高劳动生产率，就需要我们寻求新的、有效的发展方向。要做到优化农业产业结构，找准农业发展的主要方向；实现农业产业化经营，即农产品生产、加工、销售一体化经营，发展农业特色品牌。

2. 基于劳动力的提高生产效率的发展模式

劳动力是社会生产必不可少的要素之一，对生产效率的提高有着巨大的影响。

首先，加快剩余劳动力转移，避免农村大量闲置人力资源的浪费，从而有效提高农业生产效率。一方面，农村剩余劳动力的转移使农业经营模式发生转变，由以前的分散经营变为集中经营，从而便于发挥规模优势，并使生产成本得以有效控制，使农业生产效率得以提高。另一方面，农村劳动力向第二、第三产业转移，使得农民的收入和消费水平得到提高，而解决农民、农村、农业问题的关键就在于提高农民收入。随着三农问题的解决，工业化和现代化进程不断加快，从而又促进了农业的发展，农业生产效率得以提高。

为此，我们要加快河北省城市化的进程。城市化与人口城镇化相互影响，城市化会加速人口的城镇化，引导农村剩余劳动力向第二、第三产业转移，反之亦然。但目前，河北省的城市化水平还较低，甚至低于全国平均水平，已严重制约河北经济的发展，阻碍人口城镇化的进程。

其次，人才是一个产业发展的基本保障，应充分发挥政府的引导作用，注重对农业的技术支持。培育新型农民，让农民掌握新的技术和知识，掌握新的思想、新的规律，拓宽他们的视野，提高农民非农化比例，使农民的整体素质得到提高，从而促进农业生产效率的提高。

（二）高级阶段（远期目标）——都市型现代农业发展模式

随着社会经济的发展和产业的升级、转型，都市型现代农业是河北省未来农业发展的大方向，同时也是该省经济可持续发展的重要依托，对于打破城乡二元结构，促进城市与农村、农业与非农业融合有着不可或缺的作用。

作为第一产业和第二、第三产业的融合，都市农业是一种新的农业发展模式，它既重视农业的生产性功能，又强调非生产性功能，如农业生态、休闲、教育等，具有旅游、休闲、观光等多种功能，是较理想的城郊农业转型升级模式。

例如，河北省张家口高新区以蔬菜和花卉苗木为主的园艺特色产业和以旅游观光、休闲体验、生态餐饮为代表的生态旅游观光农业迅速发展壮大。蔬菜基地不仅每年向中心城区供应各类蔬菜 5 万吨，还创新性地推广“农超对接、农校对接、农厂对接”等新型产销模式，构建农产品从生产基地到餐桌的产销一体化链条。花卉基地每年提供花卉 400 万株，并依托明湖、市民广场、体育公园等景点，新建了沿河环湖农家乐特色餐饮 20 余家、特色采摘基地 4 个，使 200 余名农民实现了就地就业，每年接待游客 20 多万人次。

都市型现代农业发展模式的实现并不是一蹴而就的，我们应该有计划、有步骤地逐步发展都市型现代农业。传统农业发展方式并非全不可取，不可全部舍弃，而应该逐步调整河北省农业的内部结构，大力开发农业生产、生态、生活等多种功能，提高农民对都市农业及现代农业技术的认识和掌握。河北省应利用自身的区位优势，吸引京津市场，针对京津地区人群收入高、具备消费能力的特点，形成与京津的“错位”对接；且京津都市农业起步早，可以对河北省形成示范效应，我们可以据此探索出一条适合河北各地区发展的特色都市农业之路。

参考文献

[1] 魏权龄：《数据包络分析》，科学出版社，2004。

[2] 李卫芳、陈建成：《基于DEA的北京都市型现代农业效率评价》，《技术经济》2012年第2期。

[3] 黄斌、周宇飞：《农业剩余劳动力转移》，《现代商贸工业》2008年第6期。

[4] 王建军、陈跃华：《河南三次产业比较劳动生产率的实证研究》，《山西财经大学学报》2008年第3期。

[5] 毛克林：《二元经济是城乡收入差距扩大的主要原因》，《合作经济与科技》2006年第18期。

[6] 刘雪、傅泽田：《我国农业比较劳动生产率的研究》，《中国农业大学》（社会科学版）1996年第Z2期。

[7] 蔡建明、杨振山：《国际都市农业发展的经验及其借鉴》，《地理研究》2008年第2期。

[8] 章家恩、骆世明：《二元农业生态系统模式研究的几个基本问题探讨》，《热带地理》2000年第2期。

B.4

京津冀金融协同创新与河北省金融业发展对策

金 浩　李媛媛*

摘　要： 京津冀间金融业呈现服务水平差距大、扩散能力不足、合作水平低、融资创新能力弱、金融创新效率低等特征。同时，京津冀区域金融创新系统协同度模型显示，京津冀金融创新系统协同关系不稳定。基于此，河北传统金融服务体系需“解构”，实现在现代金融这一更高级层面上的“重构”，即在金融创新与金融生态“两大臂膀”的共同支持下，本着传统金融——共同打造，现代金融——融入京津的发展思路，增强现代金融理念，采取延伸价值链、打造区域特色、增强金融辐射、完善配套设施、优化金融生态环境等多种措施，为河北金融、经济转型提供基础与动力。

关键词： 金融协同创新　系统协同度　金融创新　金融生态

京津冀协同发展是推进区域均衡发展体制机制创新的需要，是中国未来经济增长的新引擎。金融作为现代经济的核心，在推动区域协同发展中发挥着重要作用。推动京津冀区域金融协同创新与发展，加强京津冀区域金融合作，为区域间要素资源和市场融合、资本有序流动、资源优化配置提供更好

* 金浩，河北工业大学经济管理学院院长，教授、博士生导师，研究方向为区域经济学、金融学；李媛媛，河北工业大学讲师、博士，研究方向为区域经济学、金融学。

的金融服务，对于深化京津冀协同发展、提升区域竞争力具有重要的理论与实践意义。

一　京津冀金融业发展现状分析

伴随着京津冀地区经济发展水平的提升，金融业总量不断集聚与增长，同时金融业的发展也推动着京津冀地区经济的快速发展。

（一）京津冀金融业发展概况

本报告选取金融业增加值、金融业从业人员数量衡量京津冀金融业发展情况。

1. 金融业发展纵向比较

表 1 显示了自 2005 年以来，京津冀金融业增加值及其占全国金融业增加值比重的情况。从总量来看，京津冀金融业增加值呈现逐年递增的态势；从比重来看，2005 年京津冀金融业增加值占全国金融业增加值的比重达 19.14%，之后呈下滑态势，至 2008 年虽有小幅回升，但之后又处于波动态势，维持在 14.5% 左右，2013 年呈现显著的上升趋势。

表 1　京津冀金融业增加值及其占全国金融业增加值的比重

单位：亿元，%

年　份	2005	2006	2007	2008	2009	2010	2011	2012	2013
增加值	1207.03	1440.65	1927.67	2273.14	2590.5	3052.02	3717.92	4452.16	5057.66
占　比	19.14	16.97	14.46	15.29	14.58	14.55	14.90	14.62	15.08

资料来源：根据《中国统计年鉴》数据整理。

表 2 显示了自 2005 年以来，京津冀金融业从业人员数量及其占全国金融业从业总人数的比重情况。无论是从总量上还是从比重上看，京津冀地区金融业从业人员均呈现逐年上升的态势。京津冀金融业从业人数由 2005 年的 39.0 万人上升到 2013 年的 72.8 万人，其占全国金融业从业总人数的比重由 2005 年的 10.85% 上升到 2013 年的 13.53%。

表 2　京津冀金融业从业人数及其占全国金融业从业总人数的比重

单位：万人，%

年　份	2005	2006	2007	2008	2009	2010	2011	2012	2013
从业人数	39. 0	42. 8	45. 9	51. 1	55. 5	58. 4	64. 4	70. 1	72. 8
比　重	10. 85	11. 65	11. 78	12. 24	12. 36	12. 42	12. 74	13. 28	13. 53

资料来源：根据《中国统计年鉴》数据整理。

2. 金融业发展横向比较

表 3 显示了 2013 年京津冀 3 个省市金融业增加值及金融业从业人数的情况。从中可以看出，京津冀三地的金融业发展存在较大的差异。从总量来看，北京市金融业增加值是天津市的 2. 35 倍，是河北省的 2. 73 倍；北京市金融业从业人数也显著高于天津市和河北省。从比重来看，北京市金融业增加值占地区 GDP 的比重为 14. 47%，而天津市为 8. 36%，河北省仅为 3. 65%；北京市金融业从业人数占城镇单位就业总人数的比重为 5. 27%，天津市为 2. 68%，河北省为 3. 92%。

表 3　2013 年京津冀地区金融业发展情况

单位：亿元，万人

地区	北京市	天津市	河北省
金融业增加值	2822. 07	1202. 04	1033. 55
地区增加值	19500. 56	14370. 16	28301. 41
金融业从业人数	39. 1	8. 1	25. 6
城镇单位就业人数	742. 3	302. 4	653. 4

资料来源：根据《中国统计年鉴》数据整理。

（二）京津冀金融活动规模情况

1. 银行业

表 4 显示了 2013 年京津冀银行业金融机构营业网点的情况。从银行业机构数、从业人数两个指标看，河北省都处于领先地位，分别为 10503 家和

163317 人，北京市次之，天津市最少。但是从银行业资产总额这一指标来看，北京市银行资产总额最大，为 135758 亿元，是河北省的 2.876 倍、天津市的 3.289 倍。可见，相对于天津与河北来说，北京市银行业金融机构更具有规模优势。

表 4　2013 年京津冀银行业金融机构营业网点情况

地区	机构数(家)	从业人数(人)	资产总额(亿元)
北京市	3952	100723	135758
天津市	2850	59867	41271.2
河北省	10503	163317	47204.5

注：不包括国家开发银行和政策性银行、大型商业银行、股份制银行等金融机构总部数据。
资料来源：中国人民银行：《2013 年中国区域金融运行报告》，中国金融出版社，2014。

从银行业金融机构的类型情况来看（见表 5），由于大型商业银行、政策性银行、小型农村金融机构、邮政储蓄等分支机构基本都是在行政性金融制度下建立的，其在各地区的分布还是相对比较均衡的，这从平均每 10 万人拥有的分支机构数也可以看出来，北京市为 14.27 个，天津市为 14.92 个，河北省为 13.19 个。城市商业银行原本主要服务于所在城市，2006 年之后才被允许跨地区经营，因此其地区分布也相对均衡。与国有商业银行及城市商业银行相比，股份制商业银行与外资银行的发展更容易受到地区市场总体发展情况的影响。截止到 2013 年，北京市的股份制商业银行分支机构达 499 家，河北省仅有 199 家；外资金融机构方面，北京、天津、河北拥有的数量分别为 100 家、26 家、2 家。由此可以看出，银行业更集中在北京发展。

2. 证券业

京津冀证券业发展的具体情况主要从总部设在辖区内的证券业机构数、上市公司数、A 股筹资额、债券筹资额 4 个方面体现（见表 6）。从总部设在辖区内的证券业机构数来看，2013 年总部设在北京的证券公司、基金公司及期货公司的数量都遥遥领先，分别为 18 家、15 家和 21 家；天津市的期货公司有 6 家，而河北省的证券业机构仅有 2 家。从上市公司数及 A 股筹

表 5　2013 年京津冀银行业不同金融机构类型的数量情况

单位：家

机构类别	北京市	天津市	河北省
大型商业银行	1759	1174	3222
政策性银行及国家开发银行	17	13	164
股份制商业银行	499	306	199
城市商业银行	262	284	559
小型农村金融机构	693	594	4840
财务公司	43	4	5
信托公司	3	2	1
邮政储蓄	551	415	1449
外资金融机构	100	26	2
新型农村金融机构	15	25	61
其　他	10	7	1

注：大型商业银行包括中国工商银行、中国农业银行、中国银行、中国建设银行和交通银行；小型农村金融机构包括农村商业银行、农村合作银行和农村信用社；新型农村金融机构包括村镇银行、贷款公司和农村资金互助社；“其他”包含金融租赁公司、汽车金融公司、货币金融公司、消费金融公司等。

资料来源：中国人民银行：《2013 年中国区域金融运行报告》，中国金融出版社，2014。

资额两个指标来看，2013 年北京市上市公司有 217 家，天津市有 38 家，河北省有 48 家；京津冀三地在 A 股市场的筹资额分别为 422. 6 亿元、45. 1 亿元、104. 9 亿元。从债券筹资额指标来看，2013 年北京市债券筹资额达到 14497. 7 亿元，是天津市的 14. 04 倍、河北省的 36. 74 倍。由此可以看出，北京市证券业发展较为突出，其次是天津市。

表 6　2013 年京津冀证券业发展情况

单位：家，亿元

地区	总部设在辖区内的机构数量			上市公司数	A 股筹资额	债券筹资额
	证券公司	基金公司	期货公司			
北京市	18	15	21	217	422. 6	14497. 7
天津市	1	1	6	38	45. 1	1032. 8
河北省	1	0	1	48	104. 9	394. 6

资料来源：中国人民银行：《2013 年中国区域金融运行报告》，中国金融出版社，2014。

3. 保险业

京津冀保险业发展情况主要通过设在辖区内的总部数量、分支机构数、保费收入、保险密度、保险深度指标体现（见表7）。从设在辖区内的总部数及分支机构数量看，2013 年全国 36.53% 的保险类总部设在北京，天津市仅有 5 家。从分支机构的数量看，北京也居于首位，其次是河北省，为 57 家。从保费收入看，2013 年北京市保费收入为 994.4 亿元，河北省次之，为 837.6 亿元，远高于天津市的 276.8 亿元。从保险密度来看，2013 年北京和天津的保险密度高于全国平均水平，其中北京达到全国平均水平的 3.76 倍，而河北省仍处于全国平均水平以下，为 1147.4 元/人。从保险深度来看，2013 年北京的保险深度高于全国平均水平，达到 5.1%，河北省与全国平均水平持平，而天津市则远低于全国平均水平，仅为 1.9%。由此可知，北京市保险业发展远高于天津市与河北省。

表 7　2013 年京津冀保险业发展情况

地区	设在辖内的总部数量（家）	分支机构数（家）	保费收入（中外资）（亿元）	保险密度（元/人）	保险深度（%）
北京市	61	92	994.4	4753.5	5.1
天津市	5	54	276.8	1880.2	1.9
河北省	0	57	837.6	1147.4	3.0
全　国	167	1566	17200.0	1265.7	3.0

资料来源：中国人民银行：《2013 年中国区域金融运行报告》，中国金融出版社，2014。

二　京津冀金融业发展的特征与问题

（一）整体金融服务水平

本报告采用金融学家雷蒙德·W. 戈德史密斯（Raymond W. Goldsmith）提出的金融相关率（Financial Interrelations Ratio，FIR）指标衡量地区金融服务水平。该指标指的是地区全部金融资产价值与该地区经济活动总量之比，在现实计算中常表述为金融资产总量与地区 GDP 之比，其数值越大，表明当地金融对经济的推动作用越大，即金融服务水平越高；其数值越小，表明当地金融对经济的推动作用越小。本报告对京津冀地区 2005 ~2013 年的金融相关率进行了测算，结果见图 1。

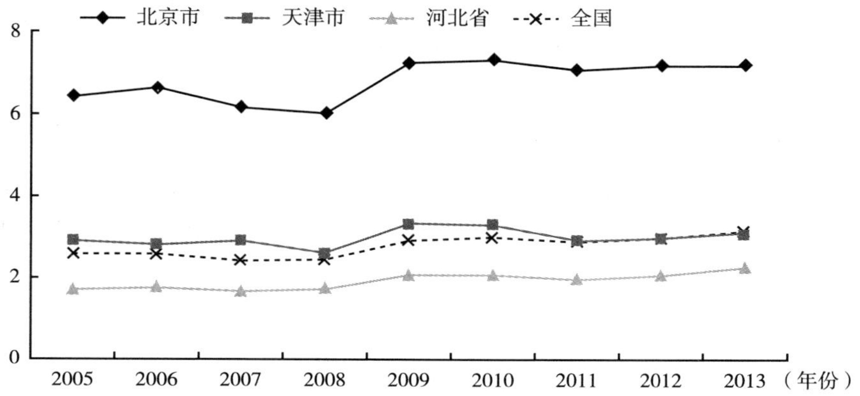

图 1　2005 ~2013 年京津冀地区金融相关率

从图 1 可以看出，自 2005 年以来，京津冀三地的金融相关率总体呈稳步上升的趋势，只在个别年份偶有波动，表明京津冀地区金融业对经济发展的渗透力及推动作用在逐步加强。具体来说，北京的金融服务水平最高，不仅高于天津与河北，而且远远超过全国平均水平；天津的金融服务水平处于北京与河北之间，仅略高于全国平均水平；而河北的金融服务水平最低，不仅远低于北京，而且处于全国平均水平以下，这表明河北的金融服务水平较低，很难吸引北京、天津的企业转移及入驻。由此可以看出，京津冀三地的金融服务水平差距较大，河北省的金融服务能力与水平有待全面提升。

（二）金融扩散能力

本报告选取区域间货币资金流动中具有投融资性质的资金流动的相关指标衡量金融扩散能力。从表 8 来看，尽管各地区的直接融资渠道与规模都有所扩展，但是间接融资比重仍然很高。其中，天津与河北的表现较为明显，其间接融资占全部融资额的比重均在80%左右。因此，本报告将分别从银行贷存比和货币市场资金流动两个方面衡量区域间金融扩散能力。

表8　2012年京津冀各地区非金融机构融资结构

单位：亿元，%

地区	非金融机构融资额	比　重		
		间接融资	直接融资	
		贷款	债券（含可转债）	股票
北京市	11735.8	29.9	64.1	6.0
天津市	3116.2	79.1	19.7	1.2
河北省	3509.2	81.2	15.5	3.3

资料来源：中国人民银行：《2012年中国区域金融运行报告》，中国金融出版社，2013。

1. 银行贷存比

银行贷存比指的是某地区的银行贷款与存款的比值，其数值越大，表明该地区向其他地区流出的资金量越少，具有较有限的金融资源输出能力，即金融扩散能力越弱；其数值越小，表明该地区的金融资源输出能力越强，即金融扩散能力越强。从表9可以看出，全国各地区银行贷存比均值为0.6975，即金融扩散能力总体上是不足的。京津冀三地中，北京的金融资源对外输出能力相对较高，即金融扩散程度较高；河北的金融资源对外输出能力也高于全国平均水平；天津尽管经济综合发展水平较高，但是银行贷存比远远高于北京与河北，甚至远高于全国平均水平，表明天津的金融扩散能力是相当有限的。

表9　2013年京津冀各地区银行业金融机构存贷款额及贷存比

单位：亿元，%

地　区	存款	贷款	贷存比
北京市	91660.5	47880.9	0.5224
天津市	23316.6	20857.8	0.8945
河北省	39444.5	24423.2	0.6192
全　国	104.8万	73.1万	0.6975

资料来源：中国人民银行：《2013年中国区域金融运行报告》，中国金融出版社，2014。

2. 货币市场资金流动

表 10 显示了京津冀各地区资金净融入（出）的情况。从中可以看出，2005～2013 年，北京一直是资金净融出地区，进而表明其金融扩散能力较强；而天津和河北两地一直都是净融入地区，金融扩散效应较弱。其中，天津的资金净融入量在 2007～2011 年一直处于较高的水平，在 2012 年、2013 年出现下降；而河北的资金净融入量，自 2007 年以来，呈现出明显上升的态势，尽管在 2011 年出现下降，但在 2013 年资金净融入达到 2.4 万亿元。综合分析发现，货币市场资金流动的分析结果与银行贷存比的结果相似。

表 10　资金净融入（出）情况

单位：万亿元

地区/年份	2005	2006	2007	2008	2009	2010	2011	2012	2013
北京市	-16.4	-10.4	-11.3	-17.0	-28.8	-33.7	-23.1	-49.7	-42.4
天津市	1.7	0.3	2.2	3.0	2.1	3.0	2.8	0.6	0.1
河北省	0.5	0	0.3	0.4	1.3	1.2	0.5	1.3	2.4
全　国	-0.1	0.2	-0.1	-0.1	0.3	1.3	0.2	2.5	0.4

注：正数表示货币市场资金净融入，负数表示净融出。

资料来源：根据 2005～2013 年《中国区域金融运行报告》整理得出。

（三）区域金融合作水平

本报告采用地区资金价格衡量京津冀地区的金融合作水平，即金融一体化水平。根据一价定律法，如果区域金融一体化水平较高，则资金价格的差异较小；如果区域金融一体化水平较低，则资金价格的差异较大。考虑到目前京津冀地区的主要融资渠道仍然是银行贷款，因此本报告采用京津冀地区的银行贷款利率表示资金的价格。

表 11 显示了 2013 年京津冀各地区银行贷款利率的地区差异。从中可以看出，京津冀三地不仅执行基准利率的银行贷款的比重差异大，而且执行上

浮利率与执行下浮利率的银行贷款的比重差异更大。从执行基准利率的银行贷款的比重来看，北京与河北均在22%左右，而天津的比重为32.6%。从执行上浮利率的银行贷款的比重来看，北京为27.4%，天津为55.6%，处于中间水平，而河北的这一数值达到74.4%。从执行下浮利率的银行贷款的比重来看，北京达到了50.9%，天津为11.8%，而河北的这一数值仅为2.3%。分析发现，京津冀地区的资金价格存在较大的差异，进而表明目前京津冀地区之间的资金流动存在障碍，地区之间的金融合作水平较低，金融市场化水平有待提高。

表 11　2013 年京津冀各地区银行贷款利率的地区差异

单位：%

地区	上浮利率占比	基准利率占比	下浮利率占比
北京市	27.4	21.7	50.9
天津市	55.6	32.6	11.8
河北省	74.4	23.3	2.3

资料来源：中国人民银行：《2013 年中国区域金融运行报告》，中国金融出版社，2014。

（四）融资方式创新能力

从某种程度上说，一个地区融资方式的创新能力影响着该地区的融资渠道，地区融资方式创新能力越强，该地区的融资渠道越广，有利于拓展该地区企业的融资来源，提高外地企业转移或入驻的积极性，进而促进该地区经济的发展。本报告采用社会融资规模当中信托贷款、企业债券及股票融资 3 种融资方式的比重反映地区融资方式的创新能力，其比重越大，表明地区的融资方式创新能力越强，越能灵活地采用市场化程度较高的融资方式进行融资。

表 12 显示了 2013 年京津冀各地区的社会融资规模及各项融资的比重。从中可以看出，北京、天津、河北的信托贷款、企业债券及股票融资 3 种融资方式的总比重分别为 37.4%、27.9%、20.6%，而全国的平均水平为

22.8%。这表明，京津冀地区的融资方式创新能力总体较强。分地区看，北京市的融资方式创新能力较强，其次是天津，而河北省的融资方式创新能力较弱，且低于全国平均水平。由此可见，河北省的融资方式创新能力有待加强，进而拓展该地区企业的融资渠道。

表 12　2013 年京津冀各地区社会融资规模及比重

单位：亿元，%

地区	社会融资规模	比　重				
		人民币贷款	委托贷款	信托贷款	企业债券	股票融资
北京市	12564.7	31.5	20.3	2.3	33.8	1.3
天津市	4910.0	41.3	11.2	10.8	16.3	0.8
河北省	6246.6	48.7	13.0	13.5	5.6	1.5
全　国	173000.0	51.1	14.6	10.3	11.1	1.4

资料来源：中国人民银行：《2013 年中国区域金融运行报告》，中国金融出版社，2014。

（五）金融创新效率

本报告采用数据包络分析（DEA）对京津冀地区金融创新效率进行衡量，投入量包括金融业就业人数与金融业资本存量，产出量为金融业增加值。表 13 显示了 2005～2013 年京津冀三地的金融创新效率。从中可以看出，北京市的金融创新效率，除 2011 年外，均维持在较高的水平；天津市的金融创新在 2007 年之前呈现出不断上升的趋势，在 2007 年之后一直维持在较高的水平；而河北省的金融创新效率较低，其变化波动较为明显，但总体呈上升态势，2013 年仅达到 0.492。由此可见，河北省的金融创新效率远低于北京和天津，今后有待进一步提升与加强。

表 13　京津冀地区金融创新效率

年　份	2005	2006	2007	2008	2009	2010	2011	2012	2013
北京市	1	1	1	1	1	1	0.893	1	1
天津市	0.833	0.962	1	1	1	1	1	1	1
河北省	0.264	0.318	0.331	0.318	0.322	0.324	0.388	0.438	0.492

三　京津冀金融协同创新的协同度评价

本报告从系统、科学的视角研究京津冀区域金融协同创新。该分析系统是一个复杂的系统。本报告借鉴孟庆松、韩文秀提出的系统整体协调度模型①，构建京津冀区域金融创新各子系统有序度与系统协同度模型，并应用此模型评价京津冀金融协同创新的程度。

（一）京津冀金融协同创新的内涵

协同创新指的是与创新有关的各要素之间经过有机配合与复杂的相互作用，产生的其中某一单个要素难以实现的整体协同效应的过程。由此可知，协同创新是一个过程，在该过程中，各要素之间通过相互竞争与协作，优化配置各资源，实现创新绩效的最大化。因此，这里的协同效应不仅是指创新各相关要素由协同关系组织起来，通过提高协同度来实现超过系统非协同组合效能的增量，即“1 +1 >2”，而且是指创新各要素之间通过其内在联系形成彼此之间的互动机制，进而形成不可分割的有机整体。从本质上来讲，协同创新中的竞争与协作也是一个动态的过程，指的是各要素通过关系的调整从非协同关系向协同关系逐步演变的过程。从经济学视角看，可以将各要素之间的互动关系看作一个相互博弈的过程，各要素通过彼此之间不断的博弈达到系统的最优均衡，从而实现创新绩效的最大化。

金融创新的协同机制通过对创新要素的分析，确定出能够表征金融创新宏观有序程度的序参量，从而建立起创新要素间的协同架构，降低分别研究多个创新要素所导致的复杂性，并借助该协同架构形成有序的创新运作机制，保障金融创新的顺利进行②。本报告认为，由于行政区划的原因，各地区金融机构通过创新各自的产品与服务对地区经济发展发挥着独特的服务功

---

① 孟庆松、韩文秀：《复合系统协调度模型研究》，《天津大学学报》2000 年第 4 期。

② 鲍丹：《金融创新的协同机制及实现过程》，《财经问题研究》2008 年第 1 期。

能。因此，京津冀金融协同创新的必要性在于，只有通过区域之间金融机构的协同创新、共同开发，才能够实现京津冀地区对潜在需求的有效覆盖和产品服务的供给，进而促进京津冀地区经济的协同发展。京津冀金融协同创新要求创新资源和要素有效汇聚，通过突破行政区划间的壁垒，充分释放彼此间“人才、资本、信息、技术”等创新要素的活力，进行深度合作，从而实现金融服务市场上百花齐放的繁荣前景。

（二）系统协同度模型的构建

1. 子系统有序度模型

假设复合创新系统为：$S=\{S_1, S_2, \cdots, S_j\}$，其中 S_j 为复合创新系统的第 j 个子系统。在本报告中 S_j 指的是北京、天津、河北的子区域金融创新系统。假设 S_j 系统运行过程中的序参量变量为：$e_j=(e_{j1}, e_{j2}, \cdots, e_{jn})$，其中，$e_{j1}, e_{j2}, \cdots, e_{jn}$表示区域金融创新的情况，并且满足：$n\geqslant 1$，$\beta_{ji}\leqslant e_{ji}\leqslant \alpha_{ji}$，$i\in[1, n)$，$\beta_{ji}$与 α_{ji}为系统 S_j 稳定临界值的上下限。当原始指标为正指标时，$e_{j1}, e_{j2}, \cdots, e_{jn}$的取值越大，该子区域金融创新系统的有序程度越高；$e_{j1}, e_{j2}, \cdots, e_{jn}$取值越小，该子区域金融创新系统的有序程度越低。当原始指标为负指标时，$e_{j1}, e_{j2}, \cdots, e_{jn}$的取值越大，该子区域金融创新系统的有序程度越低；$e_{j1}, e_{j2}, \cdots, e_{jn}$取值越小，该子区域金融创新系统的有序程度越高。系统序参量的有序度可以用公式（1）来表示：

$$u_j(e_{ji})=\begin{cases}\dfrac{e_{ji}-\beta_{ji}}{\alpha_{ji}-\beta_{ji}}, & \text{当 } e_{1i} \text{ 为正指标时}\\[2ex] \dfrac{\alpha_{ji}-e_{ji}}{\alpha_{ji}-\beta_{ji}}, & \text{当 } e_{1i} \text{ 为负指标时}\end{cases} \tag{1}$$

其中，$u_j(e_{ji})\in[0, 1]$，表示 e_{ji}对子区域金融创新系统有序度贡献的大小，其数值越大，表明对子区域金融创新系统有序度的贡献越大；反之则越小。在实际操作中，模型合理使用的关键是子系统 S_j 稳定临界值上下限的确定及指标的选取，可以综合考虑金融创新系统的实际情况及数据的可获得性之后再给予确定。

子区域金融创新系统的总体评价不仅取决于各序参量数值的大小，而且受到相互之间组合方式的影响。本报告中系统有序度的计算公式如公式（2）所示：

$$u_1(e_{1i}) = \sqrt[n]{\Pi_{j=1}^{n} u_1(e_{1j})}，或 u_1(e_{1i}) = \sum_{j=1}^{n} \omega_j u_1(e_{1i}) \quad (2)$$

其中，$\omega_j \geqslant 0$，$\sum_{j=1}^{n} \omega_j = 1$，$\omega_j$ 为权系数，表示在子区域金融创新系统有序运行过程中某一 e_{ji} 所处的地位或所起的作用。

关于各子系统有序度的计算可采用几何平均法或线性加权求和法进行集成与整合，本报告采用线性加权求和法计算。

2. 复合系统整体协同度

假设给定的初始时刻为 t_0，则各子区域金融创新系统序参量的系统有序度为 u_j^0（e_j），当该复合区域金融创新系统演变发展到 t_1 时刻时，各子区域金融创新系统序参量的系统有序度为 u_j^1（e_j），定义 t_0 到 t_1 这一时间段系统协同度的模型公式（3）：

$$C = \theta \sum_{j}^{k} \lambda_i [\,|u_j^1(e_j) - u_j^0(e_j)|\,] \quad (3)$$

其中，$\theta = \min_j [u_j^1(e_j) - u_j^0(e_j) \neq 0] / |\min_j [u_j^1(e_j) - u_j^0(e_j) \neq 0]|$，$j = 1, 2, \cdots, k$，$\lambda_i \geqslant 0$，$\sum_{i=1}^{n} \lambda_i = 1$，$i = 1, 2, \cdots, n$。

由系统协同度模型可知：$C \in [-1, 1]$，其取值越大，说明复合区域金融创新系统的整体协同度越高；其取值越小，说明复合区域金融创新系统的整体协同度越低。另外，当且仅当 $u_j^1(e_j) - u_j^0(e_j) > 0$ 时，复合金融创新系统在所考察的 t_0 到 t_2 这一时间段中是处于协同发展状态的；否则，表明复合金融创新系统中至少有某一子系统没有沿着有序的方向发展。特别的，若 $C \in [-1, 0]$，则说明至少存在一个子系统是向着无序方向转化与发展的。

（三）京津冀金融协同创新评价指标体系

本报告中，京津冀区域金融创新系统包括北京、天津、河北的区域金融创新系统，共3个子系统，其中每个子系统分别从金融发展基础、金融创新效应、金融创新水平及金融生态环境4个方面进行评价（见表14）。

表14　金融创新系统协同度指标体系

子系统	权重	二级指标	序参量
某区域金融创新系统	各地区金融业增加值比重	金融发展基础	θ_1:金融业增加值占GDP的比重(%)
			θ_2 金融业固定资产投资比重(%)
			θ_3 金融业从业人员比重(%)
		金融创新效应	θ_4:金融相关比率(%)
			θ_5:金融中介发展规模(%)
			θ_6:金融中介配置效率(%)
			θ_7:上市公司数量(家)
			θ_8:保险密度(%)
			θ_9:保险深度(%)
		金融创新水平	θ_{10}:金融创新效率
		金融生态环境	θ_{11}:区域人均GDP(万元/人)
			θ_{12}:产业结构优化率(%)
			θ_{13}:社会信用水平(分)
			θ_{14}:金融文化水平(分)

注：社会信用水平和金融文化水平单位为“分”，以百分制打分。

金融发展基础主要从区域金融总量发展方面进行考察，包括金融业增加值占GDP的比重、金融业固定资产投资比重及金融业从业人员比重。

金融创新效应主要从金融中介、股票市场、保险市场3个层次的发展情况构建相关评价指标，包括金融相关比率、金融中介发展规模、金融中介配置效率、上市公司数量、保险密度、保险深度。

金融创新水平通过区域金融创新效率来体现。

金融生态环境主要从地区经济发展水平（以区域人均GDP衡量）、产业结构优化率、社会信用水平、金融文化水平4个方面进行综合评价。

综合来说，以上构建的14个指标都是对京津冀区域金融创新系统从无序向有序发展影响较大的序参量。

（四）京津冀金融协同创新的协同度分析

1. 数据来源与处理

本报告中各指标数据主要来源于《中国统计年鉴》（2006～2014）、《中国金融年鉴》（2006～2013）、中国人民银行网站、国泰安经济金融研究数据库。报告研究的数据时间范围为2005～2013年。

根据京津冀区域金融创新系统演化的特征，评价系统中各个指标的观测单位不同，首先确定京津冀区域金融创新系统及子系统的参考量与取值范围，之后将原始数据带入公式（1）计算系统序参量的有序度，及各子区域金融创新系统序参量的有序度结果。

2. 指标权重的确定

指标权重的确定采用熵值赋权法，该方法是一种客观赋值法，其权重不依赖于个人的主观性判断，而是基于客观环境的原始信息，通过对各指标的信息及相互之间的关联程度进行分析确定各指标的权重，进而有效避免了由个人主观判断所引起的偏差，因此其客观性是比较强的。具体计算步骤如下。

假定样本 i 的第 j 个指标值为 x_{ij}（$i=1, 2, \cdots, n$; $j=1, 2, \cdots, p$），其中，n 为样本的个数，p 为指标的个数。

①对指标进行比重变换：$s_{ij} = x_{ij} / \sum_{i=1}^{n} x_{ij}$；

②计算指标的熵值：$h_j = \sum_{i=1}^{n} s_{ij} lns_{ij}$；

③将熵值进行标准化：$a_j = maxh_j / h_j$；

④计算各指标的权重：$w_j = a_j / \sum_{j=1}^{p} a_j$。

按照上述步骤计算的各指标权重值见表15。

表15　京津冀各区域金融创新系统各分量权重

地区	θ_1	θ_2	θ_3	θ_4	θ_5	θ_6	θ_7	θ_8	θ_9	θ_{10}	θ_{11}	θ_{12}	θ_{13}	θ_{14}
北京	0.070	0.081	0.071	0.070	0.070	0.070	0.073	0.071	0.071	0.070	0.071	0.070	0.070	0.070
天津	0.070	0.098	0.069	0.068	0.068	0.068	0.068	0.069	0.079	0.068	0.070	0.068	0.068	0.068
河北	0.074	0.070	0.069	0.075	0.071	0.070	0.069	0.079	0.073	0.069	0.073	0.069	0.069	0.069

3. 子区域金融创新系统各层面有序度趋势及成因

本报告将各子区域金融创新系统分别从金融发展基础、金融创新水平、金融创新效应及金融生态环境 4 个方面进行分析。

（1）金融发展基础

从表 16 及图 2 可以看出，2005～2009 年北京的金融发展基础提升较为缓慢，之后随着金融业固定资产投资额的大幅提高，其金融发展水平迅速提升，在 2012 年出现小幅下降也主要是受到固定资产投资比重下降的影响。天津市金融发展水平在 2009 年之前低于河北省，在 2010 年基本与之齐平，2011 年起随着金融业固定资产投资比重的加大，尽管金融业从业人员比重不断下降，但其金融发展水平明显高于河北省。河北省金融发展水平在 2005～2013 年上升不太明显，甚至在 2011 年、2012 年出现了下降，这一方面是因为金融业固定资产投资比重增长缓慢，另一方面的原因是金融业从业人员比重自 2011 年起呈现明显的下降趋势。

表 16　2005～2013 年京津冀金融发展基础有序度

地区＼年份	2005	2006	2007	2008	2009	2010	2011	2012	2013
北京	0.0620	0.0700	0.0796	0.0810	0.0822	0.1157	0.1317	0.1173	0.1403
天津	0.0141	0.0143	0.0216	0.0234	0.0299	0.0304	0.0498	0.0416	0.0526
河北	0.0186	0.0237	0.0224	0.0284	0.0305	0.0300	0.0291	0.0272	0.0299

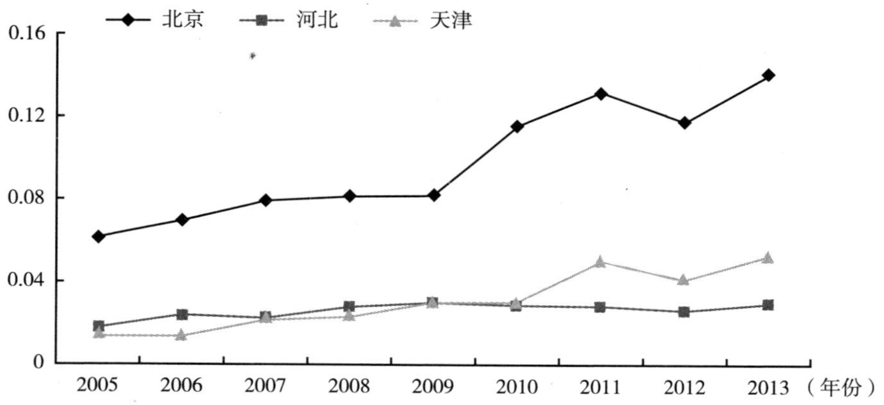

图 2　2005～2013 年京津冀金融发展基础有序度

（2）金融创新效应

从表 17 及图 3 可以看出，北京市的金融创新效应在 2005～2013 年波动较大，而天津与河北的发展较为平稳。2006 年随着保险市场化和对外开放程度的加大，保险市场竞争逐渐加剧，这在一定程度上影响了我国保险业的发展，其中北京受到的影响较为明显。之后，北京通过推动金融后台服务支持体系建设、加大中小企业信贷产品创新及构建融资服务平台、探索金融支持文化创意产业发展、支持科技金融创新等措施，使金融创新效应在 2010 年达到最高值，金融业得到迅速的发展与提升。2011 年由于证券市场与保险业中寿险发展萎靡，北京金融创新效应再次受到较大影响，而天津、河北所受影响较小。之后随着 2012 年中关村国家科技金融创新中心建设、“新三板”落户及 2013 年证券市场改革，北京构建了多层次资本市场体系，金融创新效应稳步回升。对于天津来说，随着 2007 年滨海新区成为首个境内个人直接投资境外证券市场试点、农村金融组织创新试点等，金融发展得到了迅速提升。但由于受 2008 年金融危机影响较为明显，金融发展出现了小幅下降，之后随着天津股权交易所的成立、华侨投资基金的落户、“网上”排放权交易的完成、渤海商品交易所的成立、出口信用保险融资试点的建立及融资租赁集聚区的形成等，天津金融创新效应逐渐提升，但是发展速度较为缓慢。对于河北省来说，随着 2009 年多措并举推动企业直接融资、大力推进商业汇票业务、首创绿色信贷执行效果评估、保险业启动实施“三项工程”等，河北金融创新效应有了显著提升，但 2010 年之后金融创新的力度与效果不太明显，金融创新效应提升较为缓慢。

表 17　2005～2013 年京津冀金融创新效应有序度

地区＼年份	2005	2006	2007	2008	2009	2010	2011	2012	2013
北京	0.2459	0.2243	0.2240	0.2355	0.2763	0.3167	0.2821	0.2895	0.2982
天津	0.0920	0.0945	0.1068	0.0974	0.1142	0.1244	0.1223	0.1243	0.1257
河北	0.0321	0.0324	0.0332	0.0324	0.0574	0.0652	0.0588	0.0620	0.0678

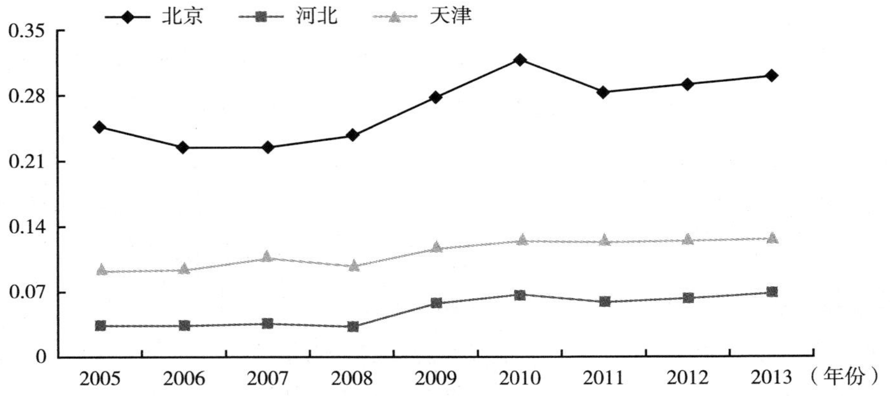

图 3　2005 ~ 2013 年京津冀金融创新效应有序度

（3）金融创新水平

金融创新水平用金融创新效率衡量。从表 18 及图 4 可以看出，除 2011 年外，北京金融创新效率在其余年份均处于较高的水平；天津金融创新效率自 2005 年以来呈现快速提升态势，并在 2007 年以后保持较高的水平；河北金融创新效率在 2005 ~ 2010 年一直处于较低的水平，并且没有提高的趋势，自 2011 年金融机构改革及创新取得明显成效以来，提高的势头逐渐显现，并呈现快速增长的趋势。

表 18　2005 ~ 2013 年京津冀金融创新效率有序度

地区＼年份	2005	2006	2007	2008	2009	2010	2011	2012	2013
北京	0.0703	0.0703	0.0703	0.0703	0.0703	0.0703	0.0627	0.0703	0.0703
天津	0.0565	0.0653	0.0678	0.0678	0.0678	0.0678	0.0678	0.0678	0.0678
河北	0.0183	0.0220	0.0229	0.0220	0.0223	0.0224	0.0269	0.0303	0.0341

（4）金融生态环境

从表 19 及图 5 中可以看出，北京的金融生态环境水平较高，其次是天津，而河北的金融生态环境水平较低。这一方面与地区的经济发展水平有着显著的关系，另一方面主要是受到地区金融文化环境、社会信用水平等的影

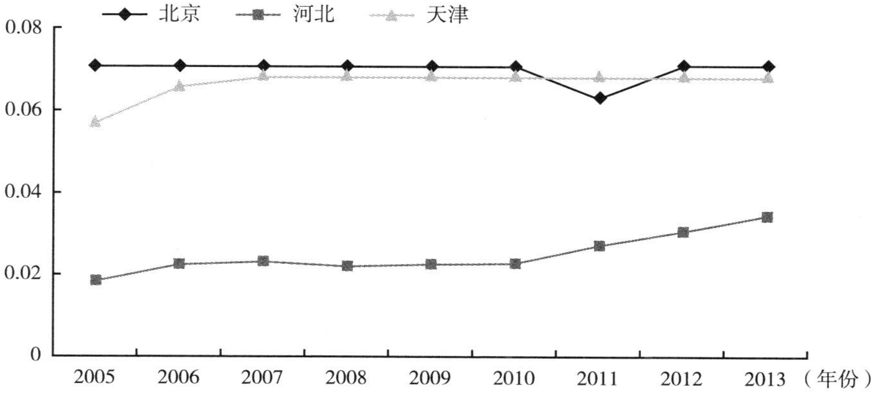

图 4　2005～2013 年京津冀金融创新效率有序度

表 19　2005～2013 年京津冀金融生态环境有序度

地区＼年份	2005	2006	2007	2008	2009	2010	2011	2012	2013
北京	0. 1837	0. 1953	0. 2046	0. 2134	0. 2183	0. 2265	0. 2375	0. 2465	0. 2539
天津	0. 1400	0. 1446	0. 1495	0. 1616	0. 1659	0. 1737	0. 1852	0. 1922	0. 1987
河北	0. 1025	0. 1069	0. 1105	0. 1149	0. 1279	0. 1338	0. 1391	0. 1428	0. 1476

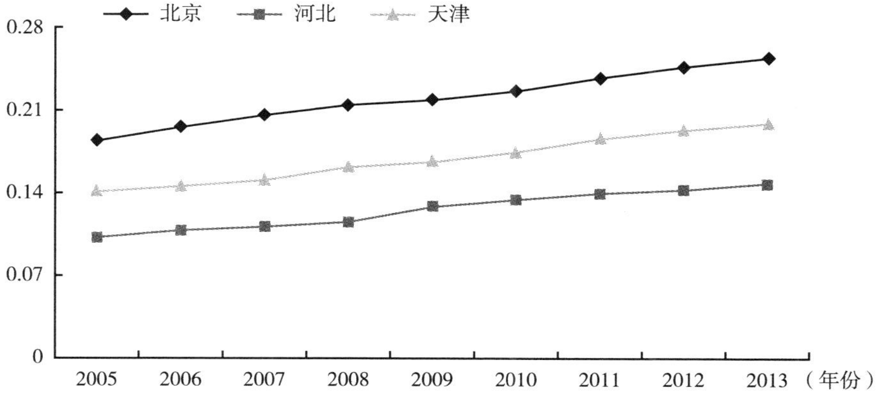

图 5　2005～2013 年京津冀金融生态环境有序度

响。在金融文化环境建设方面，一方面北京、天津通过争取较多的、关键性的试点政策，构建多层次的金融服务体系，提升地区金融文化建设水平，例如，天津于 2007 年进行农村金融组织创新试点、在滨海新区开展境内个人直接投资境外证券市场试点，于2010年稳妥推进意愿结汇改革试点、个人本外币兑换特许业务试点等；2008年北京首家小额贷款公司筹备完成，2012年“新三板”成立，北京成为第三个具有全国资本交易市场功能的城市。另一方面，北京、天津通过开展大型活动或金融论坛等方式提高地区金融文化水平，例如，2006年北京市为全面开展奥运服务的准备工作，制订了《2008年奥运会金融服务方案》，组织多项奥运金融服务活动；2007年举办以金融业务外包为主题的“2007首都金融论坛”、编制外资银行相关业务指引、开通奥运账户服务“绿色通道”、发布《企业和人信用信息目录》等；2008年开展奥运支付环境建设集中宣传活动，举办“奥运金融服务知识技能竞赛”；2013年举办第九届北京国际金融博览会、2013年首都文化金融服务季等活动。在社会信用水平建设方面，北京、天津率先制订了信用体系建设方案，并逐步提升社会信用意识，例如，北京于2005年制订了《北京市社会信用体系建设方案》，2010年信用体系建设更趋完善；天津于2006年推进银行卡环境建设，2011年征信体系建设进一步加快，制订了《天津市社会信用体系建设实施方案》，2013年全面部署天津市社会信用体系建设内容。

4. 子区域金融创新系统有序度结果

本报告将各子区域金融创新系统各分量的权重和序参量有序度代入公式（2），进而可以得出各子区域金融创新的有序度，具体结果见表20、图6。

表20　2005～2013年京津冀金融创新系统有序度

地区＼年份	2005	2006	2007	2008	2009	2010	2011	2012	2013
北京	0.5619	0.5570	0.5756	0.5945	0.6429	0.7263	0.7099	0.7193	0.7584
天津	0.3026	0.3186	0.3471	0.3475	0.3764	0.3949	0.4224	0.4245	0.4420
河北	0.1715	0.1878	0.1931	0.2018	0.2353	0.2500	0.2538	0.2594	0.2792

从表20及图6可以看出，2005～2013年9年间，在京津冀三大区域中，北京金融创新系统的有序度除在2006年与2011年出现小幅下降外，在其他年份均处于较为平稳的上升趋势，而天津和河北则一直保持平稳上升态势，三地整体呈现逐步向有序化方向推进的趋势。这表明北京、天

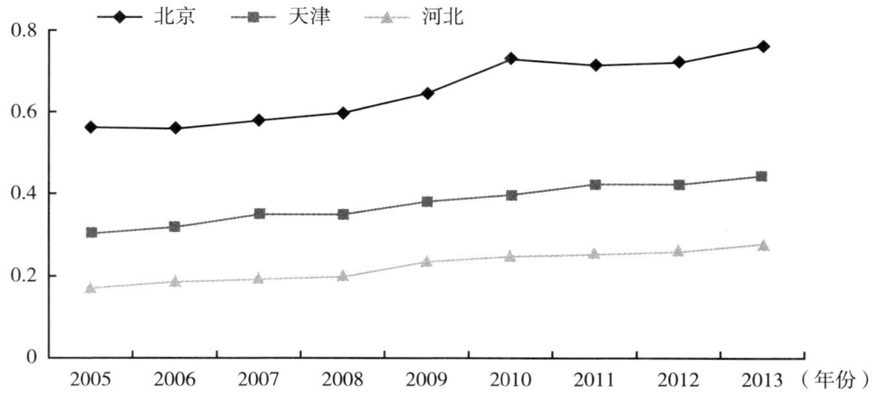

图 6　2005～2013 年京津冀金融创新系统有序度

津、河北的金融创新系统总体上是有序的。但这里值得注意的是，北京的金融创新系统有序度在 2010 年大幅提升后，在 2011 年出现了回落，系统表现出一定的不协调状态，这表明北京的金融创新系统经过迅速发展后，进入了一段调整与修正期，并找到了促进金融创新系统提升的新的动力源。天津的金融创新系统有序化程度尚有很大的潜力可挖，需要重点分析其区域金融创新系统的内部情况，深入挖掘系统有序度的动力源，进而大幅提升系统有序度。河北省的金融创新系统有序度在 2005～2013 年进展速度较慢，几乎处于停滞状态，这表明河北的金融创新系统现正处于非常痛苦的调整与转型期，需要寻找新的突破口，从而促进河北的金融创新系统有序化进程上升到新的阶段。

5. 复合系统协同度分析

从京津冀金融创新系统的协同度来看，只要系统中的任一序参量表现出无序状态，整个系统就将处于不协调发展状态，有且只有系统中各序参量同时保持较高的有序度时，整个系统才是处于协调发展状态的，即当协同度为正值时，整个复合系统是协调发展的；当协同度为负值时，整个复合系统的发展是不协调的。从表 20 及图 6 可以初步看出，2006 年京津冀金融创新系统处于不协调状态，2007～2010 年处于协调发展状态，2011 年又出现不协调状况，2012～2013 年再次呈现出协调发展的态势。

本报告以 2005 年为基期，采用公式（3）计算京津冀金融创新系统的整体协同度。其中，权重用京津冀各地区金融业增加值的比重来代替，具体见表 21。从图 7 可以看出，2006 年京津冀金融创新系统处于不协调状态（DWS 值为负），2007～2010 年处于协调发展状态（DWS 值为正），2011 年又处于不协调发展状态（DWS 值为负），之后的 2012～2013 年再次呈现协调发展态势（DWS 值为正）。但值得注意的是，京津冀金融创新系统处于协调发展的年份中，各协同度的值都是较低的，最大值仅为 0.057，最低值为 0.014，并且波动较为剧烈，说明京津冀金融创新系统的这种协同关系并不是很稳定。

表 21　2006～2013 年京津冀金融创新系统中各地区权重

地区\年份	2006	2007	2008	2009	2010	2011	2012	2013
北京	0.6760	0.6720	0.6582	0.6190	0.6106	0.5959	0.5698	0.5580
天津	0.1286	0.1486	0.1595	0.1780	0.1877	0.2035	0.2250	0.2377
河北	0.1954	0.1793	0.1823	0.2029	0.2016	0.2007	0.2052	0.2044

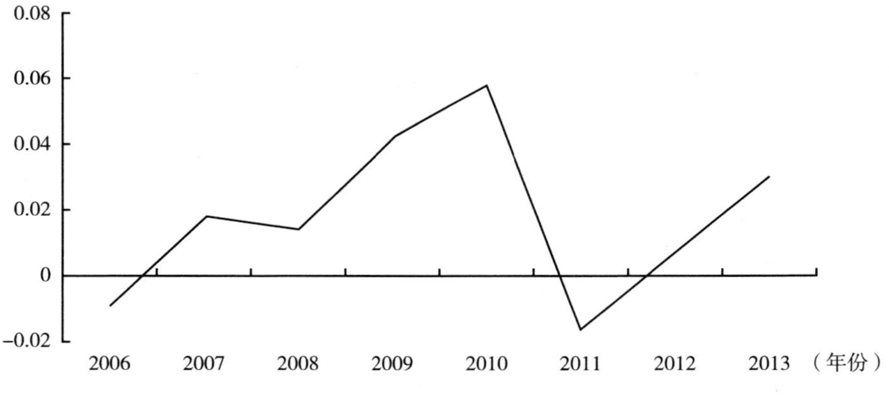

图 7　2006～2013 年京津冀金融创新系统协同度（DWS）

四　提升河北省金融业发展的对策

通过以上实证研究发现，京津冀各地区经济发展相对独立性强，地区之间发展不均衡，金融发展水平差距较大，相互间联系也不紧密。本报告将基于京津冀地区之间经济与金融发展的实际情况，构建京津冀金融协同创新的总体思路，明确各地区功能定位，并在此基础上，分析提升河北省金融业发展的对策建议。

（一）京津冀协同发展总体思路

在京津冀金融整体性框架下，京津冀地区应确立及加快区域金融中心的建设，基于各地区金融发展特征划分层次，建立分层次的金融体系，立足于各地区的金融特色及比较优势进行分工与错位发展，构建地区间的金融网络，提高地区金融资源的配置效率，从而提升京津冀整体的金融实力，促进地区经济发展。

（二）提升河北省金融业发展的对策建议

在分析河北省金融业发展对策之前，应当明确京津冀各地区的功能定位。在京津冀金融协同发展中，北京应充分发挥其作为金融决策中心的地位和优势，主动发挥作为区域金融中心的辐射功能，使强大的金融资源外溢并得到有效利用，带动津、冀，尤其是金融业发展较为落后的河北，实现共同发展。天津应放宽眼界，汲取国内外地区的先进理念与经验，逐步融入国际化的市场运作中，发挥其先试先行的政策优势，源源不断地为京津冀金融业协同发展注入新的活力。作为国家金融改革创新基地的滨海新区应以控股公司为核心开展金融机构创新，推进银行、保险、证券、信托等行业间的深度融合与协同发展。河北与北京、天津相比，在金融方面并不具有优势，但河北省可以充分利用其毗邻京津的优势，充分运用京津的资金，接受来自京津的辐射效应，作为天津“全国金融改革创新基地”建设和北京“国际金融中心城市”建设的腹地，推动自身经济和金融业的发展；同时，河北省还要注重自身经济发展的特色，探索适合自身发展的新型金融组织及金融创新产品，推进金融资本与产业资本的深度融合。

基于河北省金融发展的定位，金融业要想实现飞跃发展，应当构建完善的金融服务体系。考虑到河北省金融发展现状，金融业服务体系应当对原有的机构体系、市场体系及监管体系等进行“解构”，在现代金融这一更高级的发展层面上进行“重构”，具体思路为：在金融创新与金融生态两大臂膀的共同支持下，本着传统金融——共同打造、现代金融——融入京津的发展思路，沿着“金融理念—金融行为—金融发展”的发展层次逐步递进，采取延伸金融价值链、打造区域特色、增强金融辐射、完善配套设施、优化金融生态环境等多种措施，为河北金融、经济快速转型与发展提供基础与动力（见图8）。

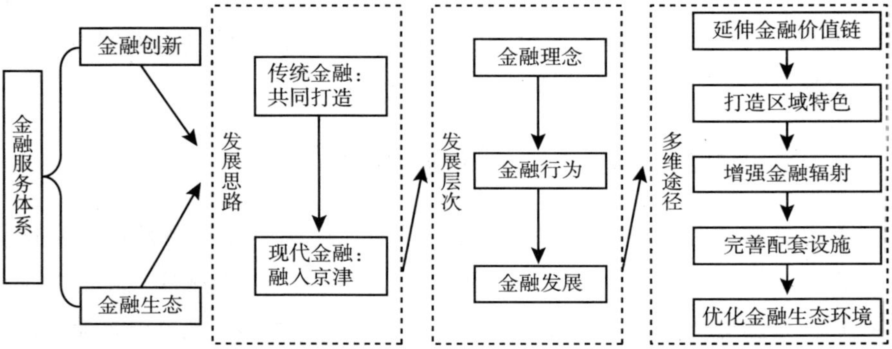

图8　河北省金融服务体系的构建

1. 延伸金融价值链

从提升金融业增加值、延伸金融价值链的角度来说，河北省应充分认识到金融在现代产业体系中的核心地位，将金融业作为实业，构建种类相对齐全、权限较高、治理结构较为合理的金融机构体系，提升金融市场的运行效率，促进社会资金配置实现从引进发展向对外辐射发展的转变，逐步构建完备的金融机构体系。

基于河北省金融业发展现状，河北省应以发展传统金融机构为突破口，拓展基金、信托等新兴业务，积极吸引国际性、全国性金融机构来合作，引入战略投资者，建立中外合资的保险公司、基金管理公司等；吸引与培养咨询机构，推动信息咨询、评估及投资顾问等中介机构发展，建立再保险机构等；加快设立农村新型金融机构，鼓励保险机构进入农村市场，为农民生产与生活提供保障；总体来说，构建以商业银行为基础，多种金融机构并存的金融产业组织体系，同时，注重提升现有金融机构的资质和管理水平。

同时，在京津冀金融协同发展的背景下，一方面，河北省应把自身作为滨海新区“全国金融改革创新基地”建设与北京市“国际金融中心城市”建设的腹地，构建“中试基地”和“推广田”，争取更多的、关键性的先行先试政策，吸引更多的新设金融机构在河北省设立分支机构，特别是争取成为场外交易市场试点或天津场外交易市场的分市场或补充市场，以提升河北省产权交易市场，完善多层次金融市场体系。另一方面，河北省应争取与构建成为环渤海乃至北方最大的金融后台服务基地，将自身建成区域金融服务中心。加强与京津各金融机构总部的交流与沟通，了解其后台基地建设规划方案，通过完善配套政策、加大基础设施建设和提供相关配套服务等一系列支持，吸引京津金融机构在河北省设立技术研发中心、数据备份中心、资金清算中心、银行卡中心、呼叫支持中心、教育培训中心、灾备中心及开展金融论坛等。

2. 打造区域特色

考虑到金融业必须服务实体经济发展的特点以及河北省产业发展的特色，河北省可以以区域特色的资源及产业集群为依托，以金融市场为导向，集中整合各种生产要素，着力培育具有市场前景、对经济发展带动较强的特色产业，在有效地承接京津及国际产业转移的基础上，延伸产业价值链，完善产业体系，构建与之配套的金融支持政策，鼓励金融机构加大金融创新，开发与区域产业长期发展相符的金融产品与特色服务，推进金融资本与产业资本的深度融合，逐步培育区域特色金融产业集群，并将其打造成河北省具有重要价值的地区品牌资源。

基于河北省产业发展的实际情况，可以将高新区、开发区等作为载体先行先试，着力推动金融与区域产业发展有效结合，使高新区、开发区等成为金融改革与创新的试验区，同时又能够培育发展与壮大特色产业，进而培育与塑造一批有实力的企业集团。例如，曹妃甸新区可以以科学发展示范区和循环经济示范区为依托，打造离岸金融公司集聚区，加强新型金融业务，吸引外商投资，搭建河北省与国际金融接轨的平台；渤海新区可以以装备制造业与新兴产业为依托，加快风险投资体系建设，通过设立私募股权基金、产业投资基金和创业投资基金等，加大对装备制造业、新能源产业企业的融资支持。

3. 增强金融辐射

根据自身经济及金融服务体系发展的实际情况，河北省应制定科学合理的战略目标与战略定位，通过提升自身金融实力、扩大金融辐射的空间覆盖，由吸引周边辐射、立足于本地区发展向完善自身、增强地区金融辐射性过渡，稳步推进，促进金融体系由非均衡向相对平衡的方向发展，深化金融市场改革，丰富金融产品创新，不断提升地区的渗透力与带动作用。

河北省现代金融服务体系的建设与发展根植于河北省，从京津冀协同发展全局出发，立足于环渤海地区，以区域化的战略眼光统领全局，充分利用其地理优势，运用京津的资金，接受来自京津的辐射效应。河北省要在完善金融主体的基础上，争取更多的、关键性的试点政策，设立分市场或补充市场等；在金融后台服务中打造强有力的金融服务外包平台，重点突出河北省金融服务体系的安全与效率，为构建技术研发中心、数据备份中心和后台服务中心等提供保障；完善金融市场功能、增强资本运作效率，拓展金融工具的种类，同时逐步扩大区域内的金融业务，逐步增强金融辐射性。

4. 完善配套设施

河北省完善金融配套设施的建设，可以从加大金融政策支持、金融资金支持与实施金融人力资源战略方面着手。

在金融政策支持方面，完善金融发展政策体系，深入落实各项金融支持政策，注重在发展规划、建设用地、税收、基础设施、资产处置等方面给予支持，务求实效；加强金融、产业、财政等的有效配合，形成具有河北省特色的金融支持政策体系，总体提升金融发展政策支持力度。

在金融资金支持方面，设立专项资金，鼓励金融机构加大金融创新、提高金融业固定资产投资比重等，发挥财政奖励资金的引导功能；建立重点金融机构、重点项目的考核评价机制，加大培育重点产业、重点项目等金融机构的激励与奖励措施。

在金融人力资源战略方面，逐步形成政府、高等学校、金融机构、大中型骨干企业等协调发展的金融人才培育与发展机制；重视培育和引进国内外各类金融创新高级、高端管理人才；建立科学合理的人力资源激励、培训机制；完善优秀金融人才成长与发展的环境，加强京津冀金融领域人员的交流，全面提升金融领域人员的专业素养与综合水平，努力造就一支素质高、业务精、能力强、作风硬的现代金融人才队伍。

5. 优化金融生态环境

河北省建设良好的金融生态环境，可以从宏观经济环境、金融法制环境、金融文化环境、信用体系建设等方面开展，逐步增强全社会的诚信意识、责任意识、法制意识等。

在宏观经济发展方面，大力发展实体经济，加速经济结构转型，促进产业结构升级；加强对中小企业的支持力度，重点培育高新技术企业、新兴企业，夯实基础，增强经济持续、健康、稳定增长的动力。

在金融法制环境方面，贯彻金融法律法规及政策制度，逐步建立健全促进金融安全发展、金融改革创新、先行先试、适应金融国际化的政策制度；制定河北省支持金融改革创新的地方性法规，争取纳入人大立法计划；完善金融安全与稳定机制；加强监管沟通，坚持金融监管与协作并重。

在金融文化环境方面，积极争取较多的、关键性的试点政策，主动与金融机构、科研机构、高等学校等联合承办大型金融活动或金融学术论坛等，加强与京津乃至国外区域的金融合作与交流，加大金融宣传力度，努力营造良好的金融文化交流环境，逐步提升居民的金融意识。

在信用体系建设方面，加快制定社会信用体系建设规范性文件，推进政府、企业、个人三位一体的社会信息体系建设；推动企业和个人征信体系与报告的运用，加大其在财政专项资金、政府招标采购、银行信贷等领域的推广与使用；同时，建立金融监控体系，实现金融信息共享机制等，逐步完善金融信息环境建设。

参考文献

[1] 李海波、刘冀洪：《京津冀协同发展背景下金融如何支持北京非核心产业疏解》，《农村金融研究》2014 年第 7 期。

[2] 李媛媛、金浩：《金融创新、技术进步与产业结构调整》，《天津大学学报》（社会科学版）2013 年第 6 期。

[3] 孟庆松、韩文秀：《复合系统协调度模型研究》，《天津大学学报》2000 年第 4 期。

[4] 鲍丹：《金融创新的协同机制及实现过程》，《财经问题研究》2008 年第 1 期。

[5] 韩啸：《2011 年保险密度提升，保险深度略降》，http：//money. sohu. com/20120611/n345263789. shtml，2014 年 5 月。

[6] 中国人民银行：《中国区域金融运行报告》，2005 ~ 2013 年。

[7] 安虎森、彭桂娥：《区域金融一体化战略研究》，《天津社会科学》2008 年第 6 期。

[8] Michalpoulos S. , Laeven L. , Levine R. , "Financial Innovation and Endogenous Growth", Cambridge: the National Bureau of Economic Research, NBER Working Paper No. 15356, 2009.

B.5

京津冀创新要素、区域创新体系及河北省的创新选择*

齐晓丽　郭 帅　冯丽景**

摘　要：基于京津冀创新要素配置和创新主体分布的现状分析，对各地区创新要素的配置效率、创新体系的建设、创新要素的需求进行了分析。分析显示，京津冀区域创新体系中各类创新要素的绝大部分分布在北京地区，从创新要素的配置效率来看，各地区每年的创新要素配置效率没有太大的变化，而且各地区创新要素的投入基本得到了有效的产出。从京津冀区域创新体系建设情况的评价来看，三地之间的创新联系主要是北京和天津之间，其他地区的创新联系非常弱。最后对河北省的创新选择提出了相关建议。

关键词：创新要素配置　创新主体分布　创新体系建设　创新选择

在经济发展过程中，自1912年熊彼特在《经济发展理论》中提出创新的概念后，创新就逐渐被认为是推动一个地区、一个区域、一个国家经济增长与发展的主要根源和最直接的动力。这也体现在我国的发展战略中，2007

---

* 本文为河北省社会科学基金项目“京津冀环境治理协作中的河北省对策”HB14YJ083的研究成果。

** 齐晓丽，河北工业大学经济管理学院副教授、硕士生导师，研究方向为区域经济；郭帅，河北工业大学经济管理学院硕士研究生；冯丽景，河北工业大学经济管理学院硕士研究生。

年，党的十七大明确提出“科技发展要紧紧围绕经济社会发展这个中心任务，要解决制约经济社会发展的关键问题”，尤其是明确提出“要建立以企业为主体、以市场为导向、产学研结合的创新体系，让企业成为创新主体”。高技术不再是独立发展的产业，而要与传统产业全面结合。2012 年底召开的党的十八大又明确提出“科技创新是提高社会生产力和综合国力的战略支撑，必须摆在国家发展全局的核心位置”。强调要坚持走中国特色自主创新道路、实施创新驱动发展战略。由此可以看出，创新驱动发展战略逐渐成为我国经济发展的核心。京津冀协同发展被视作我国经济发展的第三个增长极，而创新驱动发展战略对整个京津冀区域的发展尤为重要。

我国创新发展战略经历了不同的阶段。第一阶段（1949 ~ 1977 年），主要是以政府技术创新政策的推动为主导，而且主要是以政府资助基础研究，特别是国防基础研究为主。在这一阶段创新主要重视基础研究在生产和社会发展中起到的先导和源泉作用。即这一阶段的创新主体和创新要素主要是政府和政府资金。第二阶段（1978 ~ 1995 年），主要是以企业技术创新政策的推动为主导，注重应用研究在经济发展和产业结构调整中起到的主导作用，通过发展关键生产技术增强工业竞争力。即这一阶段的创新主体主要是企业和政府资金。第三阶段（1995 年至今）主要是以产业创新政策的推动为主导，注重以信息技术为主的高新技术等新兴产业的发展，不再只关注以某个创新主体为主导的创新，这一阶段的创新主体主要是企业的风险投资。同时，在这一阶段创新开始关注经济和社会的协调发展。进入 21 世纪以来，人们越来越重视整个创新体系或创新系统的协调发展。实现整个创新体系内创新要素的优化配置和创新主体之间的互动与协同、创新体系内区域和外区域的互动与协同成为区域创新能力提高的重要因素。在此种情况下，明确创新体系中各创新主体的结构、创新要素的配置和需求、创新体系的运行特点是完善京津冀区域创新体系建设及提高京津冀各地区创新能力的重要内容。因此，本报告主要就京津冀区域创新体系建设中创新要素的配置、创新主体的结构、创新体系的运行特点进行分析，并进一步说明河北省的创新选择。

一 京津冀经济发展中的创新要素配置和创新体系建设

随着经济的发展、经济全球化影响的深入，各区域之间，甚至是各国家之间的联系在深度和广度上逐渐加强，并使得区域经济一体化进程不断深化，从而为各区域之间的创新联系和互动以及各种创新要素的流动创造了更多的条件。但各区域的创新体系在创新模式、创新主体结构、创新体系的运行机制等各方面都存在很大的差异，而且各区域所需要的创新要素也各不相同。所以各地区和各区域的创新要素配置以及在此基础上形成的创新体系对经济发展起到的作用也各不相同。

在现有的京津冀创新体系中，3 个地区的创新能力有着较大的差距。以专利授权量衡量的创新产出显示，河北省的专利授权量从 1995 年的 1580 件增长到 2012 年的 15315 件，提高了近 9 倍；天津市的专利授权量从 1995 年的 1034 件增长到 19782 件，提高了约 18 倍；北京市的专利授权量从 1995 年的 4025 件增长到 2012 年的 50511 件，提高了近 12 倍。但是从横向看，2012 年河北省的专利授权量仅是北京的 30%，天津市的专利授权量是北京的 39%。从专利授权量来看，京津冀创新体系中各地区的创新能力还存在较大的差距。这说明各地区在创新要素的配置、创新主体的结构、创新体系的运行机制等各方面都可能存在较大的差异。但区域创新体系的建设与经济发展水平有着很大的关系，所以京津冀区域的创新要素配置以及创新体系建设必须以区域经济发展战略和区域经济发展水平为基础。三者之间是相辅相成、互相促进的关系。

（一）区域创新体系建设与京津冀区域经济发展的关系

近几年，京津冀区域作为国家发展战略中的重要区域，在经济发展和创新体系建设方面都加快了步伐。2013 年京津冀区域的地区生产总值比 2012 年增长了 8.41%。从三地之间的项目相互投资情况看，2013 年，河北省企业到天津投资项目1484个，总投资额341亿元；天津企业到河北省投资项目776个，投资金额457.9亿元；2013年天津市新引进北京项目847个，到位资金971.2亿元，比2012年增长7.81%。

但从综合发展情况看，京津冀地区与长三角区域和泛珠三角区域（除香港和澳门特别行政区外）相比还有着很大的差距。从地区生产总值来看，2013年长三角区域为118332.36亿元，占全国国内生产总值的20.8%，泛珠三角区域为186277亿元，占全国国内生产总值的32.75%，京津冀区域为62172.13亿元，占全国国内生产总值的10.93%，所以从全国经济发展总量上看，京津冀区域相对于长三角区域和泛珠三角区域来说，对经济发展的贡献是最小的。从区域面积和区域人口看，2013年长三角区域的面积是30813平方公里，占全国总面积的16.83%，泛珠三角区域的面积是44440平方公里，占全国总面积的24.28%，京津冀区域的面积是21132平方公里，占全国总面积的11.55%；2013年长三角区域的人口是15852万人，占全国总人口的11.65%，泛珠三角区域的人口是47541万人，占全国总人口的34.94%，京津冀区域的人口是10920万人，占全国总人口的8.03%。在这3个区域中，京津冀区域的面积、人口数及人口密度都是最小的。

在现有的经济发展水平条件下，3个区域的研发人员投入和研发资金投入也存在较大的差距。从研发人员投入看，2012年长三角区域研究与试验发展人员数为11352.91人，泛珠三角区域为12981.33人，京津冀区域为5737.45人，京津冀区域的研发人员只是其他两个区域的50%左右。从研发资金投入看，长三角区域的研究与试验发展经费内部支出为2689.9亿元，泛珠三角区域为2480.6亿元，京津冀区域为1669.6亿元，京津冀区域的研发资金投入只是其他两个区域的65%左右。通过图1可以看出，京津冀区域在经济发展水平以及研发投入方面与长三角以及泛珠三角区域的差距。

京津冀区域内部的经济发展水平和创新要素的投入也存在较大的差距。图2列出了2012年京津冀区域内13个城市的地区生产总值、各类专业技术人员数、研究与试验发展经费内部支出的比较情况。在绘制图2时我们对相

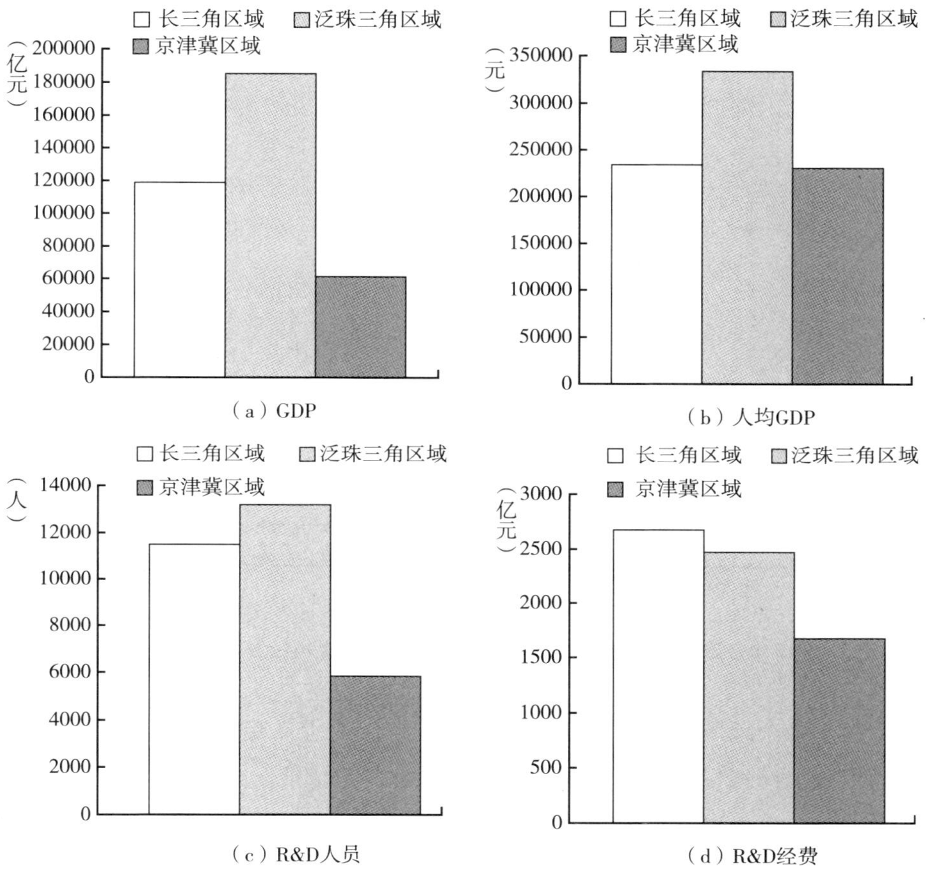

图 1　2012 年长三角、泛珠三角以及京津冀区域的地区生产总值以及创新投入比较

关数据进行了处理；将北京市的地区生产总值、各类专业技术人员数、研究与试验发展经费内部支出金额设为 1，分别计算出其他地区的相应数据与北京市该数据的比值。计算结果显示京津冀区域内不管是经济发展水平还是研发投入，北京市的优势都非常明显，远远超过天津市和河北省各城市的水平，这说明京津冀区域内资源集中度较高。从地区生产总值来说，河北省内各城市中和北京市相差最小的为唐山市，其地区生产总值为北京市地区生产总值的 33%；和北京市相差最大的是衡水市，其地区生产总值为北京市地区生产总值的5%。从创新人员投入和资金投入来看相差更多，河北省内各城市的研发投入量只能以全省的综合实力和天津市及北京市相比。可见，京津冀地区的内部差异较大。从图1和图2都可以看出，经济发展水平较高的地区，其研发投入水平相应也都较高。

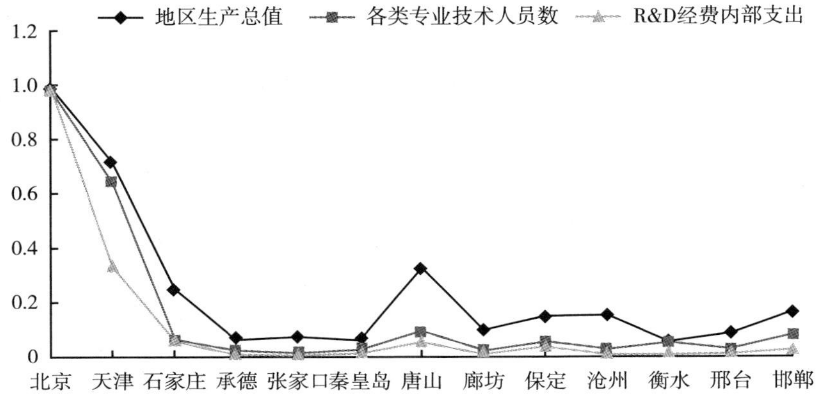

图2　2012年京津冀区域内各城市地区生产总值、创新人员投入和创新资金投入比较

由于各个地区所处的经济发展阶段不同，其所具有的禀赋条件也不同，从而采取的区域发展战略也存在较大的差异。尤其是在京津冀区域内，各地区产业发展重点、产业发展水平，以及所具有的禀赋条件都有较大的差异，这就要求在区域创新体系的建设中，要以区域经济发展战略为前提，从战略目标、发展重点、产业布局等方面对区域创新体系的建设进行全局性和根本性的规划。通过促进各创新主体之间的互动以及创新要素的优化配置促进经济、社会的协同发展。

（二）京津冀创新要素配置和创新主体分布现状

一个区域的创新体系主要包括创新主体、创新要素、创新环境三个方面。创新主体是指承担创新任务的载体，如企业、高校、科研机构、政府、中介机构等，这五个机构是现有研究中一致公认的创新主体形式，但是在每个创新体系中起主导作用的主体是不同的。创新要素是区域创新体系拥有的创新投入和创新产出，主要包括各种科技人员、投入的创新资金，以及拥有的各种技术，即由企业、高校、科研机构、政府等创新主体提供的研发成果。创新环境主要是指区域内提供的各种保障和支持措施。其主要包括相关的基础设施，如交通、办公设施、金融机构、融资渠道、教育机构、人才市场等；社会环境，如创新文化、行业同盟等；宏观政策，如国家及地方政策法规、制度等。本报告按照京津冀创新体系现有各要素的配置状况，从创新人员的分布、创新资金的分布、创新技术的分布三个方面对京津冀创新要素的配置现状进行分析；从高等学校、企业、科研机构、中介机构几个方面对创新主体的分布现状进行分析。

1. 创新要素配置现状

区域创新体系的功能是指区域创新体系与外部环境相互联系和相互作用的秩序和能力，体现了系统与外部环境之间物质、能量和信息输入和输出的变化关系以及改变被作用对象的秩序。即在区域创新体系内，通过创新主体之间相互产生、传播创新成果，并在创新环境的支撑下，实现区域创新体系的不断完善以及与环境的协调，从而实现区域创新能力的提升，推动区域产业结构的升级等。同时，区域创新体系的功能发挥还需要各种创新要素的投入。创新要素是区域创新体系功能发挥的基础。

（1）创新人员的分布

在区域创新体系中，从事和创新工作相关的人员包括很多种，如直接从事研究与发展课题活动的人员，具有大学本科及以上学历或具有中高级职称的科学家和工程师，以及从事科技行政管理、科技服务的人员等。在从事研究与发展课题活动的人员中，又有从事基础研究、应用研究和试验发展的人员。不同的研究形式虽然都是产生创新活动和创新成果的推动力，但对经济具有不同的推动作用。由于能对经济发展产生推动作用的创新主要是能够进行成果转化并产生经济效益的创新，所以本报告主要利用研究与试验发展人员数分析创新要素中的人员分布。

京津冀区域中创新人员的分布存在显著的差异，虽然从人口总量来看，河北省比北京市和天津市多很多，2012 年河北省的总人口为 7288 万人，天津为1413万人，北京为2069万人，但是其研究与试验发展人员的拥有量却是最少的（见表1）。

表1　京津冀区域内各地区创新人员的分布情况及与全国平均水平的对比

项　目	北京	天津	河北	全国平均水平
研究与试验发展人员数(人)	322417	126436	124892	148939
基础研究研究人员全时当量(人年)	34603	5127	4930	6844
应用研究研究人员全时当量(人年)	57825	11169	11964	12379
试验发展研究人员全时当量(人年)	143067	73314	61639	85514
每万人中研究与试验发展人员数(人)	152.44	85.89	17.03	34.10
研究与试验发展人员的年增长率(%)	8.46	15.16	10.63	13.69

注：研究与试验发展人员的年增长率为2009～2012年的平均增长率。在相关数据统计中，从2009年开始有研究与试验发展人员的统计，以前是科技活动人员数的统计。

从表1中数据可以看出，北京市的研究与试验发展人员数接近天津市和河北省的2.6倍。而且天津市和河北省的研究与试验发展人员数比全国平均水平还要低，这主要是由于江苏、浙江、山东、广东等地的研究与试验发展人员数较多，抬高了全国平均水平。从每万人中研究与试验发展人员数来看，河北省的劣势更突出，全国平均水平是河北省的2倍。虽然河北省的研究与试验发展人员数在逐年增加，年平均增长率为10.63%，但增长速度仍低于全国平均水平。这说明在创新体系建设中，河北省创新人员投入的基数和增长率都较低，存在较明显的劣势。

从研究与试验发展人员在基础研究、应用研究和试验发展方面投入的人员全时当量来看，北京市具有明显的优势（见图3）。天津市和河北省在三种研究类型方面投入的人员全时当量不仅与北京市有着较大的差距，还低于全国平均水平，尤其是河北省的劣势地位特别突出。这说明在研发人员投入方面天津市和河北省还需进一步加强。从三种研究类型投入人员的全时当量来看，各地区创新人员投入主要集中在试验发展方面，基础研究投入相对来说是最小的。所以可以看出，在当前阶段，研发人员的投入主要是为了获得新材料、新产品、新工艺、新系统、新服务。

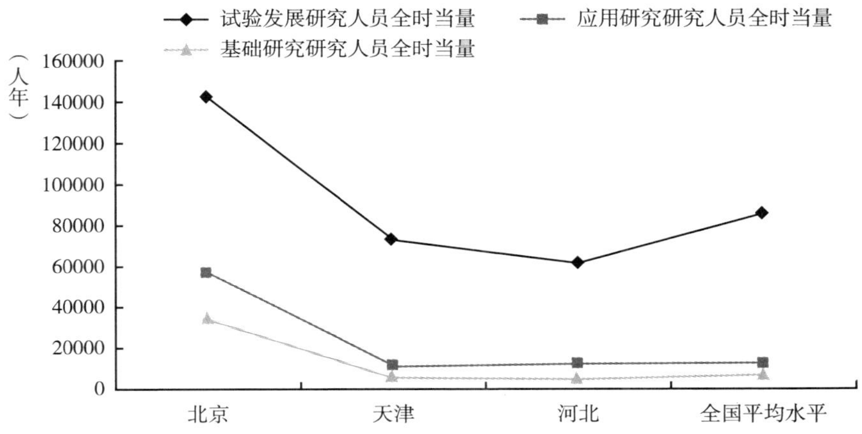

图3　京津冀区域内各地区各类创新人员投入全时当量的对比

（2）创新资金的分布

创新资金的投入主要是研究与试验发展经费的投入。本报告主要从研究与试验发展经费的内部支出及其投入强度、规模以上工业企业新产品的开发经费几个方面对创新资金的分布进行分析。各地区研究与试验发展（R&D）经费内部支出强度为R&D经费内部支出占地区生产总值的比重。由于R&D经费内部支出以及规模以上工业企业新产品开发经费都是从2009年开始才有相关统计数据的，计算的年增长率为2009年以来的平均值（见表2）。

表2　京津冀区域内各地区创新资金的分布情况及与全国平均水平的对比

单位：亿元，%

项　目	北京	天津	河北	全国平均水平
R&D经费内部支出	1063.36	360.49	245.77	332.21
R&D经费投入强度	5.95	2.80	0.92	1.98
R&D经费内部支出中政府资金比重	53.23	16.11	15.66	21.57
R&D经费内部支出中企业资金比重	34.67	78.81	82.48	74.04
R&D经费内部支出用于基础研究的比重	11.83	3.94	2.65	4.84
R&D经费内部支出用于应用研究的比重	22.74	12.18	13.15	11.28
R&D经费内部支出用于试验发展的比重	65.43	83.88	84.20	83.88
规模以上工业企业新产品开发经费	252.71	219.21	179.89	258.02
研究与试验发展经费内部支出年增长率	16.57	23.54	19.76	19.60
规模以上工业企业新产品开发经费年增长率	7.82	8.25	17.73	10.42

从表2中数据可以看出，在创新资金的投入方面，京津冀区域内部的差距较大。北京市的R&D经费内部支出约是天津市的3倍、河北省的4.3倍。从创新资金的投入强度看，三地的差距也很明显，在河北省的创新资金投入中，其R&D经费内部支出还不足地区生产总值的1%。与全国平均水平相比，天津市的创新资金投入总量和投入强度都高于全国平均水平，而河北省在这两方面均低于全国平均水平。从规模以上工业企业的新产品开发经费看，京津冀区域内各地区的水平都不高，而且都低于全国平均水平。从增长速度看，京津冀区域内各地区的研究与试验发展经费内部支出年增长率和规模以上工业企业新产品开发经费年增长率也都比较低。总的来说，河北省在创新资金投入方面的劣势比在创新人员投入方面的劣势更突出。

从研究与试验发展经费内部支出的来源和用途看，北京市的研究与试验发展经费主要来源于政府资金，所占比重为53.23%，而天津市和河北省的经费主要来源于企业资金，所占比重分别为78.81%和82.48%（见图4）。从研究与试验发展经费内部支出的用途看，北京市

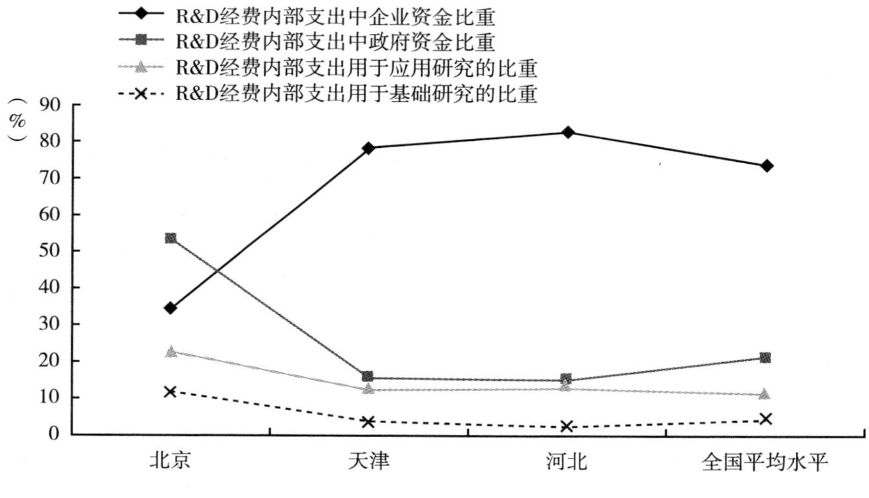

图4　京津冀区域内各地区研究与试验发展经费内部支出来源和用途对比

的创新资金大部分用于试验发展，占 65.43%，而天津市和河北省在试验发展方面的经费支出比重更大，占所有研究与试验发展经费内部支出的 85% 左右。中国科技统计年鉴数据显示，2009 年以来，北京市的基础研究经费年均增长率为 21.31%，应用研究经费年均增长率为 12.28%，试验发展经费年均增长率为 16.07%；天津市的基础研究经费年均增长率为 24.92%，应用研究经费年均增长率为 15.96%，试验发展经费年均增长率为 28.35%；河北省的基础研究经费年均增长率为 17.81%，应用研究经费年均增长率为 4.23%，试验发展经费年均增长率为 26.46%。可见，从研究与试验发展经费内部支出各用途的增长率来看，近年来北京市增长最快的是基础研究经费，天津市增长最快的是试验发展经费，河北省增长最快的也是试验发展经费。2009 年以来，在研究与试验发展经费的各资金来源中，北京市的政府资金年均增长率为 17.43%，企业资金年均增长率为 15.19%；天津市的政府资金年均增长率为 21.52%，企业资金年均增长率为 27.77%；河北省的政府资金年均增长率为 9.52%，企业资金年均增长率为 26.01%。可见，河北省和天津市的企业资金的增长率较高，但河北省的政府资金的增长率较低，而北京市的企业资金的增长率较低。

（3）创新技术的分布

对于创新技术的分布，本报告主要通过研究与试验发展项目数、国内专利数和技术市场成交合同数进行分析。在国内专利数的分析中，由于专利申请量和专利授权量存在较大的差异，所以我们既选取了专利申请量又选取了专利授权量指标。另外，专利授权量指标又下设发明专利、实用新型专利和外观设计专利三个指标，这三种不同类型的专利说明了不同的技术层面。在技术市场成交合同数方面，考虑到国外技术引进合同数和市场的开放度有很大的关系，而市场的开放度和创新体系的开放度有着较强的联系，本报告选取表 3 中各指标进行创新技术的分布分析。

表 3　京津冀区域内各地区创新技术的分布情况及与全国平均水平的对比

项　目	北京	天津	河北	全国平均水平
研究与试验发展项目(项)	109514	31893	25570	34593
专利申请量(件)	92305	41009	23241	61682
专利授权量(件)	50511	19782	15315	37523
发明专利(件)	20140	3326	1933	4640
实用新型专利(件)	24672	13677	10795	18282
外观设计专利(件)	5699	2779	2587	14601
技术市场成交合同数(项)	59969	13381	4512	9105
技术市场成交合同金额(亿元)	2458.50	232.33	37.82	207.65
国外技术引进合同数(项)	1343	512	62	419
国外技术引进合同金额(亿美元)	32.88	24.17	1.42	14.28
每十万人专利授权量(件)	244	140	21	85
发明专利占专利授权量的比重(%)	39.87	16.81	12.62	11.46

从表 3 可以看出，北京市在创新技术的分布中占有绝对优势。北京市的研究与试验发展项目数为天津市的 3.4 倍、河北省的 4.3 倍。北京市的专利授权量是天津市的 2.6 倍、河北省的 3.3 倍。北京市的技术市场成交合同金额是天津市的 10.6 倍、河北省的 65.0 倍。北京市的国外技术引进合同金额是天津市的 1.4 倍、河北省的 23.2 倍。这几项指标的数据统计显示天津市和河北省都低于或接近全国平均水平。这说明在创新技术的分布方面京津冀区域内部差距很大，大部分资源集中在北京市。

从专利授权的类型来看，京津冀区域内各地区的实用新型专利授权量都高于发明专利和外观设计专利授权量。天津市和河北省的三种专利授权量远远低于全国平均水平（见图 5）。全国平均水平较高的主要原因是江苏、浙江、广东的各种专利授权量远远超过其他地区，这些地区的专利授权量是北京市专利授权量的 3 ~5 倍。而从每十万人专利授权量来看，京津冀区域内部的差距更大。

2. 创新主体分布现状

在区域创新体系中，创新主体是具有创新能力和进行创新活动的组织，主要包括政府、企业、高等学校、科研机构和中介服务机构。这些不同的创新主体承担着不同的创新功能。高等学校和科研机构主要承担知识创新的功

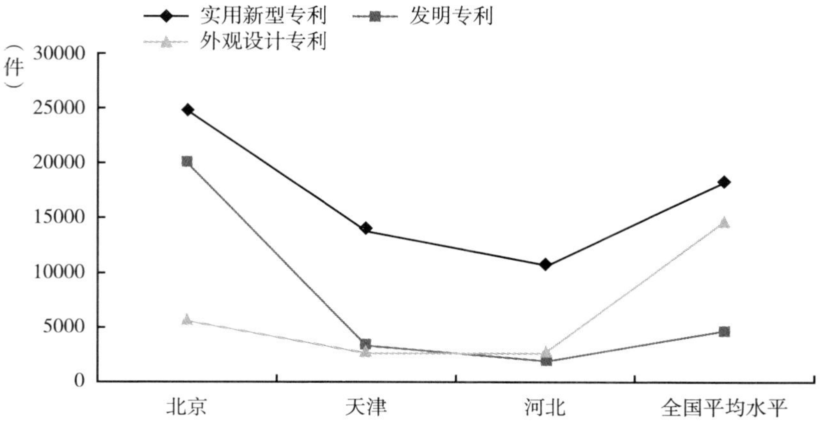

图 5　京津冀区域内各地区专利授权类型的比较

能；企业主要承担技术创新的功能；中介服务机构主要承担知识创新成果和技术创新成果转化以及流动的功能，是创新成果转化的桥梁和纽带；政府主要承担区域创新体系的宏观调控和维护功能，并对社会资源和政策环境进行协调和引导，完善创新环境，制定创新政策，提供基础设施等。本报告主要采用高等学校的个数、研发机构的个数、有研发机构的企业数、有研究与试验开发活动的企业数、高新技术产业的企业数以及技术产权交易所等中介机构的个数等指标说明各创新主体在京津冀区域内的分布（见表4）。由于有研发机构和有研发与试验发展活动的企业只是针对规模以上工业企业有统计，本报告采用规模以上工业企业的数量对创新企业的情况进行说明。

表 4　京津冀区域内各地区创新主体分布状况

项　目	北京	天津	河北	全国平均水平
高等学校数(个)	89	55	113	79
研发机构数(个)	379	58	76	119
规模以上工业企业数(个)	3692	5342	12360	11089
有研发机构的企业数(个)	595	639	693	1254
有研发活动的企业数(个)	984	1272	765	1523
高新技术产业企业个数(个)	760	587	433	794

从高等学校的创新主体来看，河北省的高等学校总体数量稍多于北京市和天津市，但是从高等学校的层次上来看，北京市的高等学校中共有8所“985”高校，26所“211”工程学校，天津市的高等学校中有2所“985”高校，3所“211”工程学校，河北省的高等学校中无“985”高校，有2所“211”工程学校。从研发机构的创新主体来看，北京市拥有的研发机构数是天津市的6.5倍、河北省的5.0倍，而且天津市和河北省的研发机构数低于全国平均水平。从京津冀区域内企业的创新主体来看，三地拥有研发机构和有研发活动的规模以上工业企业的个数都远远低于全国平均水平，并且京津冀区域内各地区的高新技术产业的企业数也低于全国平均水平，这说明京津冀区域的企业创新主体数量还有待进一步提高。

京津冀创新体系中科技中介服务机构的发展，主要包括生产力促进中心、科技企业孵化器、科技咨询评估机构、技术市场、科技情报信息机构以及科技风险投资中心等机构的发展。

二　京津冀创新要素配置效率分析

从京津冀区域创新要素的分布现状来看，创新要素大多集中分布在北京地区，分布在河北省的各类创新要素只占很少一部分，尤其是相对于河北省拥有的人口及地域面积来说，其创新要素的配置显得尤为稀缺。为了更详细地分析京津冀区域内创新要素的配置状况，除了对创新资源总量的分布现状进行分析以外，还有一个重要的方面就是对创新要素的配置效率进行分析。创新要素的配置效率需通过创新投入与产出的比值进行说明。本报告通过建立创新人员投入、创新资金投入、创新产出三个方面的指标体系，分别分析三地和整个京津冀区域的创新要素配置效率。考虑到三地之间经济发展水平的差距、技术水平的差距、资源禀赋的差异、创新要素投入来源和用途的差异，不侧重对三个地区进行对比分析，而是通过分析三个地区近年来创新要素配置效率的演化特点来进行说明。另外，结合各地区的生产和技术的区域特征，以及考虑到我国主要是产学研的创新体系，即创新体系主要体现在企业、高等学校和科研机构的创新投入和创新产出上，在选择评价指标体系时，综合考虑企业、高等学校和科研机构三个创新主体的创新投入和创新产出。建立的评价指标体系如表5所示。

表5　京津冀区域创新要素配置效率分析指标体系

一级指标	二级指标
创新人员投入	X1：研究与试验发展人员全时当量（人年）
	X2：研究与试验发展人员全时当量占总人口比重（%）
创新资金投入	X3：研究与试验发展经费内部支出（万元）
	X4：地方财政科学技术支出（万元）
	X5：地方财政科学技术支出占财政总支出比重（%）
	X6：高新技术产业研究与试验发展经费内部支出（万元）
创新产出	X7：专利授权量（件）
	X8：技术市场成交合同金额（万元）
	X9：高新技术产业主营业务收入（亿元）

创新投入主要通过人员投入和资金投入两方面反映。根据数据的可获得性，人员投入方面主要以研究与试验发展人员数作为评价指标。而在资金投入方面，考虑到不同创新主体的创新资金投入不同，选择了研究与试验发展经费内部支出、地方财政科学技术支出及其占财政总支出的比重、高新技术产业的研究与试验发展经费内部支出作为评价指标。在创新产出方面，根据创新的目的是技术的商业化应用及其成果转化，选择了专利授权量、技术市场成交合同金额、高新技术产业主营业务收入三个指标。由于各类年鉴中的统计口径和统计指标在不同年份有所变化，本报告分析的数据为2000～2012年的数据。数据来源于各年的《中国统计年鉴》《中国科技统计年鉴》《中国城市统计年鉴》《中国高技术产业统计年鉴》。

（一）京津冀各地区创新产出比较

通过专利授权量、规模以上工业企业新产品产值和高新技术产业主营业务收入三个创新产出指标对京津冀三个地区的科研开发能力、企业技术创新能力和创新成果的扩散能力进行比较。通过图6可以看出，北京的专利授权量远远高于天津和河北两地，河北在科研创新产出、企业创新产出和产业创新产出方面都远远低于北京和天津。

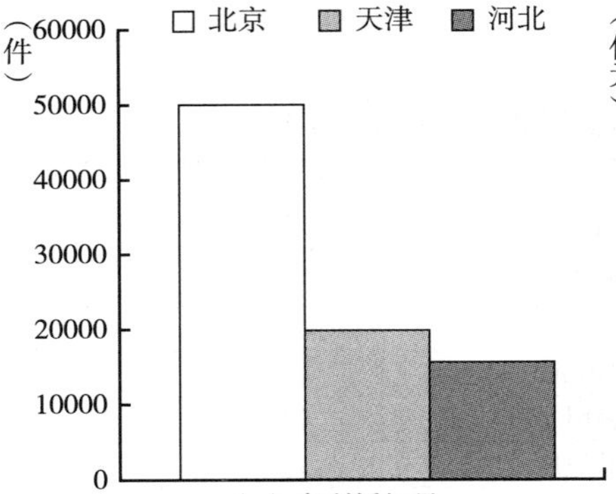

（a）专利授权量

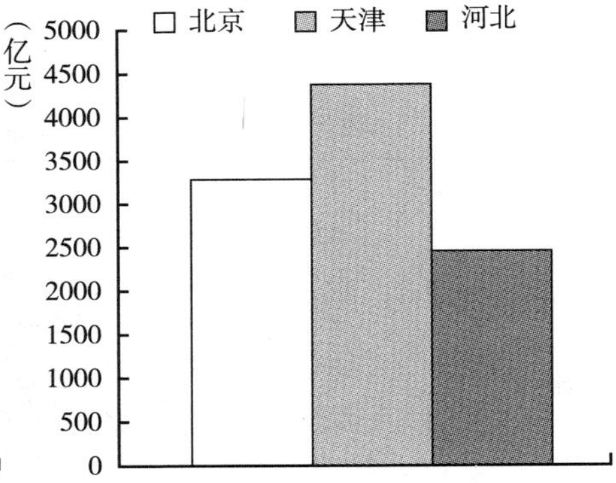

（b）规模以上工业企业新产品产值

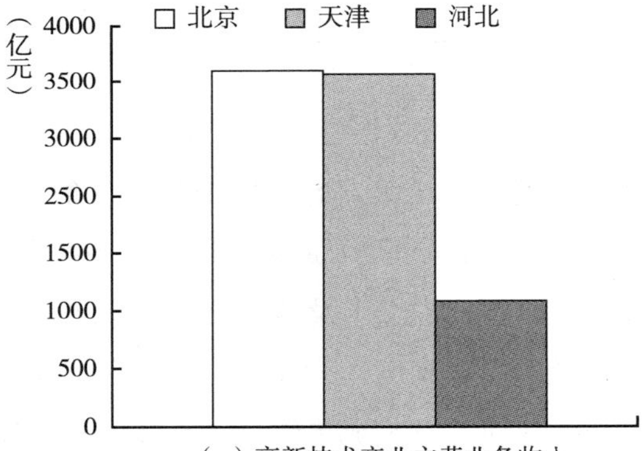

（c）高新技术产业主营业务收入

图 6　京津冀区域各地区各创新产出指标比较

（二）京津冀创新要素配置效率分析

利用面板数据的数据包络分析方法和 2000～2012 年的数据，依据表 5 建立的指标体系，对京津冀三地的创新要素配置效率进行分析。面板数据的数据包络分析是通过曼奎斯特等各指数的前后两个时期的变动趋势对要素的配置效率进行相对评价的。得到的各指数包括全要素生产率指数、技术效率指数、技术进步指数、纯技术效率指数和规模效率指数。通过面板数据的数据包络分析得到的2000～2012年京津冀三地的全要素生产率、技术效率、技术进步、纯技术效率和规模效率值的变动情况见表6。

表6 京津冀区域各地区创新要素配置效率分析各指数的变化

	技术效率变化指数	技术进步变化指数	纯技术效率变化指数	规模效率变化指数	全要素生产率变化指数
北京	1.000	1.019	1.000	1.000	1.019
天津	1.000	0.957	1.000	1.000	0.957
河北	1.000	0.965	1.000	1.000	0.965
均值	1.000	0.980	1.000	1.000	0.980

全要素生产率测度的是单位要素投入所获得产出的效率。全要素生产率指数大于1，说明在现有的要素投入水平下后一时期较前一时期所获得的生产率得到了提高；全要素生产率指数小于1，说明全要素生产率在整个时间段内有所下降；而全要素生产率指数等于1，说明在整个时间段内全要素生产率无变化。全要素生产率的提高可以通过技术效率的提高和技术进步进行解释。即全要素生产率变化指数可以分解为技术效率变化指数和技术进步变化指数。而其中的技术效率变化指数又可分解为纯技术效率变化指数和规模效率变化指数。即全要素生产率变化指数可通过纯技术效率变化指数、规模效率变化指数和技术进步变化指数进行解释。

技术效率测度的是在一定的投入水平下，实际的产出和生产前沿面上的产出的比值，而技术效率变化指数测度的是每个观测对象从t时期到$t+1$时期对生产前沿面的追赶程度的变化。该值大于1，说明在前后两个时期存在着技术效率的改进，即后一时期的生产更接近生产前沿面；该值小于1，说明技术效率恶化；该值等于1，说明前后两个时期技术效率无变化。技术进步变化指数代表的是生产前沿面的移动，技术进步变化指数大于1，说明前后两个时期对比存在技术进步，即生产前沿面向上移动；技术进步变化指数等于1，说明技术进步无变化，即生产前沿面未移动；技术进步变化指数小于1，说明存在着技术退步，即生产前沿面向下移动。

技术效率变化指数可分解为纯技术效率变化指数和规模效率变化指数。如果纯技术效率变化指数大于1，则说明前后两个时期对比，后一时期的技术水平和管理水平更接近于生产前沿面；如果纯技术效率变化指数小于1，则说明后一时期的技术水平和管理水平和生产前沿面的差距加大。如果规模效率变化指数大于1，则说明前后两个时期对比，后一时期的投入规模达到了规模报酬递增的阶段；如果规模效率变化指数小于1，则说明后一时期的投入规模达到了规模报酬递减的阶段。

从表6数据看，2000～2012年京津冀三地创新要素配置效率每年间没有太大的变化，地区间配置效率的差异也不大，基本保持在一个水平上，并且配置有效，即现有的投入能得到其有效的产出。但是京津冀三地间也有一些微小的差别。从三个地区全要素生产率的变化看，只有北京地区大于1，而天津和河北的全要素生产率指数都小于1，但很接近1，这说明北京地区的全要素生产率有所提高，而天津市和河北省的全要素生产率有所降低。进一步分析全要素生产率变化的原因，三个地区全要素生产率的提高或是降低都是由技术进步的变化所引起的，而技术效率无变化。从技术进步的变化来看，北京市有微小的技术进步，而天津市和河北省的技术都有微小的退步。从技术效率的变化来看，2000～2012年，京津冀三地的规模效率和纯技术效率没有变化，说明京津冀三地在创新要素现有的投入水平上，不管是从技术水平、管理水平，还是从投入规模上看，基本得到了有效的产出。表6显示的是2000～2012年三个地区配置效率的整体变化，京津冀三地每一年创新要素配置效率的变化（以全要素生产率的变化衡量）见图7。

图7显示了2001～2012年京津冀三地及整体的全要素生产率的变动趋势。2001～2012年三个地区的全要素生产率基本维持在一个水平上，个别年份略有波动。在2002年、2007年和2011年，北京的全要素生产率有一个明显的下降趋势，但是很快就恢复到原有水平。天津的全要素生产率变动趋势大体比较平稳，只在2007年有一个明显的下降。河北省的全要素生产率在2007年有明显的下降，在2010年有一个小幅

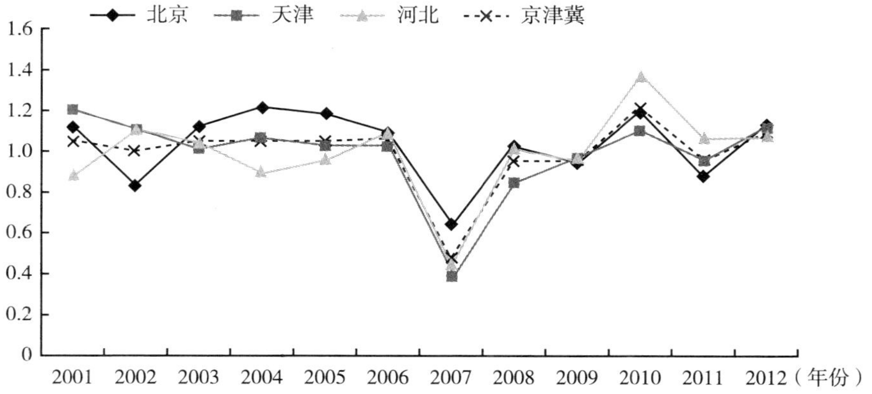

图7　京津冀三地及整体全要素生产率的变动趋势

的上升，但在2011年又恢复到原有水平。从整体趋势上看，京津冀三地的创新要素配置效率都在2007年有一个大幅的下降。查找原始数据发现，2007年三个地区的各种创新投入都有大幅的增加，但是创新产出增加不明显。

三　京津冀创新体系的评价

在京津冀创新要素配置效率的分析中测度了近几年创新投入和产出的关系，而这种创新要素的配置效率与区域创新体系的运行机制、营造的创新环境以及创新主体之间的联动关系有着很大的关联，并且在整个创新体系内各种创新能力的相互支撑和促进构成了创新体系建设的重要内容。本报告从知识创新能力、技术创新能力、产业创新能力、创新环境支撑四个方面建立了京津冀创新体系评价的指标体系，并从这四个方面考察各创新主体在创新体系中的作用，以及京津冀创新体系在经济和基础设施等方面的创新环境。创新环境是创新体系建设和运行的重要影响因素，支撑着创新主体的创新活动，并影响区域创新体系对创新要素的需求。建立的京津冀创新体系评价的指标体系见表7。

表 7　京津冀区域创新体系评价指标体系

一级指标	二级指标
知识创新能力	X1:普通高等学校在校学生数(万人)
	X2:地方财政教育支出(亿元)
技术创新能力	X3:研究与试验发展人员全时当量(人年)
	X4:国内专利申请授权数(件)
	X5:地方财政科学技术支出(万元)
产业创新能力	X6:地区生产总值(亿元)
	X7:高技术产业主营业务收入(万元)
创新环境支撑	X8:年末常住人口(万人)
	X9:城镇居民人均可支配收入(元)
	X10:人均实际利用外资金额(万美元)
	X11:旅客周转量(亿人公里)

在选取创新环境的指标时，主要考虑到人口数量与现实市场规模有关，可支配收入与潜在市场相关。市场规模越大，由技术创新所带来的技术外溢越大，创新的速度也就越快。人均实际利用外资金额表示一个地区的开放度。利用建立的评价指标体系分别对京津冀三地 2000～2012 年的数据进行因子分析，并得到每个地区每一年的因子得分，评价结果见表 8。

从京津冀三地创新体系建设的评价结果看，在整个京津冀区域的创新体系中，各个地区在 2000～2012 年的综合得分呈增加的趋势，说明创新体系的建设越来越完善。另外，从变化趋势中可以看出，三个地区的创新体系建设都在 2008 年前后取得了快速发展，并且在之后的每年都保持较快的发展速度，尤其是近几年，天津市和河北省的发展速度明显加快。

表 8　京津冀区域创新体系评价结果

年份	北京	天津	河北
2000	-1.31583	-1.09285	-1.14095
2001	-1.12693	-0.99900	-1.06842
2002	-0.93224	-0.89185	-0.91899

续表

年份	北京	天津	河北
2003	-0.98039	-0.84382	-0.83785
2004	-0.61198	-0.67692	-0.63562
2005	-0.45022	-0.48808	-0.42459
2006	-0.12654	-0.27692	-0.25229
2007	0.23929	-0.01322	0.07295
2008	0.52881	0.31834	0.24454
2009	0.69784	0.53506	0.53834
2010	1.04984	0.94949	1.00627
2011	1.33570	1.43712	1.42714
2012	1.69264	2.04266	1.98947

在京津冀区域创新体系建设的评价中，除了对每个地区创新体系建设的发展速度进行评价外，还有一个重要的方面是对创新体系中各个地区之间的创新联系进行评价。对于京津冀区域创新体系内三个地区的创新联系，我们可以通过计算城市间引力来度量。由于京津冀三地间的发展水平以及创新投入和产出存在较大的差距，而且生产要素的优势也不相同，京津冀创新体系之间的联动主要通过城市间创新集聚及扩散来体现。本报告利用重力模型对三个省市之间的创新联系进行分析。测度的模型为：

$$T_{ij} = K\frac{P_iP_j}{d_{ij}^b}$$

$$(i \neq j;\ i = 1,2,\cdots,n;\quad j = 1,2,\cdots,m)$$

式中，T_{ij}为城市 i 和城市 j 之间创新联系的度量值，K 为参数，一般取值为 1。n，m 为创新体系内所有城市的数量，P_i和 P_j是以创新产出进行测度的城市 i 和城市 j 的创新能力，用某地区的高新技术产业主营业务收入与该地区高技术专利授权数占该地区专利授权总数比重的乘积来表示。d_{ij}为城市 i 和城市 j 之间的距离，用城市 i 到城市 j 的铁路公路里程数的平均值进行测度，由于河北省有 11 个地级市，所以在表示北京和天津到河北的距离时用的是北京和天津到河北省各市距离的平均值。b 为距离摩擦系数，参照吕拉昌等对三大都市经济圈内部城市创新联系的比较分析①，摩擦系数选取2。京津冀区域创新体系内三个地区间创新联系的计算结果见表9。

表9　京津冀区域创新体系中创新联系测度结果

	a	b
北京和天津的创新联系	23.03662	116.7726
北京和河北的创新联系	0.514118	2.017585
天津和河北的创新联系	0.354592	0.544982

表9列出了通过两种形式显示的三个地区间创新联系的计算结果。一个是以高新技术产业的创新产出和该地区所有创新产出为基础计算的各个地区之间的创新联系（a）；另外一个是以各地区高新技术产业创新产出与所有地区高新技术产业创新产出为基础计算的创新联系（b）。前者通过高新技术产业的发展来测度，如果一个地区高新技术产业的创新产出在整个地区的创新产出中占有较高的比重，则说明该地区的高新技术产业发展较好，而高新技术产业的发展是创新能力的最好体现，一个地区创新能力的高低又取决于创新体系的建设，所以各地区高新技术产业的创新产出占该地区创新产出的比重越高，说明各地之间具有较强的创新联系。后者通过测度各地区高新技术产业之间的联系来说明京津冀区域创新体系的创新联系。如果每个地区的高新技术产业都能得到较好的发展，则说明其中一个地区的发展能够很好地带动另一个地区，从而说明两个地区之间存在较强的创新联系。通过表9数据可以看到，在北京、天津和河北三地的创新体系中，北京和天津之间的创新联系较强，而北京和河北、天津和河北的创新联系非常弱。结合各个地区的创新体系评价结果可以看出，京津冀各地区之间的创新联系还不理想，京津冀区域内各城市之间创新体系的建设虽然越来越完善，但是还未形成有

① 吕拉昌、谢媛媛、黄茹：《我国三大都市圈城市创新能级体系比较》，《人文地理》2013年第3期。

效的创新集聚和扩散机制，还需进行大力建设，加强人员、资金以及信息等的流动。

四　京津冀区域创新体系建设中河北省的创新选择

在京津冀区域创新体系中，由于各地区拥有的创新要素、各个创新主体的创新能力以及创新环境都存在较大的差距，各地区对创新要素的需求也不同，即在京津冀区域创新体系建设中各地区要基于自身的创新能力，在创新要素的选择、创新主体的结构、创新环境的支撑作用等方面进行合理的规划。

（一）京津冀区域内部创新投入和创新产出结构分析

把京津冀区域看作一个整体，图 8 显示了各地区创新产出与创新人员投入的结构关系。从图 8 可以看出，在整个区域内，绝大部分的创新产出和创新人员投入都在北京地区，且在 2008 年后北京市的创新人员投入比重逐年降低，创新产出比重逐年小幅上升。天津和河北的创新产出及创新人员投入所占比重相差无几。从图 8 可以看出，在 2006 年以前，河北省创新产出和创新人员投入所占比重都高于天津市。但 2006 年后天津市的比重逐渐提高，到 2008 年，其创新产出的比重开始高于河北省。从图 8 可以看出，创新产出和创新人员投入有着非常明显的相关关系。

图 9 显示了京津冀区域内创新产出比重和创新资金投入比重的关系。从图 9 可以看出，在创新资金投入方面北京也占据了优势地位，与天津市和河北省的差距较大，但 2007 年后北京市创新资金投入的比重逐年降低。天津市创新资金投入的比重逐年增加，与河北省创新资金投入比重的差距逐年加大。从图 9 可以看出，创新产出和创新资金投入有着非常明显的相关关系。

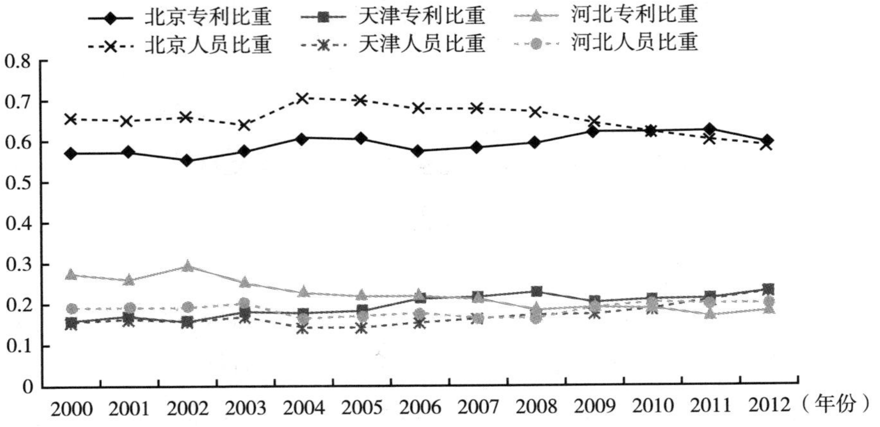

图8　京津冀区域创新产出和创新人员投入的关系

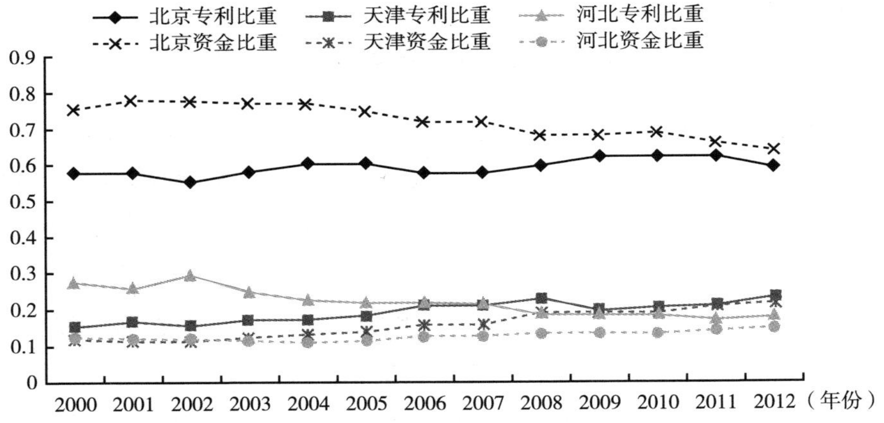

图9　京津冀区域创新产出和创新资金投入的关系

（二）京津冀创新体系中各地区对各创新要素的需求分析

将京津冀区域作为一个整体的考察区域，对一个地区增加投入，就会对另外一个地区减少投入，即三个地区作为京津冀区域整体中的一部分，在创新投入与产出结构方面存在互相影响和制约的关系。如果把京津冀区域整体投入看成1，则每个地区创新产出所占比重、创新人员投入所占比重、创新资金投入所占比重为成分数据。因此，对三个不同地区对各种创新要素投入的需求分析就属于成分数据的建模问题。这就要求在分析京津冀三地对创新要素的需求时，把模型中的因变量和自变量表示成三个地区的成分数据，然后再利用偏最小二乘法对成分数据的回归模型进行分析。

本报告为了测度北京市、天津市和河北省三地的创新人员投入和创新资金投入对创新产出的影响，以北京、天津、河北三个地区的专利授权数为因变量、研究与试验发展人员的全时当量和研发经费内部支出为自变量，利用2000～2012年的数据进行分析。数据来源于各年的《中国科技统计年鉴》。按照成分数据偏最小二乘回归的要求，首先把2000～2012年各地区的原始数据进行logratio变换。进行对数变换后的数据见表10。

表10　京津冀区域内各地区创新产出以及创新投入数据的logratio变换数据

年份	P_b	P_t	P_h	L_b	L_t	L_h	F_b	F_t	F_h
2000	0.680283	-0.61866	-0.06162	0.892560	-0.55432	-0.33823	1.206770	-0.63441	-0.57236
2001	0.677904	-0.55027	-0.12764	0.866480	-0.51650	-0.34998	1.270600	-0.64699	-0.62361
2002	0.627601	-0.61739	-0.01021	0.909550	-0.56831	-0.34124	1.276140	-0.67537	-0.60078
2003	0.676176	-0.51551	-0.16067	0.833394	-0.50595	-0.32744	1.251265	-0.59535	-0.65592
2004	0.740905	-0.50986	-0.23104	1.035087	-0.59959	-0.43550	1.251649	-0.52396	-0.72769
2005	0.744009	-0.45503	-0.28898	1.014499	-0.61764	-0.39685	1.176773	-0.48433	-0.69244
2006	0.656963	-0.33706	-0.31990	0.953019	-0.55797	-0.39505	1.081873	-0.43247	-0.64940
2007	0.670487	-0.31459	-0.35590	0.950306	-0.48047	-0.46984	1.069468	-0.41361	-0.65586
2008	0.710987	-0.24978	-0.46121	0.926297	-0.43993	-0.48636	0.960234	-0.30228	-0.65795
2009	0.779815	-0.35022	-0.42960	0.842100	-0.46226	-0.37984	0.973985	-0.34685	-0.62713
2010	0.772213	-0.34122	-0.43099	0.775711	-0.41705	-0.35866	0.980183	-0.29516	-0.68502
2011	0.791749	-0.28132	-0.51043	0.721108	-0.35194	-0.36917	0.894447	-0.25157	-0.64287
2012	0.710259	-0.22716	-0.48310	0.688130	-0.27809	-0.41004	0.848849	-0.23289	-0.61596

根据成分数据的分析特点，首先以北京、天津、河北三个地区的专利授权数为因变量，分别建立与研发人员投入以及研发资金投入的偏最小二乘回归模型。根据数据运行结果对研发人员投入提取了两个主成分 t_{L1} 和 t_{L2}，这

两个主成分反映的是研发人力资源配置的结构信息；对研发资金投入提取了两个主成分 t_{F1} 和 t_{F2}，这两个主成分反映的是研发资金投入的结构信息。它们与原始变量的关系分别为：

$$t_{L1} = -0.450947L_b + 0.758206L_t - 0.5465331L_h$$
$$t_{L2} = -0.581119L_b + 0.219295L_t + 0.783716L_h$$
$$t_{F1} = -0.662289F_b + 0.708227F_t - 0.249265F_h$$
$$t_{F2} = 0.305013F_b - 0.049503F_t - 0.951061F_h$$

其中，对研发人员投入提取的两个主成分 t_{L1} 和 t_{L2} 对原始自变量（L_b，L_t，L_h）和原始因变量（P_b，P_t，P_h）的解释能力分别为 100%、55.96%；对研发资金投入提取的两个主成分 t_{F1} 和 t_{F2} 对原始自变量（F_b，F_t，F_h）和原始因变量（P_b，P_t，P_h）的解释能力分别为 100%、79.43%。通过对提取的主成分解释能力的分析可以看出，四个主成分都能很好地表示原始变量的信息。为得到原始自变量和原始因变量的关系，继续对提取的主成分和原始因变量进行偏最小二乘回归。得到两个主成分，关系式为：

$$t_1 = 0.557751t_{L1} + 0.169282t_{L2} + 0.747931t_{F1} - 0.436970t_{F2}$$
$$t_2 = -0.166702t_{L1} - 0.743436t_{L2} + 0.542850t_{F1} + 0.428371t_{F2}$$

t_1 和 t_2 对 t_{L1}，t_{L2}，t_{F1}，t_{F2} 的解释能力为 91.74%，对因变量（P_b，P_t，P_h）的解释能力为 78.7%。得到的各因变量和提取的主成分之间的回归方程为：

$$P_b = -0.830520277t_{L1} + 0.687922003t_{L2} + 1.507437091t_{F1} + 0.606318846t_{F2}$$
$$P_t = 0.329839225t_{L1} - 0.307963056t_{L2} + 0.802767028t_{F1} + 0.026910718t_{F2}$$
$$P_h = -0.016187017t_{L1} + 0.042005445t_{L2} - 1.124141123t_{F1} - 0.208539932t_{F2}$$

根据各主成分和原始自变量之间的关系，得到原始因变量和原始自变量之间的回归方程为：

$$P_b = -0.025243919L_b - 0.478847601L_t + 0.993040558L_h - 0.813423873F_b + 1.037593047F_t - 0.952397514F_h$$
$$P_t = 0.030223174L_b + 0.182551321L_t - 0.421622936L_h - 0.523455653F_b + 0.567209123F_t - 0.225695458F_h$$
$$P_h = -0.017110675L_b + 0.041060364L_t + 0.041767046L_h + 0.68089891F_b - 0.785823743F_t + 0.250315902F_h$$

通过回归结果可以看出，对于北京来说，创新产出比例与创新人员投入比例及创新资金投入比例呈负相关关系，尤其是和创新资金投入比例存在较强的负相关性。天津的创新产出比例与创新人员投入比例及创新资金投入比例都呈正相关关系，尤其是和创新资金投入比例存在较强的正相关关系。河北的创新产出比例与创新人员投入比例及创新资金投入比例都呈正相关关系，但是关系较弱，相对来说与创新资金投入比例的正相关关系稍强些。

（三）河北省的创新选择

当前以创新要素集聚为核心的区域创新理论与实践已成为推动区域经济发展的关键因素，在这一环境下，京津冀区域的创新要素配置和区域创新体系的建立是决定其未来经济发展水平的重要方面。对于区域面积最大和人口数最多的河北省来说，为了提高创新能力，应充分发挥政府的主导作用，制定和完善相关促进创新要素流动的制度，提高基础设施建设等方面的创新环境支撑能力。

1. 通过政府的主导作用营造良好的创新环境

在区域创新体系建设中，创新要素的流动能力是创新体系良好发展的重要方面。其中，创新要素的流动主要包括创新人员、创新资金、创新技术和创新信息等在区域内不同地区之间，以及在不同创新主体之间的流动。通过政府宏观政策的引导，由成熟的技术中介、行业协会等为企业提供市场开发、人才引进、科研基金等方面的支持，并建立对创新活动和创新机构进行评价的指标体系，以对各类创新活动和从事创新活动的各类机构进行科学合理的评价。

创新环境支撑体系的建设，主要包括完善政府对创新活动支持的宏观管理体系以及制度设计，健全各种创新要素投入体系，提高地方财政的科学技术经费支出并提高科技经费拨款的使用效率。另外，通过制定严格的制度法规，加强对知识产权的保护，最大限度地保护企业自主创新的积极性，鼓励企业、高校等开展科技创新活动，以产生重大创新成果、增强创新能力，重点解决区域创新要素配置和区域创新体系建立过程中的系统失灵、市场失灵等问题，维护区域创新体系的高效运行，为创新能力的提高提供制度和政策层面的保障。同时，政府各部门之间应在分工明确的基础上，形成良好的合作机制，共同扶持创新活动的开展。河北各地区政府应积极协调与沟通，力争在重点要素集聚项目上形成共识，确保相关项目落户当地，并为其发展提供良好条件。通过政府投入资金的导向作用，引导企业的创新投资方向，引导创新要素的合理配置。

2. 提高高等院校和科研机构的知识创新能力

在京津冀区域创新体系建设中，高等院校和科研机构主要承担知识创新的功能。知识创新能力是技术创新和产业创新的基础。河北省在提高创新能力的过程中，通过人才引进和资金支持等手段充分发挥高等院校和科研机构的知识创新能力，提高对基础研究项目的研发能力，根据战略重点产业的发展配置知识创新资源。建立多元化的科研管理模式，科研管理机构应起到引导科研方向、制定科研规划、组织科研活动、管理科研成果的作用。同时，结合时事方针政策与自身科研实力，高等院校和科研机构应制定有效的发展战略，确立科研品牌，促进科研成果转化、推广。

促进高等院校和科研机构的合作，构建人才信息平台，共享技术资源，充分发挥高等学校和科研院所的优势，培养高端技术科研人才，大力推进自主创新。同时，避免高校及科研机构的创新成果与实际需求不匹配以及企业对实践创新知识化的忽视，应鼓励企业与高校、科研机构合作，鼓励科研人员到企业、市场中去选择科研课题，并把科研成果转化为产品，以企业为实践平台，促进更多适合社会需求的创新成果产生。充分发挥人力资本在创新活动中的能量以及运用知识不断更新技术的潜力。

3. 强化企业创新主体的主导地位

企业是京津冀区域创新体系建设中起主要作用的创新主体，尤其是对于河北省来说，不管是创新资金来源，还是创新产出成果，企业创新主体都占有主导地位。在当前环境和条件下，可以通过大力支持中小企业、民营科技企业的技术创新来突出企业创新主体的主导地位，并充分利用各类科技计划、高新技术产业园区、科技园对企业的支撑作用，促进企业之间、企业和高等院校之间、企业和科研机构之间的合作，同时引进高层次创新型人才充实研发队伍，从而加强企业自身研发能力建设。确保研发投入是提高企业创新能力的前提，国家和地方政府要通过财政科技投入引导企业加大研发投入力度，满足企业技术创新的需求。

强化企业创新主体地位必须深化体制机制创新，明确政府职能定位，建立开放的市场体系，保证创新政策的贯彻落实，加强各部门、各领域之间的协调，为企业创新营造良好的环境。同时，适应科技创新的要求，转变创新管理模式，提高创新管理能力，健全知识产权管理制度，提高企业的知识产权管理意识，鼓励企业内部建立创新活动和创新成果的管理机构，以掌握核心技术知识产权为目标，塑造企业品牌，培育一批具有国际竞争力的创新型企业。

4. 加强科技中介服务机构的桥梁纽带作用

通过建立科技中介服务机构的组织制度、运行机制和政策法规，并遵循市场规律，尊重市场导向，打造出专业化、高素质的科技中介服务队伍，形成开放协作、功能齐备、运行高效的科技中介服务机构体系。同时，协调政府与科技中介服务机构之间的关系，加强宏观调控和管理，适时修订有利于科技中介服务机构发展的制度环境，并加大对具有发展前景的欠发达地区的政策扶持力度，促进其与发达地区的交流合作，从而逐步缩小地区间的差距，实现科技中介服务机构的协调发展。

科技中介服务机构自身应围绕市场定位，提升创新服务的内容和方式，发展以市场为导向的多种类型的组织形式，如股份制、合伙人制的中介组织形式，主动摆脱对政府的依赖。同时，加强对中介服务人员的培养和引进，加快专业化建设，形成一批敢于开拓创新、把握科技前沿的从业人员，从整体上提高综合竞争力。加强区域间的交流与合作，借鉴先进的管理经验和运作模式，提升自身核心竞争力，更好地发挥桥梁纽带作用。

参考文献

［1］周寄中、胡志坚、周勇：《在国家创新系统内优化配置科技资源》，《管理科学

学报》2002 年第 3 期。
[2] 谢富纪、朱苑秋：《我国三大都市圈创新要素配置分析》，《技术经济》2008 年第 2 期。
[3] 杨省贵、顾新：《区域创新体系间创新要素流动研究》，《科技进步与对策》2011 年第 23 期。
[4] 于晓宇、谢富纪：《基于 DEA-Tobit 的区域创新系统资源配置优化策略研究》，《研究与发展管理》2011 年第 1 期。
[5] 史修松、赵曙东、吴福象：《中国区域创新效率及其空间差异研究》，《数量经济技术经济研究》2009 年第 3 期。
[6] 吕拉昌、谢媛媛、黄茹：《我国三大都市圈城市创新能级体系比较》，《人文地理》2013 年第 3 期。
[7] 顾朝林、庞海峰：《基于重力模型的中国城市体系空间联系与层域划分》，《地理研究》2008 年第 27 期。
[8] 曹莉莉、陈向东、邓恒：《区域创新要素配置的结构性特点分析——高技术产业的创新投入产出再分析》，《科学学研究》2008 年第 S1 期。

专题报告

Special Subject Reports

B.6

京津冀生产要素流动的特征、障碍与河北省的发展对策*

李峰 韩静**

摘　要：打破由行政区划造成的地方保护主义，促进生产要素自由流动，进一步提高生产要素配置效率，这对于河北省与京、津向更广范围、更高质量方向合作以及产业承接、未来经济持续发展都具有重要意义。本报告分析当前京津冀生产要素流动的特征，认为京津冀生产要素流动存在多个方面

* 本文为河北省社会科学基金项目“京津冀环境治理协作中的河北省对策”（HB14YJ083）研究成果。

** 李峰，河北工业大学经济管理学院讲师，经济学博士，研究方向：产业创新与区域经济；韩静，河北工业大学经济管理学院硕士研究生，研究方向：区域经济学。

的障碍。因此，报告提出从五个方面破除要素流动障碍，促进河北省跨越式发展。这五个方面分别是以科技资源对接为抓手，提升河北省的研发转化能力；以资本、人才流动为重点，打造河北对接京、津助推器；以教育资源对接为基础，夯实河北持续发展动力；以公共服务一体化为目标，增强区域生产要素活力；以大数据战略性资源发展为契机，实现后发赶超。

关键词：京津冀　生产要素　一体化　对策

生产要素自由流动是实现区域市场一体化的重要基础。生产要素跨区域自由流动使区域资源得到最有效的配置，而且可以在不同方面强化、发展区域各自的相对优势。若生产要素无法自由流动，要素的区域分割会影响统一市场的形成，无法满足生产要素在更广范围内自由流动与组合的开放性和关联性的要求，区域间无法形成优势互补和产业结构的合理布局，大量低水平、不合理的重复建设造成资源的严重浪费。

京津冀地区是我国人口密集，创新能力和综合实力都较强的区域之一，其作为优质生产要素富集的载体，已成为当今世界最活跃的区域经济中心之一，京津冀协同发展已经成为事关中国经济未来走势的重大国家战略。目前关于京津冀协同发展战略促进河北省发展的讨论，较多集中于首都功能疏解、央企外迁和产业及项目的跨区域调整，而关于破除生产要素障碍，促进要素自由流动的系统性探讨较少。

本报告从资金、劳动力以及商品等方面，对京津冀及河北省要素流动情况进行分析，发现了制约要素自由流动的障碍，并提出措施建议以促进京津冀区域产品和要素的自由流动，进一步提高生产要素配置效率，促进经济体之间的优势互补。这对于河北省与京、津向更广范围、更高质量方向合作以及河北省产业承接、未来经济持续发展具有重要意义。

一　京津冀地区生产要素流动特点与测度

（一）京津冀地区金融资本流动情况与测度

1. 京津冀地区金融资本分布情况

金融机构贷款是企业向国家商业银行和非银行金融机构借入的资金，它是资金需求单位筹资的主要渠道，金融机构贷款余额体现了各地区从各种金融机构获得信贷资金的情况。

京津冀地区金融资本分布存在明显的不平衡性。2012 年末，北京市金融机构各项贷款余额为 3.64 万亿元，占京津冀地区的 49.12%，天津市为 1.69 万亿元，占 22.81%，河北省为 2.08 万亿元，占 28.07%。对比贷款余额，存款余额分配的不平衡更加明显，北京市金融机构各项存款余额约为 8.13 万亿元，占京津冀地区的 61.50%，天津市为 1.69 万亿元，占 12.78%，河北省为 3.4 万亿元，占 25.72%。

从动态角度看，2004 ~ 2012 年北京、天津、河北三地金融机构各项存贷款余额年均增长率情况见图 1、图 2。

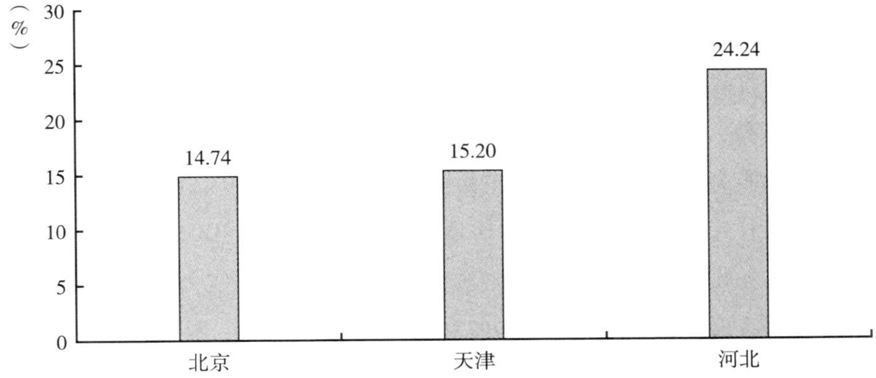

图 1　2004 ~ 2012 年京津冀三地金融机构各项存款余额年均增长率

资料来源：2005 ~ 2013 年《北京统计年鉴》、《天津统计年鉴》与《河北经济年鉴》。

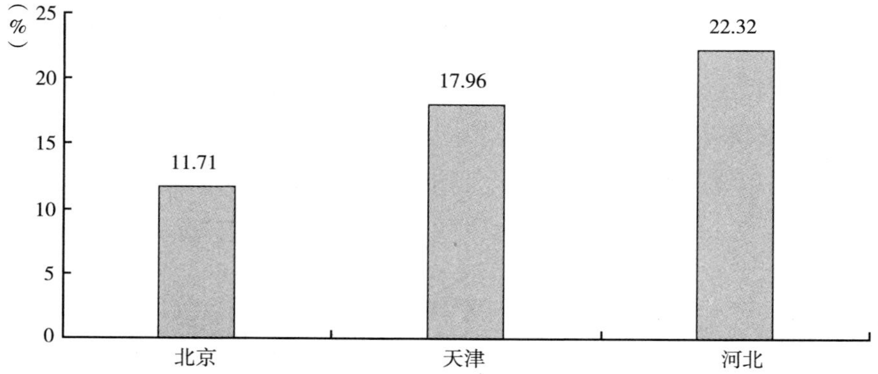

图2　2004～2012年京津冀三地金融机构各项贷款余额年均增长率

资料来源：2005～2013年《北京统计年鉴》、《天津统计年鉴》与《河北经济年鉴》。

2004～2012年，北京、天津、河北金融机构各项贷款余额年均增长率分别为11.71%、17.96%，22.32%，河北的增速近乎是北京的两倍；北京、天津、河北金融机构各项存款余额年均增长率分别为14.74%、15.20%、24.24%。

由于北京是我国金融机构的主要聚集地，从总量上看，无论是金融机构存款余额还是贷款余额，天津和河北都无法与北京相比。但从动态变化趋势看，河北省金融机构各项存贷款余额增速最快，天津居中，北京最慢，这反映了河北省企业对资金需求最旺盛、地区投资增长最快。

从河北省省内情况看，各城市发展并不均衡。从金融机构各项贷款余额年均增长率看，沧州和廊坊增速最快，分别达35.23%和30.58%，反映两地区的放款能力在提升；而石家庄和邯郸的增速最慢。从金融机构各项存款余额年均增长率看，秦皇岛和廊坊增速最快，分别达32.56%和32.38%，反映两地区吸收金融资金的能力在逐步提升，城市金融实力逐步增强。石家庄和邯郸增速最慢，分别达12.49%和7.47%（见图3、图4）。

2. 京津冀区域资本流动能力及实证分析

本报告借鉴了FH测试模型，对京津冀区域资本流动情况进行实证分析。FH测试模型基于资本流动对地区储蓄与投资相关性造成的影响进行分

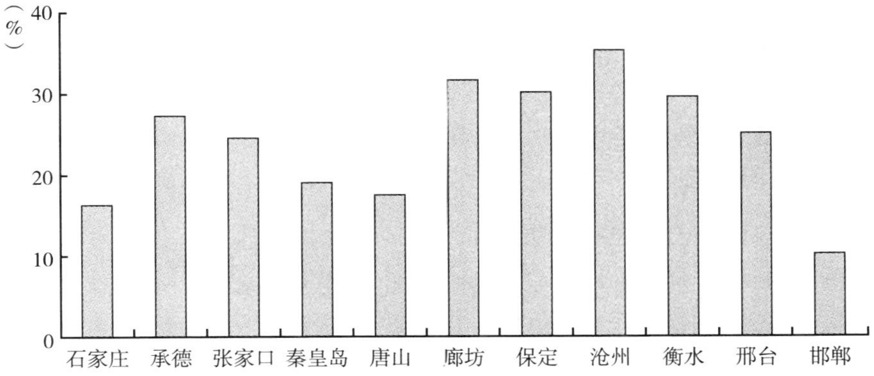

图 3　2004～2012 年河北省金融机构各项贷款余额年均增长率

资料来源：2005～2013 年《河北经济年鉴》。

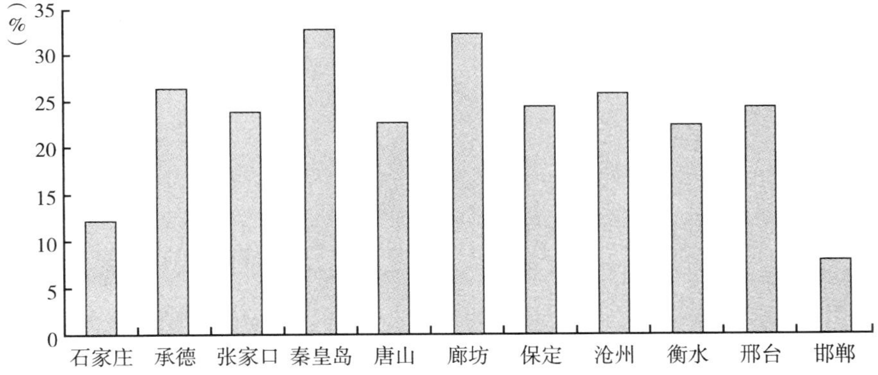

图 4　2004～2012 年河北省金融机构各项存款余额年均增长率

资料来源：2005～2013 年《河北经济年鉴》。

析。如果资本不能在地区间流动，则本地储蓄仅能用于本地区投资，也就是说本地区投资只能依赖本地储蓄，说明该地区的储蓄和投资高度相关，以此来反映地区间资本的流动能力较差。

本报告在 FH 测试模型基础上稍做调整，通过 2004～2012 年的截面数据，利用年末金融机构各项存款余额和贷款余额，测试京津冀区域间的信贷资金流动状况。

模型调整如下：

$$(L/Y)_i = \alpha + \beta(D/Y)_i + \mu$$

该模型中，方程左边 $(L/Y)_i$ 是金融机构贷款余额与 GDP 的比值，表示 i 地区的投资率；右侧解释变量 $(D/Y)_i$ 是 i 地区金融机构存款余额与 GDP 的比值，该模型表示某地区存款和贷款的相关程度。若地区间金融市场中的资本可以充分自由流动，则方程中系数应接近零。如果系数较高，则说明各地区的投资主要依赖本地区储蓄，各地间的金融市场分割比较严重。

本报告使用 2004～2012 年的年末截面数据进行 13 个城市的截面回归。详细结果见表 1、图 5。

表 1　2004～2012 年京津冀 13 个城市模型检验

年份	2004	2005	2006	2007	2008	2009	2010	2011	2012
β	0. 57	0. 54	0. 50	0. 52	0. 43	0. 46	0. 43	0. 37	0. 40
T	19. 82	18. 87	13. 12	12. 16	7. 64	3. 78	3. 49	6. 37	6. 47
R^2	0. 97	0. 97	0. 94	0. 93	0. 84	0. 57	0. 53	0. 79	0. 79
个数	13	13	13	13	13	13	13	13	13

资料来源：2005～2013 年《北京统计年鉴》、《天津统计年鉴》与《河北经济年鉴》。

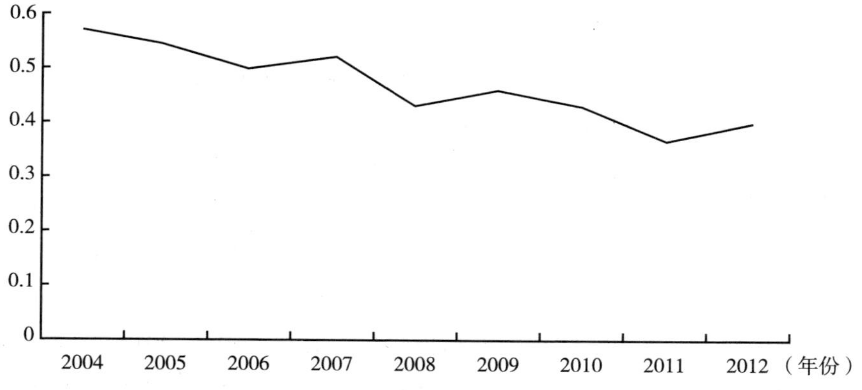

图 5　京津冀三地存款率与贷款率相关系数 β 变化趋势

总体来看，方程的拟合优度较好，都通过了显著性检验。整体来看，存款率与贷款率的相关系数逐步降低，从2004年的0.57降到2012年的0.40，表明在考察期内京津冀13个城市间存贷款率的相关性逐年减弱，也就是说京津冀地区城市之间的信贷资金流动性逐渐加强。其中，在2009和2010年，受金融危机和宏观政策的影响，各地区金融资本曾出现波动。

对于河北省省内的金融资本流动情况，本研究使用2004～2012年的年末截面数据对11个城市进行截面回归。详细结果见表2、图6。

表2　2004～2012年河北省11个城市模型检验

年份	2004	2005	2006	2007	2008	2009	2010	2011	2012
β	0.73	0.69	0.72	0.67	0.58	0.50	0.45	0.51	0.47
T	16.70	15.17	14.27	9.75	2.56	3.68	3.89	4.21	4.17
R^2	0.97	0.96	0.96	0.91	0.42	0.60	0.63	0.66	0.66
个数	11	11	11	11	11	11	11	11	11

资料来源：2005～2013年《河北经济年鉴》。

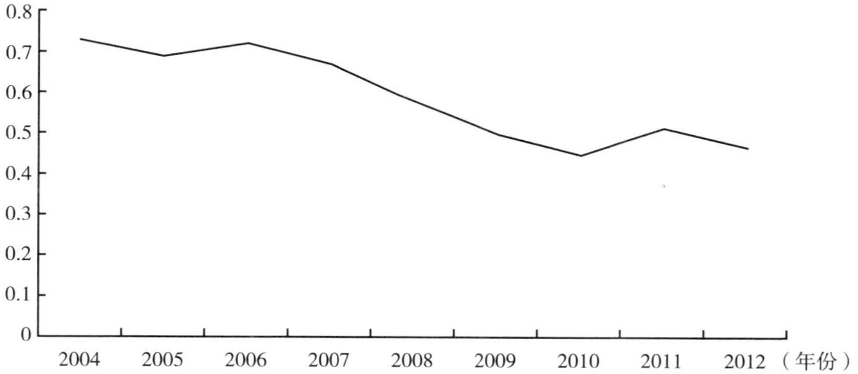

图6　河北省存款率与贷款率相关系数β变化趋势

总体来看，方程的拟合优度较好，都通过了显著性检验。整体上看，存款率与贷款率的相关系数逐步降低，从2004年的0.73降到2012年的0.47，表明在考察期内河北省11个城市间存贷款率的相关性逐年减弱，也就是说河北省城市之间的信贷资金流动性逐渐加强。

同时，我们发现，2004～2012 年河北省省内存款率与贷款率的相关系数一直大于京津冀存款率与贷款率的相关系数。这反映了 2004～2012 年河北省省内资金流动较京津冀三地资金流动性较差。

河北省省内资本跨地区流动受限是省内无法有效统一金融市场与政策的表现，其使得储蓄滞留在资金运行的低效地区，如果资本能在省内城际自由流动，资金就会从低效地区流出，流向高效并且有盈利机会的地区和企业。这种金融的自由流动很大程度上影响着本地区经济增长的效率和速度。

（二）京津冀地区劳动力的流动状况与测度

理论上讲，各地区与各部门之间，随着资本和劳动力边际收益不断趋同，劳动力在各区域之间的流动性增强，市场一体化程度提高。过去的 20 年间，跨地区、部门与所有制形式的劳动力流动显著增加。

对于京津冀而言，由于存在地方政府保护主义，尤其是资源向城市倾斜的政策、劳动力自由流动的限制政策，部门或地区性歧视制度以及金融市场的政治干预，加之区域间公共服务，如教育、医疗、社会保障等存在差异，劳动力市场发展仍有大量未解决的问题。

1. 三次产业劳动生产率分析

我们以三省市按三次产业划分的劳动生产率为研究对象进行分析，以便更直观地比较京津冀三地劳动力市场的发展状况。

通过图 7、图 8、图 9 可以看出，京津冀三地之间的劳动生产率差距较大，随着市场经济改革的进一步深化，三地之间的劳动生产率差距在不同产业上呈现出不同的特征。

在第一产业方面，图 7 为 2004～2012 年京津冀三地第一产业劳动生产率变化的时间序列。从图中可以看出，京津冀三地第一产业的比较劳动生产率层次很清晰，从高到低依次为北京、天津和河北，并且劳动生产率的差距逐年缩小。2004 年，北京市第一产业劳动生产率位居三地之首，为 15529 元/人，约是天津的 1.22 倍、河北的 1.62 倍。到 2012 年，北京市第一产业劳动生产率仍居首位，为25808元/人，但仅为天津的1.07倍、河北的1.16倍。河北省在第一产业的劳动生产率方面较北京、天津仍存在差距，但截止到2012年差距已大幅度缩小。

在第二产业方面，图8为2004~2012年京津冀三地第二产业劳动生产率变化的时间序列。从图中可以看出，京津冀三地第二产业劳动生产率水平整体较高，较第一产业更有优势。2004~2012年，天津市的第二产业劳动生产率总体上超过北京、河北，处于领先地位，仅在2010年，北京市的第二产业劳动生产率为168541元/人，超过天津约5%。河北省第二产业劳动生产率始终处于较低水平，2004年河北省第二产业劳动生产率为北京的54%、天津的57%，到2012年，河北与北京、天津的第二产业劳动生产率差距进一步拉大。

在第三产业方面，图9为2004~2012年京津冀三地第三产业劳动生产率变化的时间序列。北京与天津的第三产业劳动生产率变化趋势大致相同。2004年，北京的第三产业劳动生产率为天津的1.23倍、河北的2.35倍，到2012年，北京的第三产业劳动生产率为天津的1.1倍、河北的2.3倍，河北仍处于较低水平。

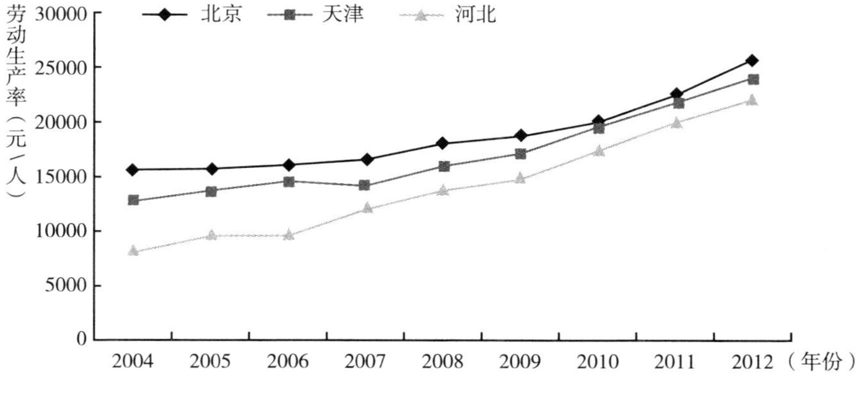

图7　2004~2012年京津冀三地第一产业劳动生产率变化的时间序列

资料来源：2005~2013年《北京统计年鉴》、《天津统计年鉴》与《河北经济年鉴》。

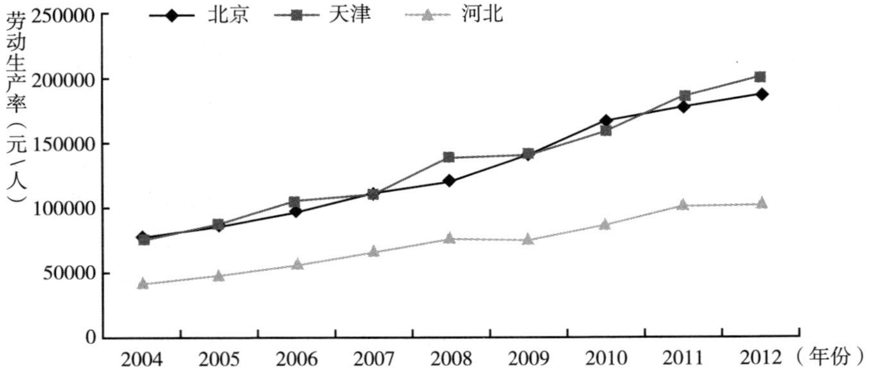

图 8　2004～2012 年京津冀三地第二产业劳动生产率变化的时间序列

资料来源：2005～2013 年《北京统计年鉴》、《天津统计年鉴》与《河北经济年鉴》。

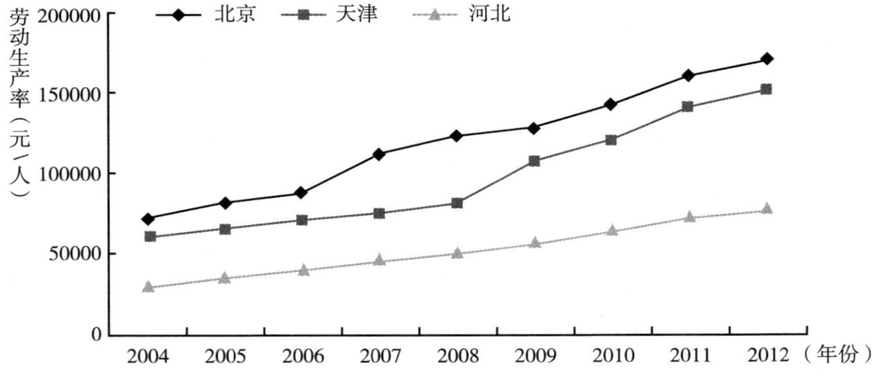

图 9　2004～2012 年京津冀三地第三产业劳动生产率变化的时间序列

资料来源：2005～2013 年《北京统计年鉴》、《天津统计年鉴》与《河北经济年鉴》。

总体来看，北京市的劳动生产率普遍高于其他两省市，尤其在制造业和服务业上，远高于河北省，这固然与北京作为首都，拥有丰富的资源和政策优势有关，但也反映出三地劳动力知识、科技以及劳动经验的扩散程度较低，京津冀三地产业梯度落差大，没有形成有序的梯度，缺少具有“二传”作用的中间产业体系，劳动力在三地的流动并不畅通。

2. 京津冀三地劳动力工资水平差异分析

不同地区之间劳动力工资水平差异也是反映地区间劳动力市场整合程度的重要因素。从发展角度看，2004 年，京津冀三地中，北京市在岗职工平均工资水平最高，天津其次；排名较落后的分别为河北省的衡水、沧州、邯郸。2012 年，北京市平均工资水平最高，为 85306 元，天津其次，为 65398 元，而河北省内除秦皇岛、沧州、廊坊和唐山超过 40000 元外，其他城市均低于 40000 元。

从 2004 ~2012 年京津冀地区工资年增长率看，北京为 12.3%，天津为 12.67%，均处于中上水平，增长最快的为沧州市，增幅超过北京，在 13% 以上。由于当前北京、天津、河北的工资水平悬殊，同时，北京的工资增速较快，北京与河北省大部分地区的工资水平差异将会加大。

根据经济学家 Topel 的动态区域均衡模型，区域内不同地区的同质劳动力的工资差异会增加劳动力的流动，当工资水平趋于一致后，劳动力的自由流动将减少。因此，一方面，北京的高工资会增加对河北省高端人才的吸引力，促进京冀劳动力的流动，随着外流劳动者将一部分收入汇回京津冀欠发达地区，当地居民收入水平有望提高，表现为劳动力市场一体化。同时，受技能、知识、科技等方面的限制，京津冀部分劳动力无法有效流动，使得工资水平的差距进一步拉大。另一方面，伴随着劳动力无限供给向劳动力相对稀缺状态转变，劳动力要素的流动将提高河北省欠发达地区的工资水平。由于劳动者外流，欠发达地区劳动者的稀缺性增强，劳动力市场将产生更高水平的均衡工资。

（三）京津冀商品市场一体化程度分析

从理论上看，伴随着区域市场要素或商品的自由流动，地区间商品价格会逐步趋同。因此，可以用商品价格构造指标衡量市场整合与一体化程度。设 P_{at}、P_{bt}是 a、b 两地 t 时间某商品的价格，P 为 t 时间该商品的平均价格，从长期来看，区域间价格趋于平均价格时，两地之间市场完全整合。

利用数列 $VAR(P_{ij}) = (P_{at} - P)^2 + (P_{bt} - P)^2 + (P_{ct} - P)^2$（其中，$P_{at}$、$P_{bt}$、$P_{ct}$分别代表北京、天津、河北三地 t 时间商品零售价格指数），以

京津冀地区各地 GDP 占区域经济总量的比重为权重，计算京津冀平均价格指数 P，并计算相对平均价格方差数列。本报告以 2004～2012 年京津冀地区各地的商品零售价格指数为对象进行研究，具体见图 10。

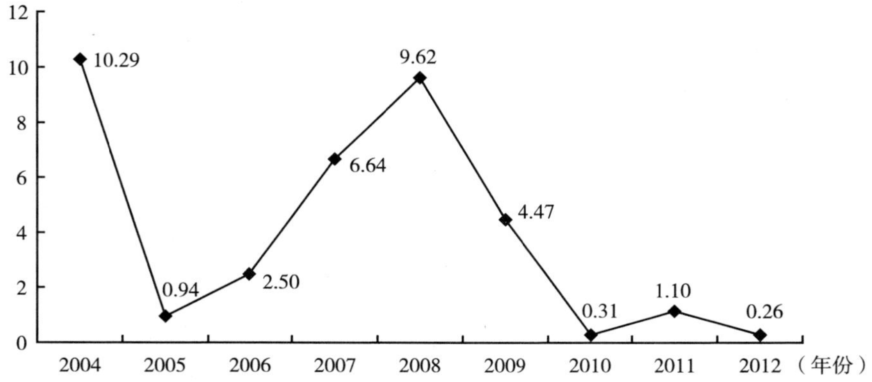

图 10　2004～2012 年京津冀三地相对价格方差总和趋势

资料来源：2005～2013 年《北京统计年鉴》、《天津统计年鉴》与《河北经济年鉴》。

随着时间变化，京津冀三地相对价格方差 2004 年为 10.29，2005 年降为 0.94，2008 年又升至 9.62，在 2008 年以前呈现出先收窄，再扩大的趋势，三地间相对价格波动范围扩大，反映了三地间流通障碍在增加。2008 年后，三地相对价格方差整体收窄，反映出相对价格波动的范围在缩小，说明京津冀三地间的流通障碍在减少，市场一体化程度逐步提高。

同理，可计算河北省省内各地市相对平均价格方差之和，见图 11。

从图 11 可以看出，区别于京津冀三地相对价格方差总和趋势，河北省省内 11 城市相对价格方差总和总体呈现先上升后下降的趋势，2004 年为 2.04，2009 年上升至最高值，为 13.67，之后波动中下降，到 2012 年降至 2.23。这反映了尽管 11 个城市均在河北省省内，但省内相对价格波动范围在 2009 年以前并没有减小，反而在扩大，说明省内城市间的流通障碍在增加。2009 年后相对价格方差整体收窄，反映出相对价格波动的范围在缩小，说明河北省省内的流通障碍正在减少，市场一体化程度逐步提高。

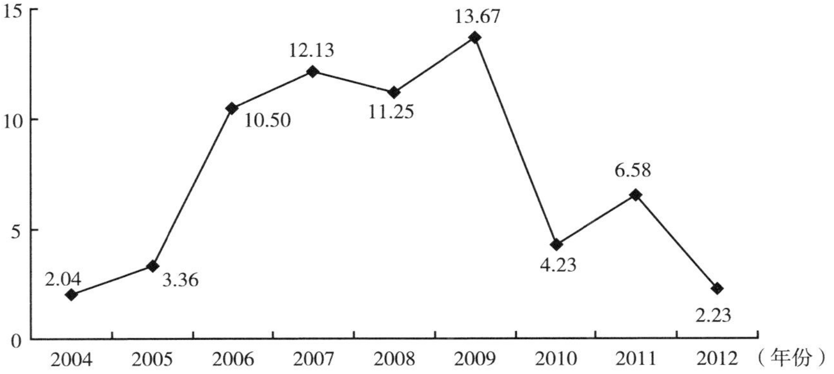

图 11　2004～2012 年河北省省内 11 城市相对价格方差总和趋势

资料来源：2005～2013 年《河北经济年鉴》。

（四）京津冀生产要素流动总体特征

1. 从发展历程看，大量资本、技术、品牌、优秀人才等高级要素在京津发达地区集聚，京津在技术和产品创新方面处于前列，具有发达、先进的制造业基础，产业结构层次相对较高。河北省拥有较好的资源与初级产品，市场腹地较为广阔。发达地区形成要素集聚下的经济扩张型发展。由于首都、直辖市在集聚资源方面能够给创业者和投资者提供更好的平台，各产业和经济活动进一步集聚并进一步吸引各种经济活动，使得本应在京津冀范围内均匀分布的经济格局转变为向京津集聚的不对称发展状态。

2. 从金融资金流动看，京津冀地区与河北省省内呈现相似的趋势，城市之间的信贷资金流动性逐渐加强，资金流动更加自由便捷。但从 2004～2012 年的数据看，河北省省内资金流动较京津冀三地资金流动性较差。河北省省内的资本跨地区流动受限是省内无法有效统一金融市场与政策的表现，其使得储蓄滞留在资金运行的低效地区。如果资本能在省内城际自由流动，资金就会从低效地区流出，以发挥金融体系对区域经济增长的促进作用。

3. 从劳动力要素看，北京市的劳动生产率普遍高于其他两省市，尤其在制造业和服务业上，远高于河北省。这固然与北京作为首都，拥有丰富的资源和政策优势有关，但也反映出三地劳动力知识、科技以及劳动经验的扩散程度较低，京津冀三地产业梯度落差大，没有形成有序的梯度，缺少具有“二传”作用的中间产业体系，劳动力在三地的流动并不畅通。

4. 从工资差距看，当前北京、天津、河北的工资水平悬殊，同时，北京的工资增速较快，这将会引起京津冀地区间的劳动力流动。劳动力要素的流动将提高河北省欠发达地区的工资水平。当工资水平趋于一致后，劳动力自由流动将减少，从而体现为劳动力市场一体化。

5. 从商品市场看，京津冀与河北省省内商品流通总体更加顺畅。2009年后河北省省内相对价格波动范围缩小，反映了河北省省内的流通障碍减少，市场一体化程度逐步提高。2005～2008年，京津冀三地间相对价格波动范围扩大，反映了三地间的流通障碍增加；2008年后相对价格波动范围缩小，反映了京津冀三地间的流通障碍减少，市场一体化程度逐步提高。

6. 从时间序列看，京津冀三地生产要素流动呈现不同的特征。近些年，京津冀生产要素——资金、劳动力、资源和技术（投资环境）的流动状况有所改善，但各要素的流动程度并不同步，金融资本流动“一马当先”，劳动力、资源和技术处于初级阶段，总体来看，区域一体化还处于初级阶段，尚未进入共同市场阶段。

7. 由于体制、观念等原因，京津冀生产要素的流动与共享远未实现。京津冀在生产要素市场建设、供求信息沟通、政策支持等方面存在诸多问题，阻碍了京津冀生产要素的流动和经济的融合，并进一步阻碍了地区间利用生产要素的互补性进行生产协作，使三地无法实现深层次的产业分工与协作。

8. 在引资政策方面，北京市政策制定的起步时间早于津、冀，在营业税和企业所得税补贴、契税和房产税减免、个人所得税补贴或优惠等方面，力度要大于津冀，并通过落户奖励制度吸引了大量资本与优质人才。在科技研发方面，京、津的研发投入高于河北，基础研究实力更强，科研成果转化率高于河北，河北在这两方面与京津差距仍较大。

二 限制京津冀生产要素自由流动的主要障碍

（一）京津冀三地之间存在行政性壁垒

京津冀三地生产要素不能自由流动的主要原因在于行政性分割和行政性壁垒。一方面，受地方利益保护思想的局限，京津冀三地形成各自的市场分割和利益分割。生产要素只为地方服务，不为区域服务，不能自由流动和迅速集结，区域市场进入壁垒、地方保护主义等均对统一市场的形成造成制度障碍，阻碍了生产要素在地区之间的合理流动，降低了生产要素的增值作用。

另一方面，中央考核地方政府的主要指标是经济增长速度、财政收入和就业率等。在这种政绩考核机制之下，地方政府往往从本地区利益出发，项目、企业与地方政绩及当地财税收入紧密联系，促使地方政府通过行政手段乃至制定地方法规来保护本地企业，区域间资源的流动受到阻碍。而且这也造成大量低水平不合理的重复建设，造成资源的严重浪费。各类要素价格的政策性扭曲也导致要素利用低效率，阻碍了区域市场一体化的形成。

（二）京津冀三地高层次总体规划和统筹协调机制不够健全，要素自由流动执行力不足

一方面，30 年来，京津冀一体化的各种规划和设想出台很多，但基本都处于概念上、纸面上，停留在浅层次上，总体上还没有越过行政区划的界限进入深层次的领域合作。京津冀三地发展缺乏统一政策导向的强制性力量，三地之间的要素资源配置关联度不高，合作发展协调机制与推进机制尚未建立，基础设施和公共服务割裂，使得资源要素配置、公共服务供给效用难以最大化。

另一方面，发展规划、重大政策和重大项目区域层面沟通协调制度化程度较低，三地在行政执法、市场管理、税费标准、政策体系等方面存在明显差异。各自为政的重复建设和盲目竞争，导致区际分工弱化和产业结构趋同，反过来又引发新一轮更加激烈的竞争，造成大量的资源浪费，整体经济效益下降。同时，京津冀在政策支持、信息沟通等方面仍存在诸多问题，未能从分工协作关系上形成区域整体发展合力，造成三地资本、技术流动活力与动力不足，阻碍了生产要素的流动和经济的进一步融合。

（三）京津冀三地处于梯次不同的发展阶段，具有明显的层级落差，京津对生产要素的吸附能力远大于对周边地区的辐射、扩散作用

尽管三地同自身相比经济社会发展都取得了长足进步，但京津冀地区间的发展差距还有扩大趋势。2002 年河北的人均 GDP 与天津、北京的绝对差额分别是 13021 元、18699 元，2012 年分别扩大到 50891 元、30662 元。城乡居民收入差距也一样，河北与天津、北京的城镇居民可支配收入比从 2002 年的 1∶1. 4∶1. 87 变化为 2012 年的 1∶1. 44∶1. 78。

从三次产业比例来看，北京为 0. 8∶22. 3∶76. 9，天津为 1. 3∶50. 6∶48. 1，河北为 12. 4∶52. 1∶35. 5，北京的产业结构已经实现了“三二一”的调整，天津和河北仍处于“二三一”产业结构模式。从地区发展定位来看，北京形成了“创新驱动”“总部经济”“高端服务”的产业格局，属于扩张性经济发展；天津利用“高端制造、研发转化基地和国际港口”的产业优势，通过高速发展正迈入大都市发展态势；河北形成了新能源、新材料、生物医药及现代农业良好发展的态势，属于后发省份发展态势。

从工业化进程上看，北京已基本跨入后工业化阶段，天津处于工业化后期阶段，河北省 11 个城市处于不同的工业化时期。同时，三地对资源的争夺引发三地不同层次的竞争，北京的发展处于高级阶段，加剧了经济活动的向心力，导致不能实现生产要素的优化配置和集聚，不能形成“经济区”协同发展的体制机制和市场体系，从而拉大了京津冀城市发展的差距。

（四）京津冀三地公共服务差异明显，造成区域内市场生产要素分布不均衡

一方面，当前京津冀三地间首都、直辖市和省份的级别差距明显，级别高的区域支配着较多的资源，行政力过强制约了区域合作的内容和方式，导致了社会福利、公共服务和生活成本的差异，使生产活动不能对接，更不能实现互补、协作，从而不能形成较高的地区市场化程度和市场化水平。另一方面，基础设施、社会保障等的地区割裂严重，公共服务供给效用难以最大化，城市综合承载能力也不能发挥最大效用。

此外，京津冀三地在基础设施公共资源方面不对等。北京拥有良好的经济、人文、教育、医疗环境和生活环境，对天津、河北地区的人才产生了强大吸引力，引发虹吸效应，导致天津与河北的高端人才不断外流。并且京、津的户籍制度较为严格，影响了区域劳动力的自由流动，加之不同地区的生产和生活条件存在差异，使人口在不同地区之间的流动更加困难。河北省为保障首都的安全稳定做出了积极贡献，在经济产业发展方面做出了重大牺牲。

（五）京津冀国有经济比重较高，非公经济不够活跃，要素自由流动、资源高效配置格局尚未形成

京津冀整体国有经济比重较高，尤其是京津两地聚集了大量央企与大型国有企业。大型国有企业对民营企业和中小企业形成挤出效应，民营经济和中小企业的发展成为其薄弱环节，这造成了区域市场主体的缺失和结构的缺陷。当前京津冀三地国有经济的比重均在50%左右，而浙江的这一比重为30%，江苏为40%。

与浙江、广东地区相比，京津冀政府对地方经济的控制能力较强，对区域经济发展和地方财政收入的干预程度较深，非公经济不够活跃，地区增加值和居民收入增加值不匹配。对于一些创新领域而言，政府的过多参与反而削弱了企业主体的创新力和创造力。而且在过去有限的产业（如首钢、部

分央企生产线）转移中，北京将大部分税收留在北京，使企业要素自由流动、资源高效配置的格局难以形成。

三　京津冀要素自由流动的对策建议

党的十八届三中全会《中共中央关于全面深化改革若干重大问题的决定》明确提出“构建开放型经济新体制”，其最重要的途径与目的在于“促进国际国内要素有序自由流动、资源高效配置、市场深度融合，加快培育参与和引领国际经济合作竞争新优势，以开放促改革”。京津冀三省市要坚持改革创新，破除一切约束协同发展的体制机制障碍，特别是要破除行政壁垒，打破由行政区划造成的地方保护主义，促进生产要素自由流动，进一步提高生产要素的配置效率，使京津冀地区成为我国区域协同发展、体制机制改革的引领区。

（一）京津冀要素自由流动的总体思路

目前，京津冀各地市场发育极不平衡，必须消除一切阻碍商品和要素流动的政策及制度根源，通过区域经济一体化，培育和开发区域统一市场，建立畅通、高效的生产、交换、消费市场，扩大交易范围，提高各市场交易主体的经济利益。充分发挥统一市场应具有的集聚效应、协调效应和互补效应，实现区域协调、健康、快速发展。因此，京津冀应在以下三个方面着重推进。

1. 转变理念，进行制度创新，消除限制区域间要素自由流动的障碍

（1）转变理念，加大区域开放程度，在区域发展目标下明确各地区的定位，清理引发过度竞争和对区域外其他地区具有负外部性的地方保护政策。通过制度改革破除限制资本、技术、产权、人才等生产要素自由流动和配置的各种体制机制障碍，推动京津冀三地优势资源、发展要素的深度融合，建立统一开放、竞争有序的现代市场经济体系。

（2）创新利益共享机制，探索建立横向与纵向结合、公平与效率兼顾的区域协调机制，破除京津冀间的合作障碍，让河北的要素进得去、京津的要素流得出，京津要加快向河北省辐射和扩散资金、技术和人才要素，壮大河北制造业的生产能力和水平，使河北成为承接京津科技成果转化的基地，使三地拧成一股绳协调发展。

（3）由于行政地位不同，京津冀三地在基础设施和公共资源方面不对等，大量优质的教育、医疗资源集聚在北京、天津。因此，京津冀三地需进行公共资源功能换位，在疏解过程中把优质的资源向河北辐射和转移。加快推进国企和民营经济体制改革，支持重点行业跨所有制、跨区域联合重组，推动生产要素和产业价值链的区域优化布局。

2. 建立健全政府间多次协调机制，保障破除限制要素自由流动的体制约束

（1）建立三地高层协调机制。政策的制定部门应该做好顶层设计，进一步明确区域发展的功能定位，建立三地高层领导定期会晤机制，加强政府间联动长效合作机制，建立落实协议责任机制，清理和废除妨碍区域统一市场形成和公平竞争的各种规定和做法，加快构筑统一开放、竞争有序、充满活力的区域市场体系。同时，完善交叉领域的政策配套和修订，提高一体化发展的政策保障力度。

（2）健全三地职能部门间的联络机制，三地相关部门应定期沟通协调，合作编制跨省域发展规划，探索创新功能区和跨域管理体制机制共建。完善京津冀对口部门工作衔接机制，共同确保京津冀合作协议的落实，联手推动京津冀三地合作向纵深发展。

（3）发挥区域合作组织与非政府组织的积极作用。发挥环渤海区域合作市场联席会的作用，积极促进三地城市群之间要素自由流动，推动三地深度对接，合作共赢。加快京津冀行业协会、商会、产业联盟等组织架构的设置，使其直接参与地方招商引资、行业调查、行业发展规划和文件的拟订以及行业技术标准的制定，促进人才、物质、资金等各种要素更自由地流动。

3. 京津冀作为体制改革的试验区，破除生产要素区域壁垒，改善要素流动质量

（1）坚持市场导向，推动改革创新，重视体制机制创新，打破行政区

域限制，使各类生产要素自由流动、优化配置，在京津冀一体化协同发展的战略中，让市场起到决定性作用，推动资本、技术、劳动力、资源等市场要素优化配置。例如，建立健全科技成果转化的交易市场和农产品产销一体化的机制，推动三地产学研结合，合作开发相关项目，实现三地共赢。

（2）逐步探索建立京津冀相互协同的产业规划布局，实现产业链分工，以产业合作共建带动区域间企业交流、要素流动、技术溢出、人才培养等，形成区域间产业发展的利益共享格局。积极引导形成若干具有鲜明发展特色和竞争力的京津冀产业集群，利用北京、天津科技创新园，促进京津冀科技资源开放共享，推动三地创新链深度融合，协同创新。

（3）探索财税体制改革，完善配套政策体系。重构政府绩效评价体系，矫正地方政府的非理性行为方式，改革财税制度，解决地方税收收入与国家税收收入的矛盾，将京津冀区域作为财税体制试验区，取消对北京GDP的考核，解决北京经济功能过于强大的问题，探索建立财税体制、考核体系等一系列配套改革措施。建立首都或者京津冀发展引导基金，对一些功能疏解和产业疏解给予一定的利益补偿，切实减轻北京和河北生态区县发展经济的压力，筹集区域发展公共基金，为区域协同发展建立有力的制度保障。

（二）推进河北省要素自由流动的对策建议

破除限制京津冀生产要素自由流动的障碍，促进河北省发展，全方位提升京津冀的经济规模、增长质量、调控水平，确保北京、天津和河北协同发展，并根据区域产业规划形成合理的要素流动导向。同时，促进生产要素流动是京津冀资源优化配置、生产效率提高和生产力重新布局的过程，也是体制改革、政策完善和机制创新的过程，因此需要从制度上保障生产要素的无障碍流动。

1. 以科技资源对接为抓手，提升河北省的研发转化能力

（1）加强科技信息交流，共建科技合作机制，实现京津冀科技资源共享，在重大关键问题上通力合作，力求产生积极的协同效应。完善北京、天

津、石家庄等知识产权中心和技术中心的作用，探索建立适应公共技术扩散和市场导向的技术转移机构。推动建立科技金融合作平台，鼓励跨省开展科技风险投资活动，构建覆盖技术创新全过程的多功能、多层次的金融服务体系，促进资本与技术有效对接，强化河北制造业、研发转化、科技成果产业化基地的作用。

（2）以科技创新平台建设为载体，加快建立健全跨区域的创新服务平台与运行管理模式。以研发中心、工作站、孵化器等科技创新平台建设为载体，实现区域科技资源共享。支持北京、天津与河北联合共建一批科技园、“孵化器”、中试基地等。依托京冀合作示范平台，加快推进京冀中关村科技新城建设，推动北京中关村科技资源、管理经验和品牌优势“一揽子”输出到冀。河北省应积极承接首都的非核心功能，着重完善科技成果转化平台，吸聚首都科技、研发、高端人才来冀发展。

（3）加快引入北京的企业研发总部、高等院校研发中心和各类科技创新人才，与北京各类研发机构共建工程中心、重点实验室创新平台等，进一步提升研发转化能力。支持央企在保定、曹妃甸、廊坊等地设立高新技术产业研发及科技成果孵化基地。进一步完善承接首都科技成果转移孵化的机制，河北省应建立对接北京、天津科技孵化的交流机制，相关技术和市场部门应建立定期合作交流机制，建立健全科技服务体系。

2. 以资本和人才流动为重点，打造河北对接京津助推器

（1）鼓励企业异地投资和异地并购，鼓励北京、天津的企业投资和参股河北省制造业和服务业，落实京津竞争性服务业和竞争性制造业向河北转移，实现资本的投资机会均等化和投资地位平等化。其中，要促进京津冀资金结算一体化、信贷管理一体化、居民储蓄存款通存通兑和支票同城化。

（2）积极推动中关村与廊坊、保定、唐山等市的战略合作，共建科技成果转化、产业化基地，共同建设集教育、科研、技术转移转化与企业孵化等功能于一体的产业基地。积极推动产业和劳动力“双转移”跨区域梯度推进，促进资本、人才、科技共同体的发展。

（3）清理京津冀限制性政策，搭建各类人才合作平台。加强人才联合

培养，建立交流合作平台，健全跨区域人才流动机制。天津、石家庄、北京、保定等应建立跨区域人才服务中心，搭建人才联合培养、人才激励平台。设立面向不同层次人才的差异性激励机制，吸引人才从京、津转移至冀。尤其要引进关键领域、关键技术方面的领军人才，以提升区域整体的人才竞争力，推动区域经济协调快速发展。

3. 以教育资源对接为基础，夯实河北持续发展动力

（1）京津冀合作共建特色专业和重点学科，促进优质教育资源远程共享和交流。支持首都高校在河北省内拓展办学空间，推动建设统一的继续教育培训平台。和北京高校分别订立人才、科技合作协议，就人才引进培养和科技交流等进一步深化合作。搭建就业信息和供求信息发布平台，实现区域内毕业生生源信息、需求信息共享。健全面向全体劳动者的职业技能培训制度，完善职业培训网络，加强就业指导。

（2）开放思维，推动教育体系升级。引导北京通过“外迁”、“建校区”或“合并”等方式转出与化工、航空、农业、贸易相关的大学和职业学校到河北，以实现教育资源的合理布局和良性互动。

4. 以公共服务一体化为目标，增强区域生产要素活力

（1）积极探索养老、就业等民生领域的普惠化。研究实现职工养老保险互联、居民养老保险互通，逐步形成京津冀公共服务同城化协同管理机制。率先实现社保服务“一卡通”，逐步推动社保信息共享、养老失业和医疗保险的转移和接续。

（2）针对公共卫生、公共医疗建立一体化的协调机制。探索医疗保险异地结算，支持北京优质资源通过对口支援、办分院、整体搬迁或医疗资源合作等形式向河北地区扩展。河北省应积极吸引北京各类医疗服务机构来冀合作办医，鼓励张家口、承德、保定等地建设区域性医疗、养老基地，建设临床实验基地，参与健康产业园建设。

（3）逐步推进福利一体化与户口互通。京津冀间人才流动不畅的原因之一是福利水平和公共服务水平存在差距。长期看，应对接京津制度安排和服务水平，缩小京津冀公共服务之间的差距，逐步实现高级人才户口互通。

5. 以大数据战略性资源发展为契机，实现后发赶超

（1）大数据具有绿色、低碳、环保、海量、高端等特点，在全球信息化的大趋势下，是产业竞争力和商业创新的重要源泉，是河北省实现后发赶超的重要战略性生产要素。京津冀三地应围绕中关村打造全球大数据创新中心的目标，共建一系列大数据共享共用平台，以廊坊大型云存储数据中心、曹妃甸云计算数据中心和廊坊信息服务与物联网产业基地为依托，打造“京津冀大数据走廊”。

（2）基于国家科技部和中关村设立的全国性科技信息平台，河北省建立中国北方的产业信息平台与后台数据处理中心。强化京津冀之间科技信息和研究信息的共享，促进技术流动一体化。以产业合作共建带动区域间企业交流、要素流动、技术溢出、人才培养等，形成区域间产业发展的利益共享格局。

参考文献

［1］祝尔娟：《关于京津冀都市圈发展战略问题讨论综述》，《港口经济》2008 年第 3 期。

［2］崔冬初、宋之杰：《京津冀区域经济一体化中存在的问题及对策》，《经济纵横》2012 年第 5 期。

［3］郭岩峰、王晓利：《京津冀区域经济一体化发展战略思考》，《特区经济》2011 年第 11 期。

［4］吕中行、谢俊英：《京津冀区域经济一体化的发展前景与战略构想》，《经济与管理》2007 年第 8 期。

［5］孙久文、邓慧慧：《京津冀区域经济一体化及其合作途径探讨》，《首都经贸大学学报》2008 年第 2 期。

［6］孙久文、丁鸿君：《京津冀区域一体化进程研究》，《经济与管理研究》2012 年第 7 期。

［7］孙翠兰：《区域经济一体化与京津冀区域经济合作》，《渤海经济瞭望》2007 年第 3 期。

［8］吴群刚、杨开忠：《关于京津冀区域一体化发展的思考》，《城市问题》2010 年

第 1 期。

[9] 陈永国：《京津冀经济圈生产要素流动的实证分析》，《价值工程》2006 年第 5 期。

[10] 刘庆龙、张渊、徐沁：《现阶段我国四大生产要素作用浅析》，《当代经济》2005 年第 5 期。

[11] 吕典玮：《京津冀区域一体化中市场一体化研究》，华东师范大学硕士学位论文，2011 年。

[12] 高景楠：《京津冀区域市场一体化研究》，天津财经大学硕士学位论文，2009 年。

[13] 义旭东：《论区域要素流动》，四川大学博士学位论文，2005 年。

[14] 邹卫星、周立群：《京津冀生产要素无障碍流动的对策建议》，南开大学滨海开发研究院，http：//www. nkbinhai. org. cn/html/bhzl/jyxc/3106. html。

B.7

京津冀生态环境共建共享的思路与重点*

王树强　宫晴晴　田梦倩　李涛　梁念**

摘　要：面对日趋恶化的生态环境，环境治理成为京津冀共同的政策目标。京津冀山水一脉、地域相接，生态环境密不可分、相互影响。生态环境承载力综合指数显示北京的环境承载力优于河北，河北优于天津。但是细分指标显示，三地中，北京的大气污染物和地表水污染物浓度均稳居前列，但污染物排放量却是最低，这充分说明大气污染物传输和水污染物随水流累积是北京污染的主因。环境治理不能各自为战，而应联防联控。我国已建立了京津冀及周边省市的大气环境治理协调机制，在大气污染危机预警和联控、重大活动的大气环境保障方面成绩卓著，但还需要向全领域、市场化、长效化的方向转变。

关键词：京津冀　环境治理　生态承载力　协作机制

一　京津冀生态环境综合评价

（一）生态环境承载力的内涵

区域生态环境承载力是指在特定的政治和经济体制、技术水平及其升级

* 本报告为2014年度河北省社会科学基金项目“京津冀环境治理协作中的河北省对策”（HB14YJ083）研究成果。

** 王树强，河北工业大学经济管理学院副教授，河北工业大学京津冀发展研究中心研究员，博士，硕士生导师，研究方向为宏观经济分析；宫晴晴、田梦倩、李涛、梁念，河北工业大学经济管理学院硕士生。

趋势、社会和法规环境下，地区综合功能完全发挥时其环境容量对经济发展和社会生活的最大保障能力。

（二）生态环境承载力指标体系设计

从地球的自然结构分析，生态环境可被分为大气环境、水环境和土壤环境，因而生态环境承载力也就包括了大气环境、水环境和土壤环境承载力。由于水环境和土壤环境承载力影响因素相似，因而本报告将两者合二为一，只讨论前者。进一步分析，大气环境承载力和水环境承载力可由多项指标进行综合评价。这一指标结构见表1。表1中，每个分项指标都包括两类评价指标，即支撑力指标和压力指标，压力指标反映了对环境的需求，支撑力指标反映了对环境的供给。

表1　环境综合承载力评价指标体系

综合指标	分项指标	评价指标	
生态环境承载力	大气环境承载力（12项）	支撑力指标（7项）	城市绿化覆盖率
			森林覆盖率
			林地面积占辖区面积比
			园地面积占辖区面积比
			林地完成投资比例
			工业污染废气治理投资比例
			节能环保财政支出比例
		压力指标（5项）	单位面积 SO_2 排放量
			万元 GDP SO_2 排放量
			PM10 浓度
			SO_2 浓度
			NO_2 浓度
	水环境承载力（12项）	支撑力指标（7项）	水资源总量与用水总量比
			城市污水处理能力
			工业污染废水治理投资比例
			森林覆盖率
			林地面积占辖区面积比
			一般工业固体废弃物综合利用率
			节能环保财政支出比例

续表

综合指标	分项指标	评价指标	
生态环境承载力	水环境承载力（12 项）	压力指标(5 项)	单位面积废水排放量
			万元 GDP 水污染物量
			单位面积一般固体废弃物产生量
			单位面积城市生活垃圾产生量
			单位灌溉面积的化肥利用量

（三）评价方法和模型构建

许多学者采用了多种方法进行承载力评价。王树强采用秩和比的方法综合评价了京津冀综合承载力；石刚采用功效系数法综合评估和对比了我国各省份的综合承载力并据此进行了功能分区；考虑到环境承载力的影响因素及其组合关系并不完全清楚，郭怀成和唐剑武、毛汉英和余丹林采用向量模法进行了地区承载力评价；崔风军利用系统动力学方法测算了多个城市的单项承载力，并进行了多情景下的承载力变动趋势分析和政策设计；杜斌和张坤民等利用生态足迹理论测算了多个城市的生态承载力；R. Z. Liu 和 Alistair G. L. Borthwick 利用矢量剩余率模型（the vector-surplus ratio of carrying capacity model）综合评估了宁波的环境承载力；Kyushik Oh 利用相关数据直接比较和设计了城市承载力评价系统，并以地理信息系统为平台对韩国首尔地区的资源、环境和公共设施承载力进行了图像模拟，提高了分析结论的可视性。

这些方法评价的综合性强，但综合评价所使用的权重和隶属度函数往往是通过主观判断得到的，因此其结果的客观性较差。本报告采用支撑力指数与压力指数相比的方法计算承载力，评价指标值来自原始环境数据，指标权重通过指标值的时间序列拟合系数计算得到，以反映环境政策的执行效率。上述两个重要数据均取自客观数据，剔除了参数设定的主观性。

1. 京津冀地区间环境分项承载力

（1）京津冀地区间分项承载力计算

$$F_{m}^{rt} = \frac{A_{压}^{rmt}}{A_{支}^{rmt}}$$

其中，F_m^{rt} 为第 r 个城市第 t 年第 m 个分项承载力指数，m 的取值范围为 1 ~2，t 为 2008 ~2013 年；

$A_{压}^{rmt} = \sum_{i=1}^{n} w_i^{rm} p_i^{rmt}$，即第 r 个城市第 m 项分项承载力压力指数，i 为第 m 个分项承载力压力指数所对应的评价指标序号；

$A_{支}^{rmt} = \sum_{j=1}^{q} w_j^{rm} p_j^{rmt}$，即第 r 个城市第 m 项分项承载力支撑力指数，j 为第 m 个分项承载力支撑力指数所对应的评价指标序号；

w_i^{rm}，w_j^{rm} 为第 r 个城市对应评价指标的权重系数；

p_i^{rmt}，p_j^{rmt} 为各分项承载力对应指标层中经标准化后的评价指标，指标权重越大，指标对分项承载力越重要。

（2）评价指标的标准化

$$p_i^{rmt} = a_i^{rm} t + u, \quad p_j^{rmt} = a_j^{rm} t + v$$

$$p_i^{rmt} = \frac{x_i^{rmt}}{\sqrt{\sum_{i=1}^{3} (x_i^{rmt})^2}}$$

其中，x_i^{rmt} 为第 r 个城市第 t 年第 m 个分项承载力对应的第 i 个评价指标的实际取值。

（3）各指标权重系数的确定

每项污染以及导致污染的行为对社会的危害无差异，每种治污行为对污染的消除效果没有高低之分，因此指标的权重不取决于其对治污的重要性，而应由其他性质确定。环境是一种公共产品，环境治理是政府的责任，行之有效的治污政策是保护环境的关键，由此可将权重定义为治污政策的效果。如果一项政策效果明显，则支撑力指标的上升速度较快，压力指标的下降速度较快，如果政策效果不明显，则变动方向相反。我们可以使用上述指标标准值时间序列的拟合系数作为权重计算基准。

a_i^{rm}，a_j^{rm} 为各分项承载力对应指标层中经标准化的指标值与时间拟合得到的拟合系数。

$$\alpha_i^{rm} = a_i^{rm} + f, \quad \alpha_j^{rm} = a_j^{rm} + f$$

α_i^{rm}，α_j^{rm} 为拟合系数通过加上一个调整值 f 从而达到正数化得到的权重系数。

$$w_i^{rm} = \frac{\alpha_i^{rm}}{\sum_{r=1}^{3} \alpha_i^{rm}}, \quad w_j^{rm} = \frac{\alpha_j^{rm}}{\sum_{r=1}^{3} \alpha_j^{rm}}$$

$$A_{压}^{rmt} = b_{压}^{rm} t + u, \quad A_{支}^{rmt} = b_{支}^{rm} t + v$$

2. 京津冀地区环境综合承载力评价

本报告采用如下方法计算综合承载力指数。

（1）京津冀地区环境综合承载力计算

第 r 个地区第 t 年的综合承载力指数为：

$$F^{rt} = \frac{A_{压}^{rt}}{A_{支}^{rt}}$$

其中，$A_{压}^{rt} = \sum_{m=1}^{2} w_{压}^{rm} A_{压}^{rmt}$，为第 r 个地区第 t 年分项承载力的压力指数；$A_{支}^{rt} = \sum_{m=1}^{2} w_{支}^{rm} A_{压}^{rmt}$，为第 r 个地区第 t 年分项承载力的支撑力指数。

（2）权重计算

$b_{压}^{rm}$，$b_{支}^{rm}$为各地区分项承载力指数与时间拟合所得到的系数值。

$$\beta_{压}^{rm} = b_{压}^{rm} + h, \quad \beta_{支}^{rm} = b_{支}^{rm} + h$$

$\beta_{压}^{rm}$，$\beta_{支}^{rm}$为拟合系数通过加上一个调整值 h 从而达到正数化得到的权重系数。

$$w_{压}^{rm} = \frac{\beta_{压}^{rm}}{\sum_{m=1}^{2} \beta_{压}^{rm}}, \quad w_{支}^{rm} = \frac{\beta_{支}^{rm}}{\sum_{m=1}^{2} \beta_{支}^{rm}}$$

（四）生态环境承载力评价结果

依据表 1 中的指标体系找到京津冀三地 2008 ~ 2013 年相应的指标

值，将其代入上述综合评价程序中计算三地的生态承载力指数，其结果见图 1。

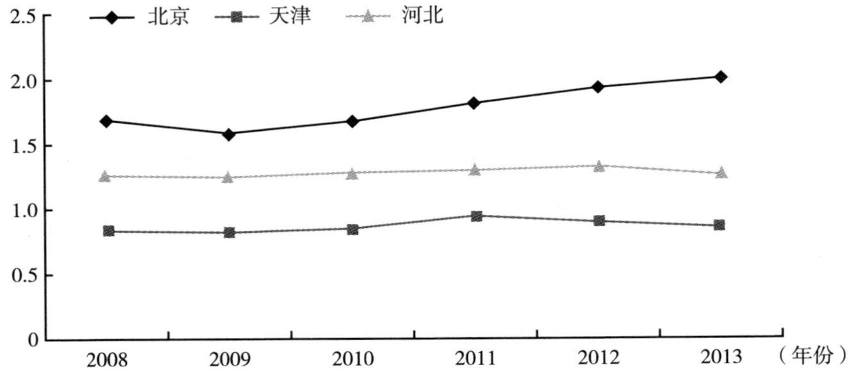

图 1　京津冀三地生态环境承载力指数

京津冀三地生态承载力差异较大（见图 1），2008 ~ 2013 年，北京的生态承载力指数超过 1.5，在三地中最高，承载力最强，北京的承载力指数还出现了增加趋势，说明其承载力持续增强；河北的承载力指数超过 1，在三地中排名第二，承载力较强；天津的承载力指数低于 1，承载力过低，难以满足经济发展需求。近年来，我国政府和民众开始对环境污染及其带来的健康危害高度关注，特别是作为政治和文化中心的北京在这一方面的表现尤其明显，因此其环保投资最大，环保政策最为严厉，生态承载力最强。河北省的重工业比例较高，污染较严重，但由于河北省张家口和承德的辖区面积大，且属于京津生态涵养区，环保政策较为严厉，污染行业少，自然生态保持得较好，环境污染不严重，河北省的总体生态承载力得以提高。天津市也属于工业城市，且辖区面积较小，人口密度较大，缺乏生态缓冲区，近些年 GDP 增速较大，污染物排放量较高，这些均导致其生态环境承载力过低。京津冀三地生态承载力差异的具体原因需进一步深入分析。

二　京津冀大气环境质量评价

（一）京津冀大气环境承载力评价

参照表 1 中大气环境承载力指标体系，计算出京津冀的大气环境承载力指标值并代入评价模型中，可得到三地大气环境承载力指数的时间序列（见图 2）。

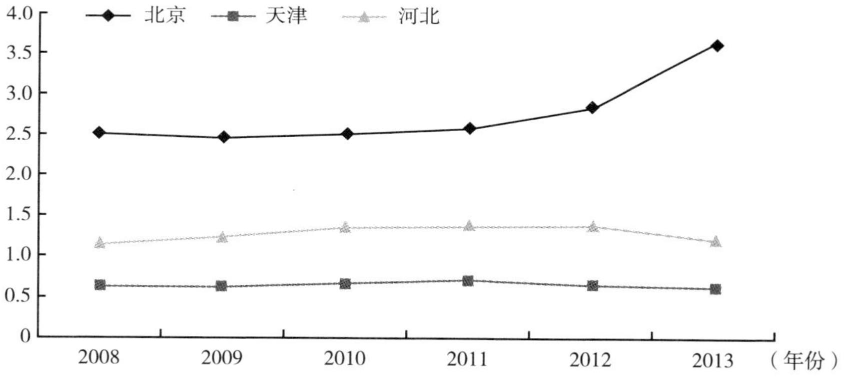

图 2　京津冀三地大气环境承载力指数的时间序列

京津冀三地的大气环境承载力排序与生态承载力排序相同，但差距略微扩大了。北京市的大气环境承载力指数超过 2，且近几年上升趋势明显。河北省的大气环境承载力指数略高于 1，但近几年有下降趋势，说明河北尚有部分大气环境容量支撑经济增长，但过载风险很大，经济存在较大的增长隐患。天津市的大气环境承载力指数低于 1，支撑经济增长的大气环境容量快速枯竭。下面将详细分析三地大气环境承载力差距的主要原因。

（二）大气污染物浓度比较

大气污染物浓度是反映大气环境质量的直接指标，表 2 至表 4 对比了京津冀大气污染物中 PM10、SO_2 和氮氧化物的浓度。京津冀大气中的悬浮颗粒物污染极其严重。2008～2013 年京津冀三地 PM10 的平均浓度均超过国家空气质量二级标准 40% 以上，其中河北省最轻，超标 42.38%，天津居中，超标 50.69%，北京最重，超标 65.55%。从时间序列变动趋势比较，北京的 PM10 浓度稳定下降，天津和河北的 PM10 浓度在 2013 年陡增，超标率相比 2012 年增加 1 倍多，2013 年北京的 PM10 浓度低于天津和河北，但超标率依然维持在 50% 以上，应引起警觉（见表 2）。

表 2　京津冀大气污染物 PM10 浓度比较

单位：毫克/立方米，%

年份	北京		天津		河北	
	浓度	超标率	浓度	超标率	浓度	超标率
2008	0.123	75.71	0.088	25.71	0.093	32.86
2009	0.121	72.86	0.101	44.29	0.081	15.71
2010	0.121	72.86	0.096	37.14	0.081	15.71
2011	0.113	61.85	0.093	32.68	0.076	8.57
2012	0.109	55.71	0.105	50.00	0.077	10.00
2013	0.108	54.29	0.150	114.29	0.190	171.43
平均值	0.12	65.55	0.11	50.69	0.10	42.38

注：计算超标率采用的标准为国家空气质量二级标准。

资料来源：北京市环境保护局：《北京市环境状况公报》，2008～2013 年。

天津市环境保护局：《天津市环境状况公报》，2008～2013 年。

河北省环境保护厅：《河北省环境状况公报》，2008～2013 年。

SO_2 污染情况不容乐观。京津冀三地 2008～2013 年 SO_2 平均浓度均低于国家大气质量二级标准，显示 SO_2 的污染较轻。其中，北京的 SO_2 浓度最低，天津最高，河北居中。从 SO_2 浓度变动趋势看，北京总体呈下降趋势，只在 2012 年略有波动，天津在 2012 年之前呈下降趋势，在 2012 年、2013 年有所回升，河北在 2013 年之前稳步下降，在 2013 年大幅回升，SO_2 浓度同比增加 76%，超过二级标准 23.33%（见表 3）。

表 3 京津冀大气污染物 SO_2 浓度比较

单位：毫克/立方米，%

年份	北京		天津		河北	
	浓度	超标百分比	浓度	超标百分比	浓度	超标百分比
2008	0.036	-40.00	0.061	1.67	0.054	-10.00
2009	0.034	-43.33	0.056	-6.67	0.046	-23.33
2010	0.032	-46.67	0.054	-10.00	0.046	-23.33
2011	0.028	-53.15	0.042	-29.94	0.042	-30.00
2012	0.029	-51.67	0.048	-20.00	0.042	-30.00
2013	0.026	-56.67	0.059	-1.67	0.074	23.33
平均值	0.031	-48.58	0.053	-11.10	0.051	-15.56

注：计算超标率采用的标准为国家空气质量二级标准。

资料来源：北京市环境保护局：《北京市环境状况公报》，2008～2013 年。

天津市环境保护局：《天津市环境状况公报》，2008～2013 年。

河北省环境保护厅：《河北省环境状况公报》，2008～2013 年。

氮氧化物污染也备受关注。2008～2013 年京津冀氮氧化物平均浓度差异较大，北京最高，其次是天津，河北最低，河北的平均浓度低于二级标准，污染最轻。从变动趋势看，2013 年河北省的氮氧化物浓度陡增近 1 倍，应引起警觉，但其超标率仍低于京津（见表 4）。

表 4 京津冀大气污染物氮氧化物浓度比较

单位：毫克/立方米，%

	北京		天津		河北	
	浓度	超标百分比	浓度	超标百分比	浓度	超标百分比
2008	0.049	22.50	0.041	2.50	0.029	-27.50
2009	0.053	32.50	0.040	0.00	0.028	-30.00
2010	0.057	42.50	0.045	12.50	0.034	-15.00
2011	0.056	40.00	0.038	-4.23	0.028	-30.00
2012	0.052	30.00	0.042	5.00	0.028	-30.00
2013	0.056	40.00	0.054	35.00	0.051	27.50
平均值	0.054	34.51	0.043	8.46	0.033	-17.50

注：计算超标率采用的标准为国家空气质量二级标准。

资料来源：北京市环境保护局：《北京市环境状况公报》，2008～2013 年。

天津市环境保护局：《天津市环境状况公报》，2008～2013 年。

河北省环境保护厅：《河北省环境状况公报》，2008～2013 年。

PM2.5是危害更大的一种细颗粒状大气污染物，主要来源于机动车尾气、燃煤、工业污染等，其在空气中停留时间长、传输距离远，易携带有毒、有害物质危害人体健康。2013年京津冀三地PM2.5浓度分别为89.5微克/立方米、96微克/立方米、108微克/立方米，河北省超标最为严重。

以上结论基于2013年之前的数据得出。从2014年前9个月的最新数据分析，京津冀大气质量总体有所改善。从京津冀13个城市污染物平均浓度看，4项主要大气污染物浓度全部呈下降趋势，SO_2、NO_2、PM10和PM2.5的平均浓度分别为49.8、45.3、153.2和89.1微克/立方米，同比分别下降25.2%、3.5%、10.8%和12%。但京津冀总体污染依然严重，2014年三季度空气质量相对较差的前10位城市分别是济南、唐山、保定、邢台、邯郸、衡水、石家庄、北京、廊坊和天津，京津和河北的城市均位列其中，河北省有7个城市上榜，其中6个城市排在京津之前。

综合分析，从近6年的平均污染物浓度看，京津冀呈递减趋势。从2013年数据分析，河北的污染最为严重（PM10和SO_2超标最高），天津次之（PM10和氮氧化物超标），北京最低（PM10和氮氧化物超标）。这一排序也得到了2014年前三季度污染数据的印证。

（三）京津冀废气排放量比较

1. 京津冀三地废气排放量比较

废气过度排放污染大气，河北省的SO_2、氮氧化物和烟粉尘的排放量远超京津两地，天津的排放高于北京（见表5）。但排放总量不能完全反映排放危害，将表5中三地的三类废气排放分别除以各自的辖区面积，可以得到单位辖区面积废气排放量，即废气排放浓度，浓度越高，排放危害越大。北京SO_2和烟粉尘的排放浓度最低，氮氧化物的排放浓度略高于河北。河北省除烟粉尘排放浓度与天津相当外，SO_2和氮氧化物的排放浓度均远低于天津（见表6）。由此可见，天津减排任务相比河北更为紧迫。当然仅就省域间进行比较不科学，河北省由11个设区市组成，不同城市的排放浓度差别较大，笼统的比较意义不大。表7列示了北京、天津及河北11个设区市的SO_2和氮氧化物的排放浓度。表中数据显示，天津的 SO_2 和氮氧化物的排放浓度只低于唐山，在 13 个地区中排第 2 位，这进一步证明了天津减排任务的紧迫性。同时，唐山、邯郸、石家庄、邢台等河北主要工业城市的减排任务也十分紧迫。

表 5　京津冀三类废气排放量汇总

单位：万吨

年份	北京			天津			河北		
	SO_2	氮氧化物	烟粉尘	SO_2	氮氧化物	烟粉尘	SO_2	氮氧化物	烟粉尘
2013	8. 7	16. 7	5. 9	21. 7	31. 2	8. 7	128	165	131
2012	9. 4	17. 7	6. 7	22. 5	33. 4	8. 4	134	176	124
2011	9. 8	18. 8	6. 6	23. 1	35. 9	7. 6	141	180	132

表 6　2013 年京津冀三类废气排放浓度

单位：吨/平方公里

	辖区面积(万平方公里)	SO_2	氮氧化物	烟粉尘
北　京	1. 64	5. 30	10. 18	3. 60
天　津	1. 19	18. 24	26. 22	7. 31
河　北	18. 88	6. 78	8. 74	6. 94

表 7　2013 年京津冀地区各地市主要大气污染物排放总量及排放浓度

单位：万吨，吨/平方公里

序号	SO_2			氮氧化物		
	地　区	总量	排放浓度	地　区	总量	排放浓度
1	唐　山	29. 2	21. 69	唐　山	35. 4	26. 28
2	天　津	21. 7	18. 24	天　津	31. 2	26. 22
3	邯　郸	20. 0	16. 57	邯　郸	23. 3	19. 33
4	石家庄	18. 6	11. 74	石家庄	27. 3	17. 23
5	秦皇岛	8. 0	10. 29	廊　坊	9. 0	14. 07
6	廊　坊	5. 6	8. 76	秦皇岛	9. 3	11. 85
7	邢　台	10. 6	8. 52	邢　台	12. 9	10. 35
8	北　京	8. 7	5. 30	北　京	16. 7	10. 18
9	保　定	9. 6	4. 31	沧　州	11. 7	8. 74
10	衡　水	3. 8	4. 26	衡　水	4. 6	5. 17
11	沧　州	5. 0	3. 72	保　定	10. 7	4. 82
12	张家口	8. 6	2. 34	张家口	12. 0	3. 26
13	承　德	8. 0	2. 02	承　德	5. 6	1. 42

总体来看，京津冀地区大气污染十分严重，但污染源各不相同。北京机动车尾气排放对大气影响较为明显，天津大气污染的主因是工业排放，河北对大气影响最严重的则是燃煤消耗。

2. 京津冀三地废气跨区域传输分析

张家口和承德两市的辖区面积占河北省总面积的40%，但其两类污染物的排放浓度却是最低的（见表8）。因此，为了更准确地反映河北省污染情况，需要计算除张承地区之外的河北地域的排放浓度，表8列示了京津冀新的排放浓度。

表8　2013年京津冀（除张承地区外）三类废气排放浓度

单位：万平方公里，吨/平方公里

	辖区面积	SO_2	氮氧化物	烟粉尘
北　京	1.64	5.30	10.18	3.60
天　津	1.19	18.24	26.22	7.31
河北（除张承地区）	11.20	12.52	17.08	11.70

将表8中数据进行对比分析可得到表9。利用表2、表3、表4中2013年的数据计算地区间的比值，就得到表10。表9中“3.44”的含义是天津的SO_2排放浓度是北京的3.44倍，其他数据说明同此。通过分析两表数据可确定三地间是否存在污染转移，如果不存在，表9与表10中相同位置的数值应大体相同。如果相差较大，则说明某地的某种污染物排放不仅污染本地大气，还进行了转移，污染了其他地区。

表9　2013年地区间三类废气排放浓度比

	SO_2	氮氧化物	烟粉尘
天津/北京	3.44	2.58	2.03
天津/河北	1.46	1.54	0.62
河北/北京	2.36	1.68	3.25

表 10　2013 年地区间三类废气浓度比

	SO_2	氮氧化物	烟粉尘
天津/北京	2.27	0.96	1.39
天津/河北	0.80	1.06	0.79
河北/北京	2.85	0.91	1.76

（1）从两表第一列 SO_2 的数值比较发现，天津/河北和河北/北京的同位数值相差不大，说明津冀和京冀之间 SO_2 转移不明显。两表中天津/北京的同位数值差距较大，且表 9 中数值明显大于表 10 中数值，说明天津的 SO_2 向北京市转移较多。

（2）从两表第二列氮氧化物的数值看，天津/河北的同位数值相差不大，说明氮氧化物在两地间转移不明显。表 9 中天津/北京的数值大于表 10 中数值，说明天津的氮氧化物向北京转移较多。河北/北京在表 9 中的数值大于表 10，说明北京的氮氧化物污染部分来自河北的转移。

（3）从两表第三列烟粉尘的数值看，天津/北京和天津/河北的数值在两表中相差不多，可见京津之间及津冀之间的烟粉尘转移较少。同时，河北/北京在表 9 中的数值大于表 10 中数值，说明河北省向北京转移了较多的烟粉尘。烟粉尘是 PM10 污染的主要载体。可见北京的 PM10 污染主要来自河北省的转移。

另据北京环保局发布的《北京市 PM2.5 来源解析》，北京市全年 PM2.5 来源中区域传输占 28% ~36%，本地污染排放占 64% ~72%。在本地污染中，机动车、燃煤、工业生产、扬尘为 PM2.5 的主要来源，分别占 31.1%、22.4%、18.1%和 14.3%，餐饮、汽车修理、畜禽养殖、建筑涂装等其他排放约占 14.1%。

上述数据的简单对比可大体勾勒出三地废气跨区域传输结果。总的来看，河北省向北京转移了较多的烟粉尘，天津向北京转移了较多的氮氧化物和 SO_2。

（四）大气污染物消解能力分析

目前，消解大气污染物可通过两种方式进行：一是减少增量排放，如缩减重工业产能、为企业生产装备安装净化设备、提高汽车燃料的等级、控制汽车排气量标准、减少施工现场的粉尘、升级改造燃煤锅炉、降低火电比例、提高新能源比重、严禁秸秆焚烧等；二是存量污染物吸收，即将历史累积的污染物进行自然和人工吸收。我国尚无有效吸收大气污染物的人工技术，目前只能依靠森林的自然条件吸收污染物。

首先比较存量吸收能力。表11和表12分别列示了京津冀森林对SO_2和氮氧化物的吸收量，对比两表数据发现，森林对SO_2的吸收量及占当年产生量的比例远高于氮氧化物，说明森林对SO_2的吸收能力较强。另外，三地两种污染物的吸收量占产生量的比例均低于100%，说明每年大气污染物未被完全吸纳，直接排入大气。表11数据显示，河北森林对SO_2的吸收量最高，北京次之，天津最低。但从吸收量占污染物产生量的比例分析，北京高于河北，天津最低且只有5%左右。污染难以消解的主要原因之一是绿化覆盖率不足。表13显示，天津的城市绿化覆盖率、森林覆盖率低于河北，河北又低于北京。进一步分析表13还发现，天津的林地面积占比和林业投资占比远低于河北，河北又低于北京。可见，土地和资金的投入不足是污染物吸收率偏低的又一主要原因。

表11　京津冀森林对SO_2的吸收能力

单位：吨，%

年份	北京		天津		河北	
	吸收量	占当年产生量比例	吸收量	占当年产生量比例	吸收量	占当年产生量比例
2004	48007	—	11850	—	416743	—
2005	48007	—	11850	—	416743	—
2006	48007	—	11850	—	416743	—
2007	48007	—	11850	—	416743	—
2008	48007	39.03	11850	4.94	416743	30.87
2009	65966	55.43	11812	4.98	530171	42.41
2010	65966	57.36	11812	5.03	530171	43.10
2011	65966	67.31	11812	5.11	530171	37.60
2012	65966	70.18	11812	5.25	530171	39.57
2013	74533	85.67	14144	6.52	556785	43.50

注：森林对SO_2的吸收量 = 森林面积×吸收率。

表 12　京津冀森林对氮氧化物的吸收能力

单位：吨，%

年份	北京		天津		河北	
	吸收量	占当年产生量比例	吸收量	占当年产生量比例	吸收量	占当年产生量比例
2004	2273	—	561	—	19730	—
2005	2273	—	561	—	19730	—
2006	2273	—	561	—	19730	—
2007	2273	—	561	—	19730	—
2008	2273	—	561	—	19730	—
2009	3123	—	559	—	25100	—
2010	3123	—	559	—	25100	—
2011	3123	1.66	559	0.16	25100	1.39
2012	3123	1.76	559	0.17	25100	1.43
2013	3529	2.11	670	0.21	26360	1.60

注：森林对氮氧化物的吸收量 = 森林面积×吸收率。

这里需要强调的是，河北省森林的一半分布在张家口和承德地区，两地区的森林在消解自身大气污染物以及防风固沙的同时也是京津的生态屏障，为改善京津两地的生态环境做出了巨大贡献。

表 13 的最右一列比较了三地的治理废气投资比例，结果显示，天津的比例最大，河北次之，北京最小。可见与京冀主要进行存量消解不同，天津主要通过增量压减消除大气污染。

表 13　2013 年绿化比例及 2008 ~ 2013 年大气治理年均投资比例

单位：%

	城市绿化覆盖率	森林覆盖率	林地面积占辖区面积比	林业投资比例	治理废气投资比例
北京	46.80	35.84	60.51	1.59	0.06
天津	38.00	8.20	2.87	0.08	0.12
河北	41.20	23.41	37.30	0.29	0.10

注：投资比例为相应投资额与当年固定资产投资的比例。

资料来源：国家统计局：《中国统计年鉴》，2009 ~ 2014 年。

综合分析，京津冀的大气污染物排放量大于自然消解量，这是大气污染越发严重的根本原因。分别从三地各自的治污方式看，河北和北京的森林覆盖率高，污染物的存量消解能力强，天津的森林覆盖率低，但治理废气投资比例高，增量消解能力强。

三　京津冀水环境质量评价

（一）京津冀水环境承载力综合评价

参照表1中水环境承载力指标体系，计算出京津冀的水环境承载力指标值并代入评价模型中，可得到三地水环境承载力指数的时间序列（见图3）。图3显示，京津冀三地水环境承载力指数均大于1，水环境承载力均较强。对三地进行比较分析，北京的水环境承载力最强，河北和天津的承载力指数线交织在一起，两地水环境承载力基本处于同一水平。下面分水源类型详细对比京津冀的水环境质量。

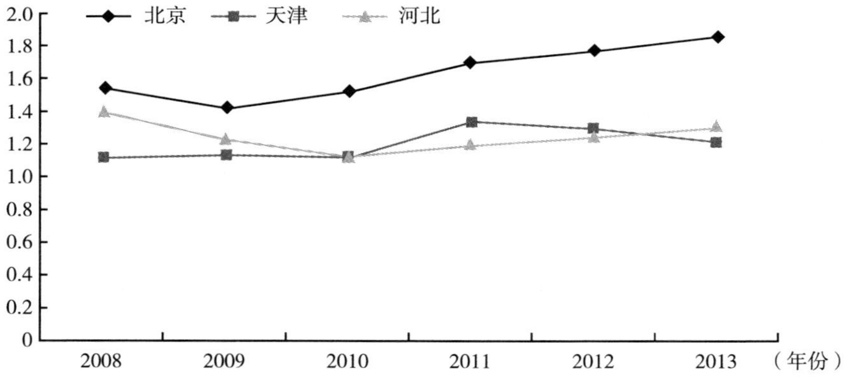

图3　京津冀三地水环境承载力指数的时间序列

（二）京津冀三地河流水质比较

河流是自然景观的关键部分，又是生产和生活的主要水源，河流水质影响着社会和生活的方方面面。由表 14 可看出，京津冀三地Ⅲ级水质以上的河长比远低于全国平均水平，Ⅲ级以下水质河长比远高于全国平均水平，三地河流污染严重。此外，三地间河流水质也存在一定差异。2013 年京冀两地的 II、III 类水质河长占比较高，均接近 50%，而天津的占比仅为 12.3%；从劣 V 级占比看，河北最低，北京次之，天津最高。可见，天津市河流污染最严重，京冀河流污染相对较轻。这主要是因为京津冀三地呈嵌套结构，三地境内的永定河、滦河及冀东沿海诸河、大清河、漳卫南运河、子牙河、黑河港运东、北三河水系七大水系均属海河流域，均流经京冀，最终由天津市汇入渤海，天津市河流水质差是三地污染流动累计所致。

京津湖泊面积小，河北省的白洋淀面积较大，其水质可代表京津冀湖泊水质的整体状况。2013 年，我国 31 个大型淡水湖泊中，白洋淀在六大重度污染湖泊中位列第二。京津冀湖泊水质污染情况不容乐观。

表 14　京津冀河流各类水质河长占总评价河长的比例

单位：%

年份	北京			天津			河北			全国	
	II、III	IV、V	劣 V	II、III	IV、V	劣 V	II、III	IV、V	劣 V	I、II、III	其他
2013	49.80	6.10	44.10	12.30	25.10	57.50	48.57	21.43	30.00	71.70	28.30
2012	53.60	4.30	42.10	50.00	30.00	20.00	48.50	22.30	29.20	67.00	33.00
2011	55.10	1.30	43.60	—	—	—	45.20	27.80	27.00	64.20	35.80

资料来源：北京市环境保护局：《北京市环境状况公报》，2011～2013 年。
天津市环境保护局：《天津市环境状况公报》，2011～2013 年。
河北省环境保护厅：《河北省环境状况公报》，2011～2013 年。

（三）京津冀地下水水质分析

京津冀地区地下水水质同样令人担忧。华北平原局部地区地下水存在重金属超标现象，主要污染物为汞、铬、镉、铅等，主要分布在天津市，河北省石家庄、唐山以及山东省德州等城市周边及工矿企业周围；局部地区地下水有机物污染较严重，主要污染物为苯、四氯化碳、三氯乙烯等，主要分布在北京市南部郊区，河北省石家庄、邢台、邯郸城市周边，山东省济南地区—德州东部，河南省豫北平原等地区（见图4）。

图4　河北省及周边地区地下水污染状况

资料来源：《四部委：2015 年初步遏制华北地下水水质恶化》，http：//news. xinhuanet. com/fortune/2013 -05/02/c_ 115604342. htm，2013 年5 月2 日。

2014 年4 月17 日，环保部和国土资源部公布的全国土壤污染调查报告显示，南方土壤污染重于北方；长江三角洲、珠江三角洲、东北老工业基地等部分区域的土壤污染问题较为突出。华北地区不是土壤污染重灾区，因此本报告略去土壤污染分析。

综合分析，京津冀总体水环境较差，水污染严重。由于京津冀地理结构和地质结构互联以及企业排污行为较为复杂，很难准确比较三地间的水质差异。三地间水污染的责任可以通过三地废水排放数据进行划分。

（四）京津冀废水和废弃固体物排放状况

废水的过度排放是地表水污染的主因，另外过量施用化肥和农药、工业固体废物及生活垃圾的贮存和掩埋会污染土壤，土壤中的污染物会随着雨水流入河流和湖泊，从而污染地表水，废水、受污染的地表水会向地下渗漏，进而污染地下水。这样分析，水污染源和土壤污染源大体相同，水环境评价结论同时适用于土壤环境。

1. 京津冀废水污染物排放量比较

对比表15和表16数据发现，化学需氧量是京津冀三地废水污染物的主体。根据表15和表16中的总量数据，河北的废水污染物排放总量最大。从增速比较，2004~2013年10年间，随着经济的增长，京津冀三地废水中的化学需氧量和氨氮排放量都出现了大幅增长，直接导致了水污染。但三地表现不同，河北两类污染物排放量的增速最高，天津次之，北京最低，这也体现了三地产业结构的差异，同时说明河北省是节能减排的重点。减排压力巨大不能抹杀三地的减排成绩，三地在10年间单位GDP污染物排放量都大幅下滑，但下降速度不同，天津下降幅度最大，北京次之，河北最低，说明京津的产业结构、净化技术和环境监管水平优于河北。令人担忧的是，尽管做出了减排努力，河北省2013年的单位GDP污染物排放量仍然远高于北京和天津。河北省面临严峻的产业转型和减排压力。

表15　京津冀三地废水中化学需氧量排放量对比

年份	化学需氧量排放量（万吨）			单位GDP化学需氧量排放量（千克/万元）		
	北京	天津	河北	北京	天津	河北
2004	12.98	13.70	65.81	2.15	4.40	7.76
2005	11.60	14.60	66.10	1.66	3.74	6.60
2006	11.00	14.30	68.80	1.36	3.20	6.00
2007	10.60	13.70	66.70	1.08	2.61	4.90
2008	10.10	13.30	60.50	0.91	1.98	3.78
2009	9.90	13.30	57.00	0.81	1.77	3.31
2010	9.20	13.20	54.60	0.65	1.43	2.68
2011	19.32	23.58	138.88	1.19	2.09	5.66
2012	18.65	22.94	134.91	1.04	1.78	5.08
2013	17.85	22.15	130.99	0.92	1.54	4.63
2004~2013年增长率(%)	37.52	61.68	99.04	-57.21	-65.00	-40.34

资料来源：国家统计局：《中国统计年鉴》，2005~2014年。

表 16　京津冀三地废水中氨氮排放量对比

年份	氨氮排放量（万吨）			单位 GDP 氨氮排放量（千克/万元）		
	北京	天津	河北	北京	天津	河北
2004	1.71	1.54	6.28	0.28	0.50	0.74
2005	1.37	1.94	6.89	0.20	0.50	0.69
2006	1.31	1.50	6.78	0.16	0.34	0.59
2007	1.24	1.49	6.05	0.13	0.28	0.44
2008	1.19	1.43	5.58	0.11	0.21	0.35
2009	1.30	1.20	5.51	0.11	0.16	0.32
2010	1.21	1.98	5.46	0.09	0.21	0.27
2011	2.13	2.64	11.43	0.13	0.23	0.47
2012	2.05	2.54	11.07	0.11	0.20	0.42
2013	1.97	2.47	10.71	0.10	0.17	0.38
2004～2013 年增长率(%)	15.20	60.39	70.54	-64.29	-66.00	-48.65

资料来源：国家统计局：《中国统计年鉴》，2005～2014 年。

2. 京津冀固体废物排放量比较

（1）工业固体废物

河北省的一般工业固体废物产生量分别是京津的 40 倍和 25 倍左右，综合利用率却大幅低于京津（见表 17），说明河北省对工业固体废物的掩埋和贮存量较大，严重危及水和土壤环境。从时间序列看，三地都在加大减排力度，2013 年的固体废物产生量均有下降，但河北的减排效果较差，其固体废物综合利用率没有明显上升。反观京津，北京的综合利用率连续上升，至 2013 年已接近 90% 的水平，天津的综合利用率则一直稳定在 99% 以上，在京津冀三地中工业减排效果最为明显。

表 17　京津冀三地一般工业固体废物处理情况

单位：万吨，%

年份	一般工业固体废物产生量			一般工业固体废物综合利用率		
	北京	天津	河北	北京	天津	河北
2011	1125.60	1752.22	45128.51	66.52	99.79	41.71
2012	1104.05	1820.01	45575.83	78.96	99.81	38.09
2013	1044.12	1592.11	43288.78	86.62	99.39	42.40

资料来源：国家统计局：《中国统计年鉴》，2012～2014 年。

（2）生活垃圾

虽然河北省各年的垃圾产生量大于京津，但除2013年有小幅上升外，在其他年份呈逐年下降趋势（见表18）。北京的垃圾产生量略低于河北，但考虑到河北的常住人口多于北京，北京的人均垃圾产生量要远高于河北，而且目前对生活垃圾的处置方式大都不太安全，因此北京的生活垃圾成为京津冀地区的潜在污染源。天津的垃圾产生量最低，但存在上升趋势，对环境的威胁不可小视。

表18　京津冀三地生活垃圾产生量

单位：万吨

年份	2005	2006	2007	2008	2009	2010	2011	2012	2013
北京	454.6	538.2	600.9	656.6	656.1	633.0	634.4	648.3	671.7
天津	144.8	155.2	165.0	173.8	188.4	183.7	189.9	185.8	200.0
河北	1110.0	1073.5	1060.6	990.5	983.1	858.6	856.1	835.6	839.7

注：河北省生活垃圾产生量=城市生活垃圾清运量+农村垃圾产生量。

资料来源：国家统计局：《中国统计年鉴》，2006～2014年。

（3）农用化肥用量

农业生产过程中使用化肥确实可明显提高单产，但过量使用会造成土壤污染，并最终污染河流和地下水。表19表明，京津冀三地的单位有效灌溉面积农用化肥使用量较高，均在60%以上且在近两年有上升趋势，对水土环境形成严重威胁。由于北京的农业种植面积只是河北的2%，化肥对水土的影响可忽略不计。津、冀的产业结构较为接近，农业均占有一定比重，不

表19　京津冀单位有效灌溉面积农用化肥使用量

单位：吨/公顷

年份	2005	2006	2007	2008	2009	2010	2011	2012	2013
北京	0.82	0.82	0.81	0.56	0.63	0.65	0.66	0.66	0.84
天津	0.66	0.70	0.74	0.74	0.75	0.74	0.72	0.73	0.79
河北	0.67	0.67	0.68	0.69	0.69	0.71	0.71	0.72	0.76

注：单位有效灌溉面积农用化肥使用量=农用化肥施用折纯量/有效灌溉面积。

资料来源：国家统计局：《中国统计年鉴》，2006～2014年。

过天津的单位有效灌溉面积农用化肥使用量在2006年以后一直高于河北，与河北相比，天津更需要提高种植技术水平，遏制过度依赖化肥的趋势，以减轻水土污染。

（五）废水消解能力分析

目前城市的污水处理厂通过各类生化反应可以吸纳回收废水中的大部分无机和有机污染物，净化废水。表20列示了京津冀三地的污水日处理能力，表21列示了三地污水处理厂在满负荷工作条件下所能处理的最大污水量，同时进一步计算并列示了最大污水处理量与废水产生量的比值（处理占比）。由表21可见，三地的处理占比均低于100%，说明每年均有未经处理的污水排放。对三地间处理占比进行比较，天津最高，最近几年都达80%左右，北京次之，河北最低，不足50%。如果比较一下污水处理能力的时间序列，我们就会发现，京津两地除北京在2007年出现小幅下滑外，在其他年份均呈稳步增长趋势，河北早期也稳步增长，但近三年出现下降趋势，污水处理能力渐显不足。此趋势与表22所示的废水治理投资占比不太相符。表22显示，河北省的废水治理投资在京津冀三地中额度最大，且废水投资占比仅次于天津且远高于北京，污水处理能力与废水治理投资占比的反向趋势说明河北省的废水治理投资效率不高。

根据表21中处理占比时间序列，津、冀两地均出现了先增后减的趋势，反映了废水产生的速度正在超出污水处理能力提高的速度。三地政府在增加废水治理投资的同时应更关注废水治理技术的升级。

表20　京津冀三地城市污水日处理能力

单位：万立方米

年份	2004	2005	2006	2007	2008	2009	2010	2011	2012	2013
北京	272.3	334.6	383.2	353.4	370.4	376.7	376.9	381.6	400.5	401.0
天津	93.2	157.8	189.6	192.7	212.5	212.6	224.2	232.2	257.2	261.6
河北	278.5	313.0	378.4	395.8	424.1	467.7	501.6	526.8	522.8	516.8

资料来源：国家统计局：《中国统计年鉴》，2005～2014年。

表 21　京津冀污水处理能力与处理占比

单位：万吨，%

年份	北京			天津			河北		
	废水产生量	污水处理能力	处理占比	废水产生量	污水处理能力	处理占比	废水产生量	污水处理能力	处理占比
2013	144580	100250	69	84210	65400	78	310921	129200	42
2012	140274	100125	71	82813	64300	78	305774	130700	43
2011	145469	95400	66	67147	58050	86	278551	131700	47
2010	136415	94225	69	68196	56050	82	262543	125400	48
2009	140813	94175	67	59647	53150	89	244989	116925	48
2008	113259	92600	82	61229	53125	87	234697	106025	45
2007	107817	88350	82	56928	48175	85	222914	98950	44
2006	104922	95800	91	58834	47400	81	213672	94600	44
2005	101009	83650	83	60361	39450	65	208524	78250	38
2004	98063	68075	69	48671	23300	48	206736	69625	34

注：①城市污水处理能力 = 日处理能力 ×250 天（即假定一年 250 个工作日，污水处理厂满负荷工作）。

②污水处理能力的单位为万立方米，这里按照水密度换算，为万吨。

表 22　2008～2013 年废水治理投资额及其占比年均值

单位：万元，%

地区	废水治理投资额	废水治理投资占比
北京	4684	0. 01
天津	29336	0. 06
河北	56684	0. 04

注：废水治理投资占比是废水治理投资占当年全社会固定资产投资的比重。

资料来源：国家统计局：《中国统计年鉴》，2009～2014 年。

比较一下表 22 中废水治理投资数据和表 13 中废气治理投资数据后发现，三地更为重视对后者的治理（三地废气治理投资占比均高于废水治理投资占比），这主要是因为大气污染比水环境污染更易于观察，更受社会和政府的关注。三地政府和民众对环境治理的重视程度同样存在差异，由表

23可以看出，三地中河北省政府财政支出中的节能环保支出占比最高，北京次之，天津最低。由于环境治理投资主要由政府承担，河北省较高的占比数据说明政府对环境治理最为重视，同时也说明河北省面对的来自中央的行政压力和民众的舆论压力也是最大的。如果进一步将表23中的占比数据与上文进行综合分析，我们会发现，尽管河北省节能环保支出占比已达3.77%（该数据在全国31个省区市中排第三位），但是河北省的大气和水环境污染依然严重，进一步进行环境治理所需投资可能会超出河北省财政和经济的承受范围。

表23　2008～2013年京津冀节能环保支出及其占财政支出比重年均值

单位：亿元，%

	节能环保支出额	节能环保支出占比
北京	75.17	2.61
天津	25.22	1.65
河北	106.40	3.77

注：节能环保支出占比为财政支出中节能环保投资的比重。

资料来源：国家统计局：《中国统计年鉴》，2009～2014年。

此外，城市绿化、地区的森林和湿地也对水源的保持、涵养和净化有突出的作用。京津冀的森林和湿地等生态屏障主要集中在河北省的张承地区，它们在保护自身生态环境的同时，也为京津两地的水源净化做出了巨大贡献。

综合分析，京津冀河流、地下水和湖泊水质恶化严重，其中河流污染更为明显。由于三地水系均流经京冀，由天津入海，河流污染多是三地共同排污所致，污染治理需要三方联防联控才能事半功倍。总体来看，北京各项排放指标最好；从源头上讲，北京市的城市垃圾是主要污染源，河北省的废水和工业固体排放是主要污染源，天津的农用化肥用量大，是主要污染源；从污水处理效率角度分析，河北最低，北京次之，天津最高；对森林吸污能力进行比较，河北最高，天津最低，北京居中。

四　京津冀生态环境共享共建思路和重点

京津冀经济增长速度快，产业结构不合理，大气和水污染物产生量大，污染物的自然消解能力低，废水和废气治理投资不足，大气环境和水环境污染十分严重，已危及当地居民的身体健康和生活质量。另外，北京作为首都，不但承担着经济发展功能，而且还是我国的政治、文化和国际交往中心，长期的雾霾锁城有损我国的国际形象。疏解首都功能，实现绿色转型，成为京津冀发展的核心目标。

（一）京津冀环境治理协作进展

在2011年3月举行的十一届全国人大四次会议上，“打造首都经济圈”被明确写入国家“十二五”规划纲要，首都经济圈的规划和编制工作随之被提上议事日程，从此环首都经济圈的地域范围和功能规划成为学术界和决策者争论的热点，京津冀环境治理的总体方向逐渐明确。京津冀地区呈地理嵌套结构，山水相连、大气一体。环境治理联防联控、形成治污合力才是污染问题的根本解决之道。

2008年北京奥运会期间，环境保护部和北京、天津、河北、山西、内蒙古、山东6省区市成立了奥运空气质量保障工作协调小组，共同制定了奥运会空气质量保障措施。这是京津冀环境治理协作的开始。

2013年9月，为落实国务院同月公布的《大气污染防治行动计划》，环境保护部、发展改革委、工业和信息化部、财政部、住房和城乡建设部及能源局联合向北京市、天津市、河北省、山西省、内蒙古自治区、山东省下发《京津冀及周边地区落实大气污染防治行动计划实施细则》，制定了6省区市大气污染防治的短期目标和主要任务。具体规定：到2017年底，北京市调整退出高污染企业1200家；天津市钢铁产能、水泥（熟料）产能、燃煤机组装机容量分别控制在2000万吨、500万吨、1400万千瓦以内；河北省钢铁产能压缩淘汰6000万吨以上，全部淘汰10万千瓦以下非热电联产燃煤机组，启动淘汰 20 万千瓦以下的非热电联产燃煤机组，“十二五”期间淘汰水泥（熟料及磨机）落后产能6100 万吨以上，淘汰平板玻璃产能3600 万重量箱。

2013 年 10 月，京津冀及周边地区大气污染防治协作小组成立，建立了“责任共担、信息共享、协商统筹、联防联控”的工作原则，确定了重污染应急、监测预警、信息共享等工作制度。这意味着以京津冀环境治理为核心的政府协商平台和协作机制正式成立，大大推进了京津冀环境治理工作。

2014 年 2 月 26 日，习近平主持召开座谈会听取了京津冀协同发展工作汇报，会上就推进京津冀协同发展提出 7 点要求，其中重要一条是：着力扩大环境容量生态空间，加强生态环境保护合作。该项要求是京津冀环境治理的顶层设计，明确了京津冀环境的长期工作思路和指导思想。

2014 年 6 月，京津冀及周边地区大气污染防治协作小组办公室印发《京津冀及周边地区大气污染联防联控 2014 年重点工作》，提出成立区域大气污染防治专家委员会，加强联动，同步应对解决区域共性问题。各方还将制定公共政策，促进区域空气质量改善。研究新的排污收费标准，推进企业自觉治污，在京津冀地区率先实施国家大气污染物特别排放限值。启动区域空气质量达标规划编制，明确大气环境承载能力红线。同时，力争在 2015 年实现京津冀全面供应符合国五标准的汽、柴油。

根据安排，京津冀将统一行动，共同治理区域重点污染源。优先共同控制重点行业氮氧化物和挥发性有机物的排放，实施区域内燃煤电厂、水泥厂及大型燃煤锅炉脱硝治理工程，治理区域内原煤散烧面源污染，推进区域内重点石化企业挥发性有机物综合治理。加大区域内黄标车和老旧机动车淘汰，推广新能源车，并优先在公交、配送、环卫、出租等公共领域应用，加强城市步行和自行车交通系统建设。各方将加强联动，同步应对和解决区域共性问题。共享区域空气质量监测、污染源排放、气象数据、治理技术成果、管理经验等信息，搭建空气质量预报预警平台，会同气象部门建立区域空气重污染预警会商机制，针对区域空气重污染的情况，共同启动应急联动机制。共同开展区域内大范围的联动执法、同步执法行动，对违法行为形成区域性的高压打击态势。

2014 年 7 月，京津冀及周边地区大气污染防治协作小组召开会议，听取了 6 省区市 2014 年 APEC 会议空气质量保障方案制订情况，审议通过了《京津冀及周边地区大气污染防治专家委员会成员名单》，通报了《京津冀及周边地区大气污染联防联控工作进展及下一步工作建议》，明确了“加快建设区域信息共享平台、尽快完善区域重污染预警会商和应急联动机制、启动区域空气质量达标规划编制、加大区域机动车污染防治力度和加快制定促进区域空气质量改善有关政策”等工作建议。

2014 年 7 月 31 日，北京与河北两地政府正式签署 7 项协议，《共同加快张承地区生态环境建设协议》是重要内容。

2014 年 8 月 6 日，为落实习近平总书记 2 月 26 日讲话，京津政府在北京签署了 6 项区域合作协议及备忘录，其中重要一项是《关于进一步加强环境保护合作的协议》。

2014 年 8 月 26 日，天津市与河北省签订 5 项协议，《加强生态环境建设合作框架协议》是其中重要一项。

2014 年 9 月，京津冀及周边地区大气污染防治专家委员会正式成立，专家委员会由成因与转化规律、遥感与大气监测、污染防治技术、能源与环境经济等研究方向的专家共 30 人组成。其主要任务是：确定区域大气污染防治研究方向；指导编制区域大气污染防治规划；组织开展区域大气污染成因溯源、传输转化、来源解析等基础性研究；筛选推荐先进适用的、工程化的大气污染治理技术；提出大气污染治理的指导性建议等，为区域大气污染治理提供科技支撑。

2014 年 9 月，水利部组织有关司局和单位，在专题调研基础上，结合已有工作成果，编制完成了《京津冀协同发展水利专项规划》，提出了 2020 年、2030 年京津冀水利建设目标与控制性指标，制定了节约用水与水资源配置、水资源保护与水生态修复、防洪排涝减灾体系建设、水利管理体制改革与机制创新等方面的建设任务。

2014 年 10 月 11 日，北京市环保局组织召开京津冀水污染突发事件联防联控机制第一次联席会议，三省（市）环保部门主管领导共同签署了《京津冀水污染突发事件联防联控机制合作协议》，并对2015年联防联控工作方案进行了讨论。环保部应急中心、北京市应急办、京津冀三省市部分地市级环保局的相关领导列席参加。会议明确，按照“五个第一时间”（第一时间报告、第一时间赶赴现场、第一时间开展监测、第一时间向社会发布信息、第一时间组织开展调查）要求，做到应急指挥一盘棋，应急监测一张图，应急物资一体化，稳定社会一条心；畅通信息联络，强化资源共享，完善规章制度，及时通报有关情况；强化地市间、区县间基层环保部门联系沟通，同时，研究制订2015年联防联控工作计划，将京津冀联防联控机制逐步落到实处。

2014年10月24日，中共中央政治局常委、国务院副总理张高丽出席在北京召开的京津冀及周边地区大气污染防治协作小组第三次会议，强调APEC期间空气质量保障和今冬明春区域大气污染防治工作。

2014年11月初，针对北京在APEC会议期间可能出现空气重污染的情况，京津冀及周边地区大气污染防治协作小组启动APEC会议空气质量保障应急减排措施，研究决定，北京、天津、河北、山东4省市分区域、分时段组织实施应急减排措施：一是自11月3日起，北京市及河北省的廊坊、保定、石家庄、邢台、邯郸等太行山一线城市实施最高一级重污染应急减排措施；二是自11月6日起，除上述城市继续采取应急减排措施外，天津市、河北省的唐山、衡水、沧州，以及山东省的济南、淄博、东营、德州、聊城、滨州，实施最高一级空气重污染应急减排措施，特别应严格控制高架源，确保达标排放，并尽可能采取限、停产措施。环境保护部派出16个督查组检查各地空气质量保障措施落实情况。

河北省通过实施《应急减排措施》，空气质量大幅好转，有力保障了APEC的顺利举行。2014年11月1～11日，全省PM2.5、PM10、二氧化硫、二氧化氮平均浓度与去年同期相比分别下降31.1%、31.8%、38.3%和20.6%，环首都4市（张家口、承德、廊坊、保定）PM2.5、PM10、二氧化硫、二氧化氮平均浓度同比分别下降37.6%、41.6%、35.9%和24.5%。全省优良天数平均为6天，比去年同期增加3天。

（二）京津冀环境治理协作思路和重点

1. 当前京津冀环境协作特点

面对全国性特别是首都出现的严重环境污染，中央政府制定了目标明确、措施具体、管理严格的环境治理规划，并建立了国家级环境治理协调机构，对以首都为核心的6省市的环保政策进行统筹协调，对6省市的环保行动进行统一指挥，快速推进了6省市政府的环境治理协作，环首都区域的生态环境开始改善。这一环境协作模式既有自身优点，又有改进和提高的空间。

（1）该模式完全依赖计划指标管理和行政命令推动，具有执行快、见效快的优点，特别是对于落实临时性、短期性的污染防治措施行之有效。但该模式执行时主要采取中央对地方政府下达行政命令、地方政府对企业实施强制性减排甚至关停的措施，没有充分考虑各级地方政府和基层企业的自身利益，没有发挥其自觉、自愿的环保意识和创造力。京津冀三地处于不同的经济发展阶段，产业结构差异大，经济发展模式各异，具有不同的环境治理愿望和能力，统一三地的环境治理标准和治理步骤难度较大、难以持续。此外，强制关停导致企业无暇顾及环保技术应用，不利于环保技术的研发和推广，不利于形成环境协作的长效机制。

（2）该模式的行政色彩过于浓厚，市场力量调动不足。环境是一种公共产品，优美的环境也是一种商品，市场机制的调节效率最高。该模式过多地强调了各级政府的环保责任，没有充分考虑其治污的损失补偿和利益回报。就京津冀区域来讲，在落实2013年9月出台的《京津冀及周边地区落实大气污染防治行动计划实施细则》后，河北省2014年前三季度GDP增速由上年同期的8.5%滑至6.2%，增速列全国倒数第4位，而天津市同期的增速依然保持在10%的高位，高居全国第4位，北京市2014年前三季度的GDP增速保持在7.3%，只比上年同期下滑0.4个百分点。河北省在改善自身环境的同时，也减少了污染的区域传输，为区域环境改善做出了贡献，但却没有按照市场的价格机制获得应有的补偿，这最终会导致其治污财力难以得到充分保障，从而降低了协作的长期效果。

（3）该模式过于侧重大气污染防治，忽视了水污染防治。该模式涉及的国家级协作机构和各类计划及措施主要是针对大气污染的，很少涉及水污染的协作管理。大气污染的全民直观性强、社会反响强烈、对身体危害大，而水污染的载体，如河流、湖泊、湿地等均集中在人口稀少的偏远地区，全民难以有直观感受，因此社会反响低。但水污染会对自然景观和人们的身体健康带来更大的潜在危害，其协作治理更应受到重视。同时，京津冀水系相连，水污染呈现跨区域的完全传输，而大气污染只是部分传输，因此水污染的跨区域协作更为必要。

2. 京津冀环境协作思路的改进和调整

上述行政化环境协作模式应逐步缩小行政管理权限，逐步向市场化方向调整。

（1）建立独立的京津冀生态环境协调机构，统筹京津冀环境污染工作。

以京津冀水污染突发事件联防联控机制为基础，在京津冀及周边地区大气污染防治协作小组的领导下，建立京津冀生态环境协调机构，统筹大气、水环境、海域等领域的环境治理工作。其主要职责为组织环保领域的专家专题研究京津冀大气污染物的形成和传输机制、水污染物的成分分析和消解方法；根据国家制定的京津冀区域发展规划，细化京津冀各市县功能定位，依据污染物来源的科学解析意见，优化产业空间布局，指导京津冀产业迁移规划，整体降低京津冀污染物的危害，降低治理成本；统一京津冀能源利用和各类污染物排放标准，统一各类产生面源污染工作的技术规程；协调机构负责制定京津冀区域环境污染防治制度，确立统一的环境准入和退出机制；完善京津冀区域大气、水、海域、湿地等生态载体的污染物监测网络，推进环境信息的共享制度，形成跨区域环境突发事件的应急响应机制；由协调机构统一指挥三地的跨区域交叉执法、环评协商工作；搭建区域性循环经济技术、市场、产品服务平台。

（2）引入市场机制，加快社会资本进入京津冀环保领域。

拓展环境效益补偿思想，树立环境商品化观念，建立环保投资的利润保障机制，按照“谁受益、谁购买，谁污染、谁付费”的原则，科学评估植树造林、湿地维护、城市绿化、土壤修复、水污染清除等环保活动的生态价值、经济价值，明确受益主体及其利益配比。通过公平、公正的环保项目拍卖机制构建京津冀区域内大气环境容量交易机制、水环境容量交易机制、土壤环境容量及湿地生态容量交易机制，特别是加快在京津两市与河北张承地区之间建立横向生态容量交易机制，加快民营资本进入京津冀生态修复领域。

开展排污权交易试点，整合建立京津冀地区统一的排污权交易平台，开展跨区域二氧化硫、氮氧化物、挥发性有机化合物、颗粒物以及水质等排污权交易，建立水资源使用权转让制度，实现三省市整体减排。在城镇污水垃圾处理和工业园区污染集中治理等领域开展环境污染第三方治理试点。

（3）积极引导公众参与环境监管。

一是引导公共依法参与环境保护，新《环境保护法》第 57 条第 1 款规定“公民、法人和其他组织发现任何单位和个人有污染环境和破坏生态行为的，有权向环境保护主管部门或者其他负有环境保护监督管理职责的部门举报”。环保部门应进一步加大环境信息公开力度，定期公布各类环境信息，保障公众的环境知情权、参与权和监督权。及时公开涉及民生、社会关注度高的环境质量监测、建设项目环评审批、企业污染物排放等信息，主动向社会通报环境状况、重要政策措施和突发环境事件。健全举报制度，鼓励公众举报生态环境问题，加大受理和督办落实的力度。构建全民参与的社会行动体系，积极开展环境保护宣传教育，普及大气污染防治科学知识，倡导绿色、健康、文明的生活方式。

二是逐步建立并完善环境行政公益诉讼制度。环境行政公益诉讼是指当行政主体的违法行为或不行为对公共环境利益造成侵害时，法律容许无直接利害关系人（包括环境集团、社会民众以及特定机关）为了维护公共环境利益，保护公民合法的环境权益，而向法院提起行政诉讼的制度。随着新《环境保护法》的颁布实施，环境行政公益诉讼制度在社会公共环境权益遭受侵害时显得尤为重要。因此，要不断推进实施环境行政公益诉讼制度，探索放宽起诉人的起诉资格，逐步扩大环境行政公益诉讼的受案范围，实行举证责任倒置，不断完善环境损耗赔偿制度，从根本上调动广大人民群众利用法律手段保障自身合法环境权益的积极性，实现全社会对生态环境监管情况的监督。

参考文献

[1] 王树强、张贵：《基于秩和比的京津冀综合承载力比较研究》，《地域研究与开发》2014 年第 4 期。

[2] 石刚：《我国主体功能区的划分与评价——基于承载力视角》，《城市发展研究》2010 年第 3 期。

[3] 郭怀成、唐剑武：《城市水环境与社会经济可持续发展对策研究》，《环境科学学报》1995 年第 3 期。

[4] 毛汉英、余丹林：《环渤海地区区域承载力研究》，《地理学报》2001 年第 3 期。

[5] 崔凤军：《城市水环境承载力及其实证研究》，《自然资源学报》1998 年第 1 期。

[6] 杜斌、张坤民等：《城市生态足迹计算方法的设计与案例》，《清华大学学报》（自然科学版）2004 年第 9 期。

[7]《京津冀大气污染源数据：北京氮氧化物 45% 来自机动车》，《北京晨报》2014 年 4 月 12 日，http：//www. chinanews. com/gn/2014/04 – 12/6056366. shtml。

[8] R. Z. Liu, Alistair G. L. Borthwick, "Measurement and Assessment of Carrying Capacity of the Environmentin Ningbo, China", *Journal of Environmental Management* 92 (2011).

[9] Kyushik Oh, Yeunwoo Jeong, "Determining Development Density Using the Urban Carrying Capacity Assessment System", *Landscape and Urban Planning* 73 (2005).

B.8

京津冀基本公共服务均等化现状评价与提升途径

梁林　刘兵*

摘　要：逐步实现基本公共服务均等化是实现京津冀协同发展的前提。对基本公共服务均等化现状进行量化评价可以确定落后地区的资源配置方向，并有针对性地改善不利因素。本报告构建了“结果和机会平等－自由选择”综合评价体系，从两个维度测评了2013年京津冀基本公共服务均等化状况。研究结果显示，北京2013年基本公共服务均等化综合评价值最高，河北最低，其评价得分值仅为北京的35%、天津的65%，三地在社会保障和就业服务方面差距最大。通过对比三地的现实差距，本报告分析了现阶段京津冀基本公共服务均等化存在差距的主要原因，并提出了京津冀基本公共服务均等化的实现途径和河北省的相应策略。

关键词：基本公共服务均等化　京津冀　评价指标体系　河北提升途径

京津冀协同发展已经上升为国家重大发展战略，为在产业、环境和交通三大重点领域率先实现协同创新，当务之急是健全基本公共服务体系，构建

* 梁林，河北工业大学京津冀发展研究中心助理研究员、博士后（在站），主要研究方向为区域经济发展；刘兵，河北工业大学京津冀发展研究中心教授，博士，博士生导师，研究方向为组织行为与人力资源管理。

公平、和谐的社会氛围，完善人力资源的有效配置，促进劳动力在区域内自由流动，从而激发人口聚集效应与人才红利的显现，带动产业、技术、资本和信息等要素的承接与转移，同时保障全体公民共享区域经济发展成果。推进基本公共服务均等化正是实现上述目标的关键举措。基本公共服务均等化是指在地区之间、城市与乡村之间、不同社会人群之间实现均等化，其中，实现区域基本公共服务均等化、同城化和普惠化的目标在京津冀协同发展过程中尤为迫切。本报告试图在科学评价京津冀基本公共服务均等化现状的基础上，提出三地基本公共服务均等化的实现路径以及河北省的相应策略。

一 基本公共服务均等化的基本问题

（一）基本公共服务均等化的现实意义

基本公共服务均等化问题现已成为学术界和社会广泛关注的焦点，其主要源于国民收入的公平分配问题。国家统计局发布的数据显示，2013 年中国居民收入基尼系数为 0.473，仍然处于较高水平，表明我国由收入不合理分配导致的贫富分化问题仍然比较严重。另外，从京津冀三地居民的收入水平看，京津地区与河北之间、城镇与农村之间的收入差距均较高（见表 1），表明收入分配不公平问题在京津冀地区表现明显，这将成为京津冀地区生产要素自由流动和社会和谐发展的障碍。

表 1　2013 年全国和京津冀地区居民收入情况

单位：元

地区	全体居民人均可支配收入	城镇居民人均可支配收入	农村居民人均纯收入
北京	40830.0	10349.7	4604.6
天津	26359.2	8140.5	3622.4
河北	15189.6	5661.2	2478.9
全国	18310.8	6280.0	2253.4

资料来源：国家统计局：《中国统计年鉴》，2014。

实现基本公共服务均等化，对于调整国民收入分配、提高公民的社会公平感、最大化社会福利覆盖范围、缩小地区间的社会经济差距以及实现社会和谐发展都具有重要的现实意义。

（二）基本公共服务的内涵

基本公共服务是指在一定社会共识的基础上，适合经济建设水平和社会发展阶段，由政府主导建立的，为保障国家稳定、人权平等，满足全体公民生存发展需求的基本社会条件。

基本公共服务具有三个特性。第一，公益属性。基本公共服务应不以营利为目的，是个人基本生存发展和基本社会福利的保障。第二，基本权利属性。我国法律规定，所有公民都拥有享受基本公共服务的权利，政府有提供基本公共服务的义务。第三，均等属性。基本公共服务与受教育程度、经济收入、社会地位等因素无关，是能够满足个人对社会最低标准需求的无差异性基本条件。

基本公共服务范围一般包括保障基本民生需求的教育、就业、社会保障、医疗卫生、计划生育、住房保障、文化体育等领域的公共服务，广义上还包括与人民生活环境紧密关联的交通、通信、公用设施、环境保护等领域的公共服务，以及保障安全需要的公共安全、消费安全和国防安全等领域的公共服务。本报告将重点考虑狭义的基本公共服务，以反映推进京津冀基本公共服务均等化过程中所有公民最切身的直接利益。

（三）基本公共服务均等化

均等化是动态过程，反映从不均衡到均衡平等，直至一体化的全过程。京津冀基本公共服务均等化的目的不是三地的绝对平均主义，而是要实现三个方面的特定含义：第一，实现三地公民获得基本公共服务的结果相等，例如，无论是北京还是河北的公民，都能平等地享受到医疗救助、义务教育等公共服务；第二，实现三地公民获得基本公共服务的机会均等，例如，所有公民都有接受义务教育的权利；第三，三地公民拥有自由选择基本公共服务的权利，例如，三地公民可以根据自身经济条件，自由选择私立或公立学校接受教育。

（四）基本公共服务均等化的评价标准

目前，基本公共服务均等化仍然难以直接有效地衡量，学术界对此问题基本持两种意见：一种认为通过比较区域基本公共服务的民众满意度，可以衡量各地区基本公共服务的均等化程度；另一种认为通过比较区域间财政均等化程度，可以间接地反映基本公共服务的均等化程度。在此基础上，本报告认为可以构建包含基本公共服务各项建设指标和财政支出指标在内的综合评价指标体系，通过主观和客观相结合的赋权方式，量化评估京津冀三地的基本公共服务均等化程度。

二　“结果和机会平等－自由选择”综合评价体系的构建

区域基本公共服务均等化是一个动态演进的过程，存在从结果相等到机会均等再到自由选择的发展轨迹，其中结果相等和机会均等属于初级阶段，自由选择属于高级阶段。目前，京津冀三地之间基本公共服务建设的发展水平存在一定的差距。为了从发展性的角度客观衡量三地均等化程度，本报告将依据基本公共服务的发展内涵，构建均等化综合评价体系。

（一）评价目的

评价基本公共服务均等化的目的在于通过界定范围、选取指标、计算权重和实践检验等步骤，设计系统、科学的综合评价体系，并使之能够应用于京津冀基本公共服务均等化的衡量。通过比较三地各项服务的综合评价值，分析三地基本公共服务均等化的程度和优劣势，促使各级政府和社会组织制定未来的规划和措施，从而达到京津冀基本公共服务均等化、同城化和普惠化的最终目标。

（二）评价原则

为加快京津冀基本公共服务均等化发展进程，科学评估三地现状，并考虑未来发展趋势，本报告将借鉴王曰芬、王宏哲等提出的评价指标体系设计原则，遵循兼顾公平与效率、机会与结果、平等选择与自由选择三大原则，设计京津冀基本公共服务均等化评价指标体系。

1. 兼顾公平与效率原则

基本公共服务提供的基础在于公平性，要让全体公民共享社会发展成果，体现基本公共服务的普惠性，但由于各地发展起点和供给能力存在差异，完全平均主义的做法将降低公共服务建设的效率，因此需要分阶段、有重点地开展建设，以保障公共服务供给效率的最大化。

2. 兼顾结果相等与机会均等原则

基本公共服务对普通民众的生存与生活具有基础保障作用，可满足大众最基础的需要。只有在三地基本公共服务供给能力大致均等，也就是结果均等的前提下，才有可能实现三地居民获得同质同量基本公共服务的机会大致均等。

3. 兼顾平等选择与自由选择原则

京津地区的城镇化率和经济发展水平均已接近世界发达国家的水平，人民群众对基本公共服务的需求日益多元化，而河北省在与京津协同发展的过程中，也将承接京津大量产业和人口的转移，势必将实现基本公共服务建设的跨越式发展。在这一趋势下，单纯地平等性获得基本公共服务已经不能满足民众多样化和差异性的要求，因此，在实现平等选择基本公共服务的基础上，还应该考虑民众自由选择权利的实现。

（三）数据来源

本报告的数据来源主要包括以下两种。

1. 客观年鉴数据，来源于《2014 年中国统计年鉴》《2014 年北京统计年鉴》《2014 年天津统计年鉴》《2014 年河北统计年鉴》。这些数据主要用于评价指标体系中二级测量指标的选取和量化，以及二级指标权重的计算。

2. 主观访谈和调查表数据。第一，京津冀三地专家的访谈信息数据，主要用于明确研究问题，界定研究范围。第二，86 份有效《区域基本公共服务均等化评价指标调查表》的问卷数据，主要用于一级分项指标权重的计算。

（四）评价指标体系的设计

根据基本公共服务均等化的定义，本报告首先将京津冀基本公共服务均等化分解为机会结果均等化和自由选择均等化；其次，将结果和机会均等化分解为义务教育服务、医疗卫生服务、文化与体育服务、社会保障服务、住房保障服务、就业和再就业服务、财政支出 7 个一级分项指标，将自由选择均等化分解为教育与科技服务、医疗卫生服务、文化与体育服务、社会保障服务、住房保障服务、就业和再就业服务 6 个一级分项指标；最后，将每个一级指标对应若干个二级指标作为具体测量指标，以客观数据反映均等化的评价结果。据此，构建的评价指标体系如表 2 和表 3 所示。

表 2　基本公共服务结果和机会均等化评价指标体系

一级分项指标	一级指标权重	二级测量指标	二级指标权重	原始统计数据		
				北京	天津	河北
义务教育服务	0.102300	每万人拥有义务教育机构数量(个)	0.295499	0.874787	0.984235	2.197582
		教育行业人员在社会从业人员中的比重(%)	0.222119	4.340000	3.860000	3.050000
		中等学校师生比	0.271674	0.135860	0.090900	0.079170
		小学师生比	0.210708	0.732720	0.071430	0.583700
医疗卫生服务	0.167200	卫生和社会工作人员在社会从业人员中的比重(%)	0.175285	2.290000	1.940000	1.380000
		每千人卫生技术人员数量(人)	0.196549	15.460000	8.050000	4.440000
		每万人医疗机构个数(个)	0.210889	4.578684	3.185008	10.703560
		每万人医院个数(个)	0.183648	0.281823	0.226191	0.172926
		人均诊疗次数(次)	0.233630	147.071100	1.054600	5.106000

续表

一级分项指标	一级指标权重	二级测量指标	二级指标权重	原始统计数据		
				北京	天津	河北
文化与体育服务	0. 116900	人均艺术表演团体演出次数(次)	0. 166410	0. 000615	0. 000216	0. 000948
		每万人出版图书、报纸和杂志种类(种)	0. 199761	92. 417250	3. 952561	0. 581239
		人均图书馆藏量(册)	0. 150085	0. 980000	1. 000000	0. 260000
		人均博物馆藏量(件/套)	0. 153983	0. 054014	0. 046763	0. 003709
		每千人参与由群众艺术馆、文化馆组织的群众文化活动(次)	0. 180524	1. 409000	0. 086000	0. 456000
		电视节目覆盖率(%)	0. 149236	100. 000000	100. 000000	99. 270000
社会保障服务	0. 145900	公共管理、社会保障和社会组织就业人员在社会从业人员中的比重(%)	0. 102820	3. 990000	1. 830000	2. 480000
		每万人拥有社会工作师累计合格人数(人)	0. 107091	1. 639399	0. 343701	0. 127240
		每万人拥有不提供住宿的社会服务机构数量(个)	0. 101148	3. 374787	1. 364615	0. 171699
		每万人拥有收养性福利单位数量(个)	0. 095845	0. 209003	0. 277135	0. 315986
		城乡居民最低生活保障人数在总人口中的比重(%)	0. 102360	0. 775500	1. 813600	4. 019000
		城镇居民参加医疗保险人数在城镇人口中的比重(%)	0. 090077	83. 004900	82. 949620	47. 457100
		参加基本养老保险的城镇职工和城乡居民在总人口中的比重(%)	0. 090077	62. 005800	41. 853400	62. 036600
		工伤保险参保人数占从业人口总数的比重(%)	0. 101813	80. 657300	39. 537000	18. 038300
		失业保险参保人数占从业人口总数的比重(%)	0. 103714	89. 842200	32. 886500	12. 360100
		生育保险参保人数占从业人口总数的比重(%)	0. 105056	77. 405800	29. 398400	16. 339800

续表

一级分项指标	一级指标权重	二级测量指标	二级指标权重	原始统计数据		
				北京	天津	河北
就业和再就业服务	0.093200	社会从业人员占总人口的比重(%)	0.184843	53.953100	57.563800	55.720200
		职工平均工资(万元)	0.209133	9.399700	5.112000	3.954200
		城镇就业人员平均工资(万元)	0.183378	9.300600	6.777300	4.150100
		第三产业就业人员在全部就业人员中的比重(%)	0.190016	76.700000	50.100000	30.800000
		登记失业率(%)	0.232631	1.200000	3.600000	3.700000
住房保障服务	0.165100	每千万人口拥有房地产企业数量(个)	0.141604	1.398241	0.821214	0.447726
		房地产就业人员在社会从业人员中的比重(%)	0.140193	4.560000	2.080000	0.240000
		年内每万人竣工住宅面积(平方米)	0.146509	8.000760	14.384230	5.425220
		年内每万人销售住宅面积(平方米)	0.159204	6.448220	11.685430	6.846310
		年内人均住宅完成投资额(元)	0.130462	8.154908	6.699316	3.463012
		年内住宅销售套数与竣工套数的比例	0.152415	0.770077	0.614252	1.488231
		住宅销售价格(万元/平方米)	0.129612	1.785400	0.839000	0.464000
财政支出	0.209400	人均公共财政支出(万元)	0.115255	1.97350	1.767000	0.601400
		一般公共服务占公共财政支出的比重(%)	0.117055	7.100000	5.677445	11.886393
		医疗卫生占公共财政支出的比重(%)	0.12625	6.600000	5.058038	8.634609
		社会保障和就业占公共财政支出的比重(%)	0.117868	11.200000	8.994159	11.987990
		教育占公共财政支出的比重(%)	0.119598	16.300000	18.098160	18.99569
		科学技术研发占公共财政支出的比重(%)	0.122397	5.600000	3.640736	1.128452
		城乡社区事务占公共财政支出的比重(%)	0.137021	10.300000	28.362900	7.285955
		文化体育与传媒事业占公共财政支出的比重(%)	0.144556	11.200000	1.746816	1.648910

其中，住宅销售价格、一般公共服务占公共财政支出的比重、城乡居民最低生活保障人数在总人口中的比重、登记失业率4项指标为数值越小、评价值越高的逆向指标，其余指标均为数值越大、评价值越高的正向指标。

表3　基本公共服务自由选择均等化评价指标体系

一级分项指标	一级指标权重	二级测量指标	二级指标权重	原始统计数据		
				北京	天津	河北
教育与科技服务	0.200500	每百万人拥有高等教育机构数量(个)	0.149454	4.208436	3.735880	1.609251
		高等学校师生比	0.187062	0.248227	0.062500	0.086060
		每百万人中研究生招生数量(人)	0.17837	4.321874	1.162674	0.167989
		研究与试验发展经费支出在GDP中的比重(%)	0.16403	6.076989	2.979020	0.101228
		每亿人拥有特殊教育学校数量(个)	0.174572	0.104029	0.135850	0.211380
		特殊教育学校师生比	0.146511	0.150000	0.261000	0.273200
医疗卫生服务	0.121800	每百万人拥有专科医院数量(个)	1.000000	1.428031	1.494352	1.126475
文化与体育服务	0.243400	每千万人中等级运动员数量(人)	0.195738	0.792510	0.747176	0.365354
		每千万人拥有戏曲剧团数量(个)	0.296349	0.004729	0.005434	0.019229
		每千万人拥有歌剧、舞剧、歌舞剧剧团数量(个)	0.242392	0.004729	0.000679	0.012001
		每千万人拥有文化经营和服务企业(个)	0.265521	45.361736	11.541831	3.218228
社会保障服务	0.145700	人均商业保险保费(元)	1.000000	4.702099	1.880167	1.142282
就业和再就业服务	0.107000	个体和私营人员在社会从业人员中的比重(%)	1.000000	56.117400	17.971300	14.582400
住房保障服务	0.181600	别墅、高档公寓销售价格(万元/平方米)	0.304521	3.296200	1.427100	0.829600
		别墅、高档公寓销售面积在全部销售住宅面积中的比重(%)	0.375694	6.435575	3.009289	1.396179
		人均别墅、高档公寓年内完成投资额(元)	0.319785	0.641385	0.434585	0.075198

其中，别墅、高档公寓销售价格为数值越小、评价值越高的逆向指标，其余指标均为数值越大、评价值越高的正向指标。

（五）评价方法和模型构建

1. 综合评价模型

本报告采用的综合评价模型如式（1）所示。

$$X_i = \sum_{j=1}^{N} T_{ij} \cdot A_j \tag{1}$$

其中，i 表示地点，即北京、天津、河北，取值 1，2，3；j 表示第 i 个地点的第 j 项指标，$j=1$，2，…，n；X_i 表示 i 个地点的综合评价值；T_{ij} 表示原始统计数据的标准化数据；A_j 表示第 j 项指标的权重。

2. 数据的标准化处理

本报告采用统计年鉴中的量化数据作为二级指标的具体测量值，但各项指标的量化值和单位存在差异，因此采取极差法对原始统计数据进行了无量纲化标准处理，计算公式如下。

对于数值越大、评价值越高的指标，标准化计算公式为式（2）。

$$T_{ij} = \frac{a_{ij} - \min a_{ij}}{\max a_{ij} - \min a_{ij}} \tag{2}$$

对于数值越小、评价值越高的指标，标准化计算公式为式（3）。

$$T_{ij} = \frac{\max a_{ij} - a_{ij}}{\max a_{ij} - \min a_{ij}} \tag{3}$$

其中，a_{ij} 表示第 i 个地点的第 j 项指标的实际统计值。

3. 指标权重赋值

在多指标综合评价中，指标权重的有效赋值是关键问题之一。目前，权重的赋值方法主要有两种：第一种是主观赋值法，如专家打分法和德尔菲法等；第二种是客观赋值法，如熵权法和标准离差法等。为尽可能真实有效地确定指标的权重，本报告以主观和客观相结合的方式进行指标体系权重的赋值。具体来说，一级分项指标并无对应的量化数据，需要采取主观赋值法和客观赋值法相结合的方式，通过调查明确指标权重的赋值；二级测量指标均采用统计年鉴中的量化数据，可以采取客观赋值法量化权重值。

（1）一级分项指标的权重赋值

参考彭国甫构建的应用层次分析法计算权重的设计流程，本报告通过专家调查法和层次分析法相结合的方式，确定一级指标的权重。通过发放调查表，获取被调查专家对京津冀基本公共服务均等化评价体系一级指标权重的打分数据，经过层次分析法计算，得出各个指标的权重值。赋值过程为：首先，设计发放区域基本公共服务均等化评价指标调查表，调查专家由京津冀三地专门从事基本公共服务相关研究或服务的科研人员、政府管理人员和企业人士组成，共发调查表 117 份，实收 86 份；其次，与调查对象沟通联系，对相关的指标进行阐述和说明，请专家对调查表中各项指标评分；最后，回收调查表，进行数据汇总，依据基本公共服务评价指标体系建立指标层次结构模型（见图 1），利用层次分析法专用的 Yaahp 软件计算得出一级指标的权重赋值，如表 2 和表 3 中“一级指标权重”所示。

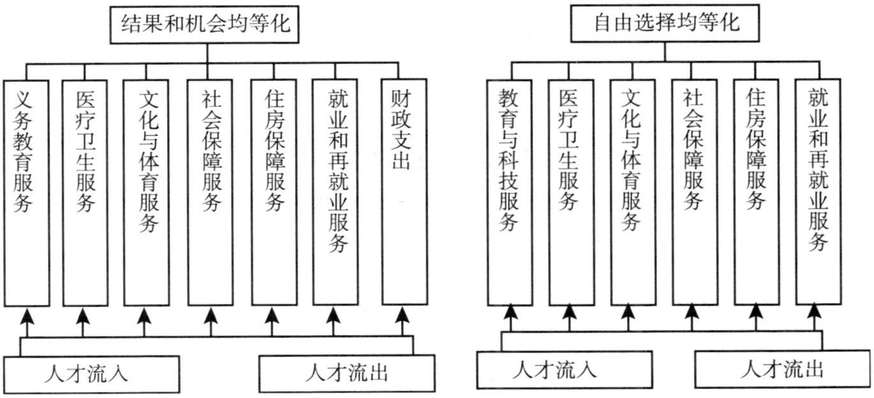

图 1　基本公共服务均等化指标层次结构模型

（2）二级测量指标权重

本报告采用熵权法进行二级指标的权重赋值。熵原是热力学中的概念，表示系统的状态函数，目前已被广泛应用于经济管理领域综合指标体系的构建。其原理为计算评价指标体系中各个指标的信息熵 E_j，其数量值与指标在整个评价指标体系中的权重成反比。

信息熵的计算公式为：

$$\begin{cases} E_j = -(\ln m)^{-1}\sum_{i=1}^{m} p_{ij}\ln p_{ij} \\ p_{ij} = \dfrac{T_{ij}}{\sum_{i=1}^{m} T_{ij}} \end{cases} \tag{4}$$

其中，m 为评价地区 i 的数目，即 $m=3$。进而可以构建基于熵的二级指标权重的客观赋值模型。

如果 $p_{ij}=0$，则定义 $\lim_{p_{ij}\to 0} p_{ij}\ln p_{ij}=0$。进而，可以根据式（5）计算各项二级测量指标权重值，具体计算结果如表 2 和表 3 中“二级指标权重”所示。

$$A_j = \frac{1-E_j}{n-\sum_{j=1}^{n} E_j} \tag{5}$$

其中，n 为被评价指标 j 的数目。

三 京津冀基本公共服务均等化现状评价与差距比较

（一）结果和机会均等化及自由选择均等化总体评价状况

1. 结果和机会均等化总体评价

从图 2 的结果和机会均等化评价排名看，北京为第一位，而河北与京津的差距明显，评价得分仅为北京的 40.5%、天津的 69.4%，反映出河北在基本公共服务的结果和机会均等化上还与京津存在较大差距，当然这与京津冀三地发展进程不同、现有资源配置不平等等原因有直接关系。

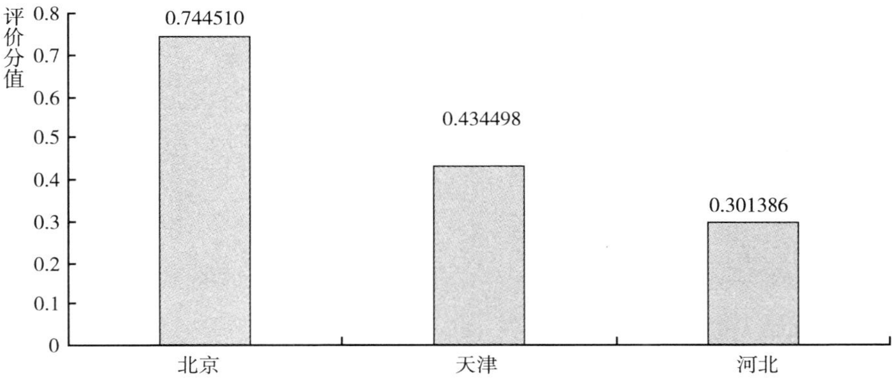

图 2　2013 年京津冀基本公共服务结果和机会均等化评价排名

2. 自由选择均等化评价状况

从图 3 的自由选择均等化评价排名看，北京仍为第一位，而河北的评价得分值仅为北京的 29.6%、天津的 59.0%，与结果和机会均等化的综合评价值相比，差距更为显著，这也反映出河北在可供人民群众自由选择的基本公共服务上还与京津存在很大的差距，若不尽快加以改善，将可能对未来京津人才向河北自由流动就业，乃至京津冀协同发展国家战略的实现产生巨大负向影响。

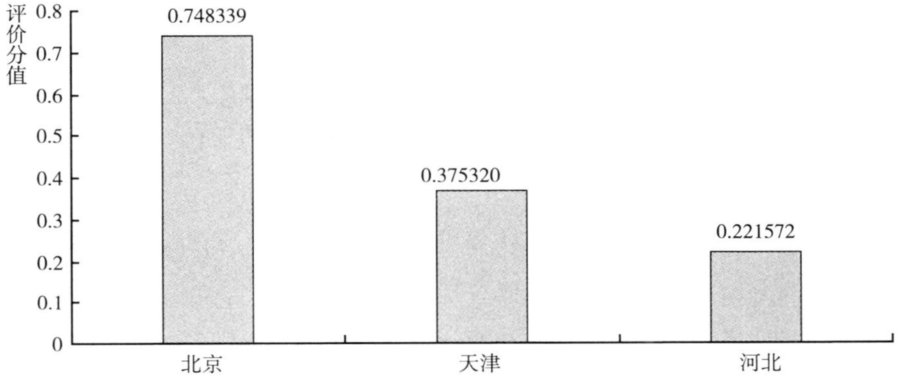

图 3　2013 年京津冀基本公共服务自由选择均等化评价排名

3. 均等化总体评价状况

从图 4 的均等化总体评价排名来看，北京仍为第一位，而河北的评价得分值仅为北京的 35. 0%、天津的 64. 6%，总体评价值是结果和机会均等化与自由选择均等化的综合评价值，客观反映了 2013 年京津冀三地基本公共服务均等化的状况。

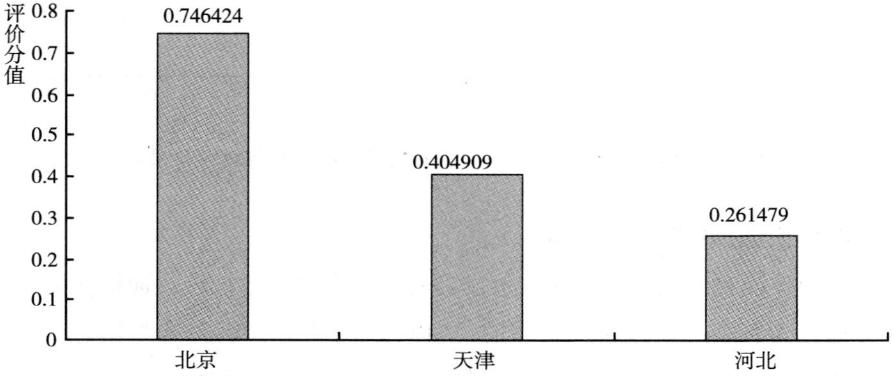

图 4　2013 年京津冀基本公共服务均等化总体评价排名

（二）结果和机会均等化分项指标评价

从图 5 的评价结果看，目前京津冀三地差距较大的环节为医疗卫生服务、文化与体育服务、社会保障服务、就业和再就业服务，这也反映了未来河北省重点建设和改进的方向。在财政支出的均等化方面，京津冀三地的评价分值较为接近，可以预见未来京津冀基本公共服务结果和机会均等化的差距会逐步缩小。

从图 6 的排名情况看，北京除住房保障服务一项指标位于第二位外，其他分项指标均排名第一，反映出在住房保障服务均等化方面，天津已经超过北京，说明天津在城市宜居性上具有一定优势，这也将成为吸引高端人才的重要优势。河北除在义务教育服务方面排名第二以外，其他指标均排最后一位，这也反映出河北在义务教育事业上的资源总量已经超过天津，其主要原

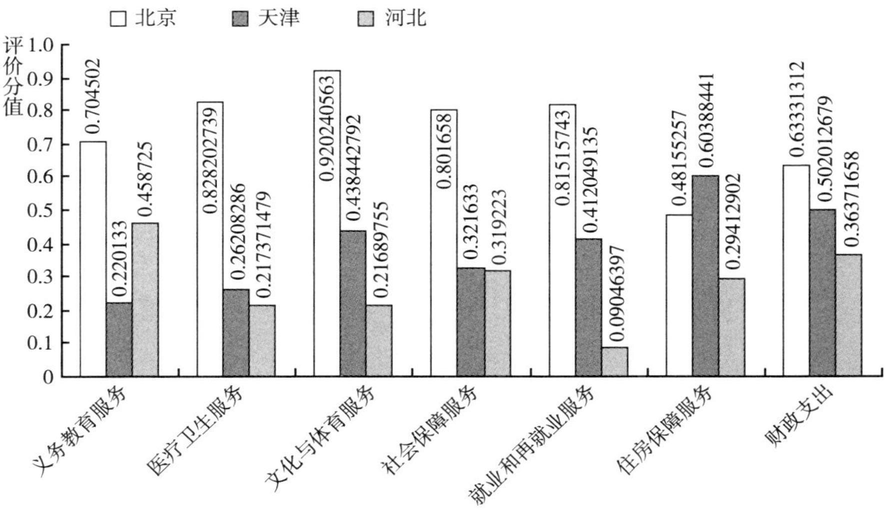

图5　2013年京津冀基本公共服务结果和机会均等化评价结果

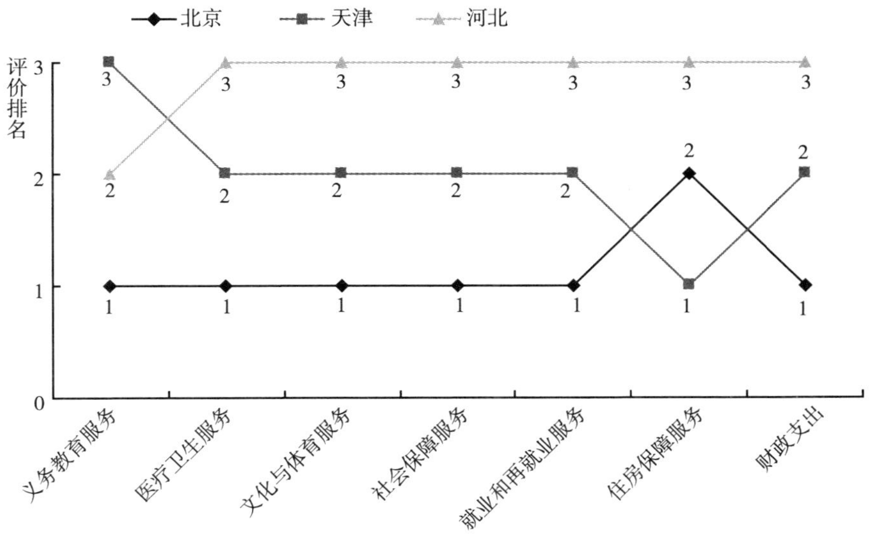

图6　2013年京津冀基本公共服务结果和机会均等化评价排名

因在于河北省人口的地域分布较天津更加广泛，乡村人口较多，在资源总量上并不处于劣势，但是仍然不能忽视的是，河北省教育资源的质量与京津相比仍存在较大差距。

1. 义务教育服务评价状况

从图 7 可见，在义务教育机构每万人拥有量上，河北省处于第一位；在师资力量上，河北省中等学校师生比与京津差距较小，其小学师生比甚至超过了天津。随着河北省城镇化程度的进一步提高，其义务教育机构将继续调整、合并，使机构数量有所减少，但是师生比还会进一步提高。可以预见，河北省在义务教育资源“量”上的优势还将进一步扩大，但是与京津相比，“质”的差距依然存在。因此，河北省未来的工作重心将逐步转向对接京津的优势教育资源，提升资源质量。

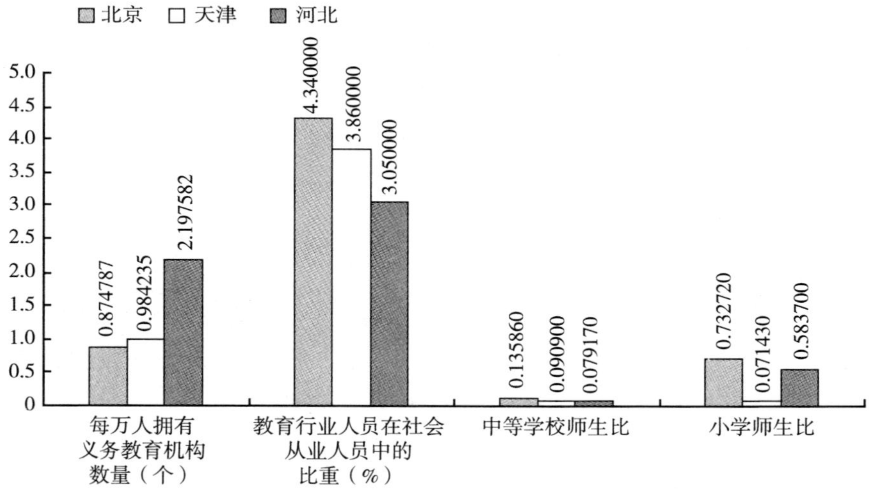

图 7　义务教育服务均等化具体评价结果

2. 医疗卫生服务评价状况

从图 8 可见，河北省在每万人医疗机构数量上居第一位，但每万人医院数量仍少于京津，这主要是因为河北省村镇卫生机构较多，城市中医院数量相对较少，这也反映出河北省的医疗卫生资源总体质量不高。从人均诊疗次数上看，北京因集聚了全国最好的医疗资源，大量外来人员进京就医，导致北京的人均诊疗次数被外地就医人次“背高”，这也反映出京津冀三地在医疗资源的质量上存在巨大差距，同时也对津冀和北京开展医疗合作提出了迫切需求。

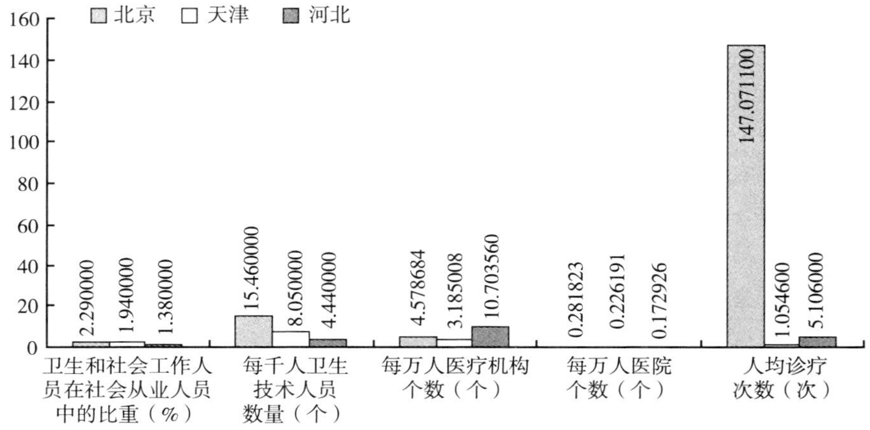

图 8　医疗卫生服务均等化具体评价结果

3. 文化与体育服务评价状况

由图 9 可见，北京在出版事业上具有绝对优势，这与北京作为全国文化中心，集中了大量出版社、杂志社等文化机构密切相关。河北省在人均图书馆和博物馆藏量上，与京津差距较大，反映出河北省对文化积淀与传承方面工作的重视程度不足，但由于目前已经采取扩建、增建、加大免费参观力度等措施，河北省未来在博物馆和图书馆的数量和质量上将会有所改善。

4. 社会保障服务评价状况

由图 10 可见，河北省在各项社会保险参保人数上，除基本养老保险外，其他各项保险与京津相比差距仍然较大，而且城乡低保群体数量也相对庞大，反映出河北省在社会保险事业上资金投入欠缺，这是由河北省经济发展水平在三地中相对落后所导致的社会保障问题。

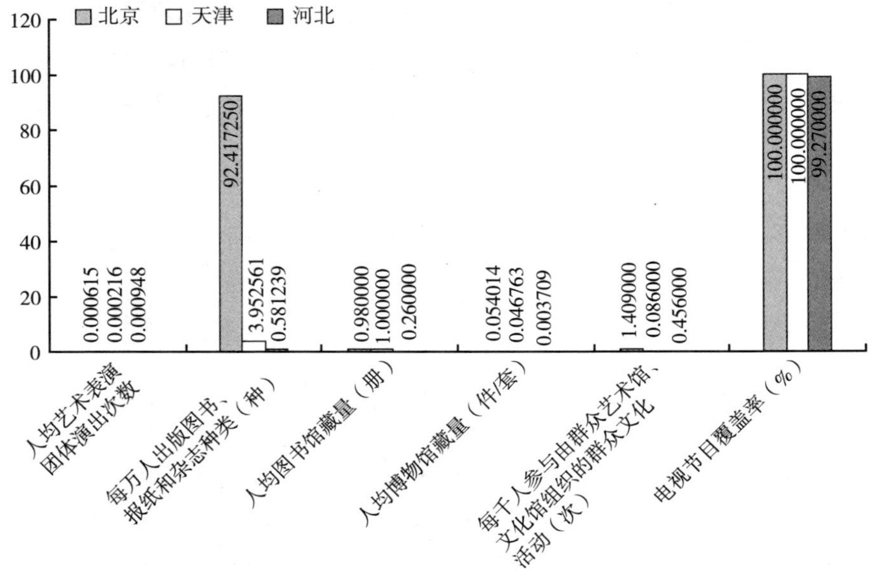

图9　文化与体育服务均等化具体评价结果

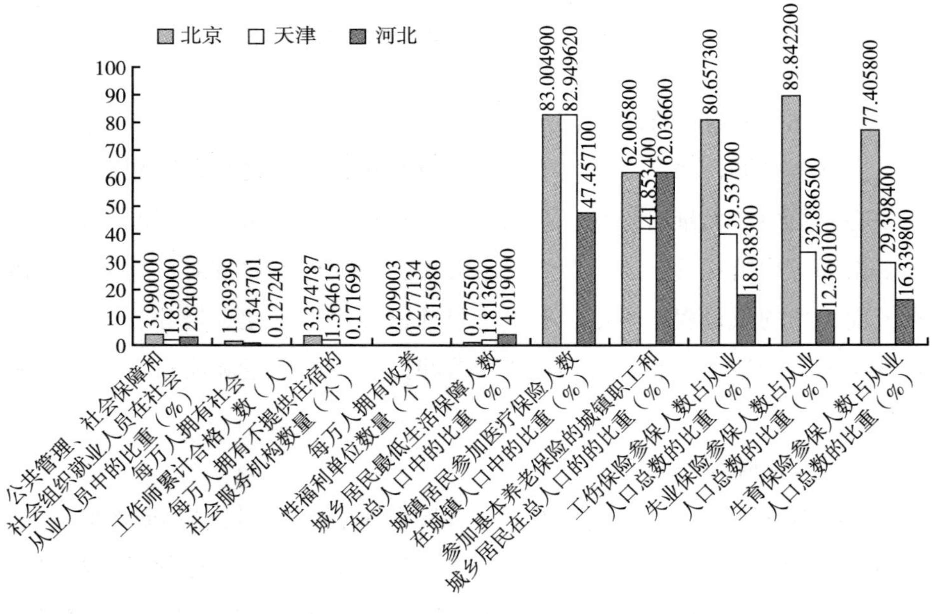

图10　社会保障服务均等化具体评价结果

5. 就业和再就业服务评价状况

从图 11 可见，河北省在第三产业就业人员比重、平均工资上与京津差距较大，反映了河北省在第三产业发展、平均收入水平、灵活就业以及产业发展活力方面相对落后，这也是由三地经济发展水平差异所导致的。

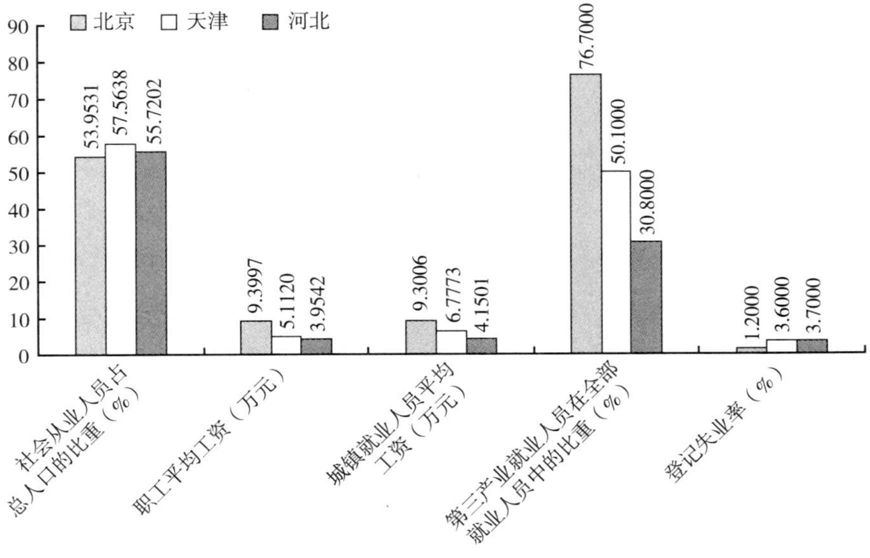

图 11　就业和再就业服务均等化具体评价结果

6. 住房保障服务评价状况

由图 12 可见，由于城镇化程度不同，京津在房地产企业和从业人员数量上远高于河北，尤其是天津年内每万人竣工和销售住宅情况远高于京冀，反映出天津在城镇化过程中对新增住宅的刚性需求较为旺盛。而河北由于地域和房地产事业发展的原因，在房价上处于低位，相比京津人群的收入水平，河北的房价明显处于可接受范围内，这也成为河北吸引京津人才的重要优势。

7. 财政支出评价状况

由图 13 可见，河北省在医疗卫生、教育、社会保障和就业 3 项公共财政支出比重上，均位于第一位，这也成为河北省未来提升资源质量、改变当

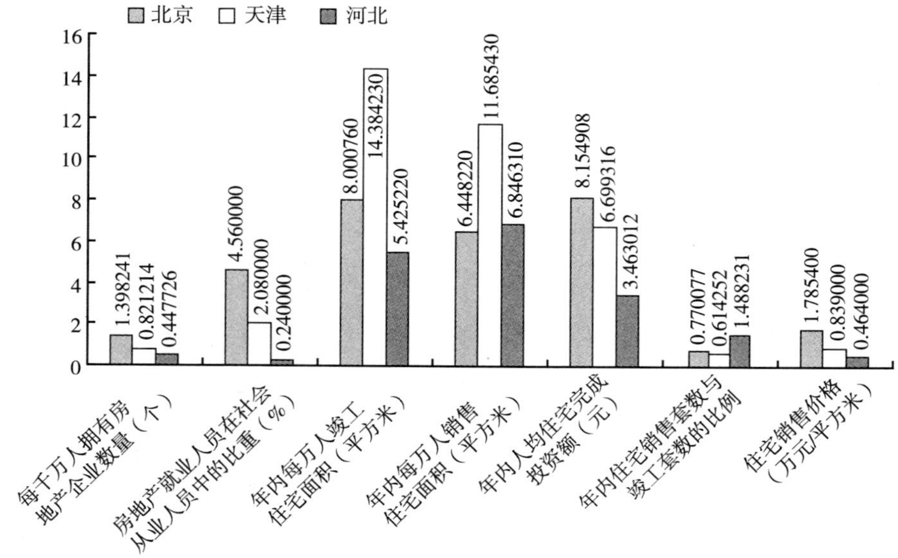

图 12　住房保障服务均等化具体评价结果

前劣势的重要保障。河北省一般公共服务支出比重最高，反映出政府各项支出经费仍然较高，有待改善，服务职能也需进一步加强。在科技研发方面，河北省也处于明显劣势，尽快扭转这一劣势对未来产业升级和创新、提升人口综合素质、提升区域核心竞争力将起到重要保障作用。

（三）自由选择均等化分项指标评价

从图 14 的评价结果看，河北省在基本公共服务的自由选择均等化各方面，均与京津存在差距，尤其是在医疗卫生服务、社会保障服务、就业和再就业服务三方面具有显著的差距。

从图 15 的排名情况看，北京除医疗卫生服务排第二位外，其他各分项指标均排名第一，反映出在个性化医疗选择均等化方面，天津已经超过北京。河北除在文化与体育服务方面排第二位外，在其他各分项指标上的排名均为最后一位，这也反映出河北在基本公共服务自由选择上的劣势，但也为河北未来选择优先改善方向和寻找优势资源对接方向提供了参考依据。

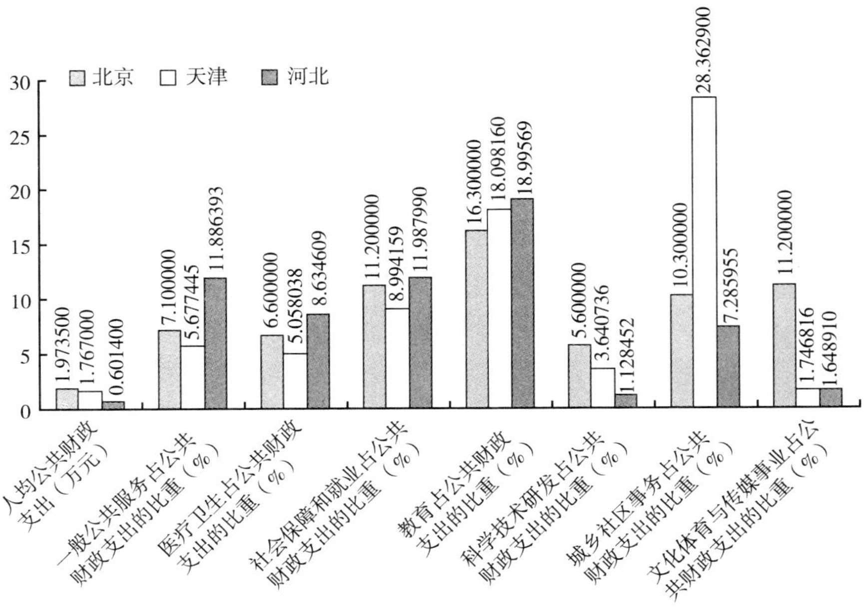

图 13　财政支出均等化具体评价结果

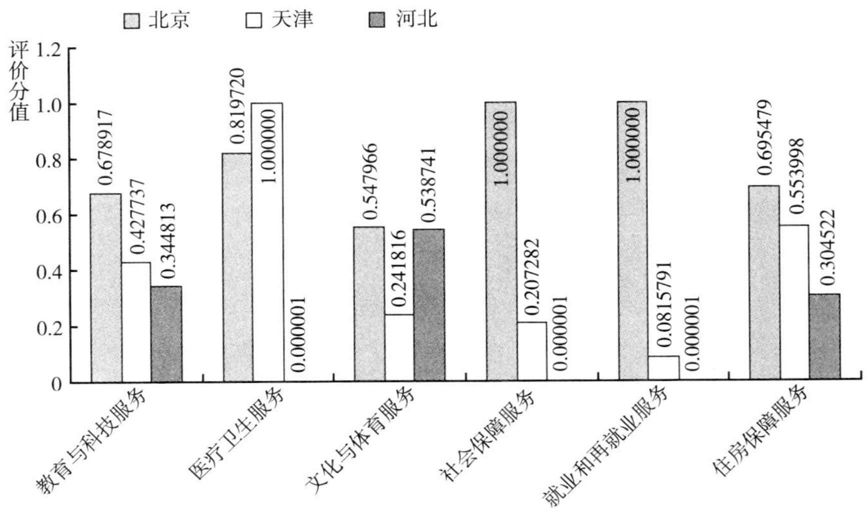

图 14　2013 年京津冀基本公共服务自由选择均等化评价结果

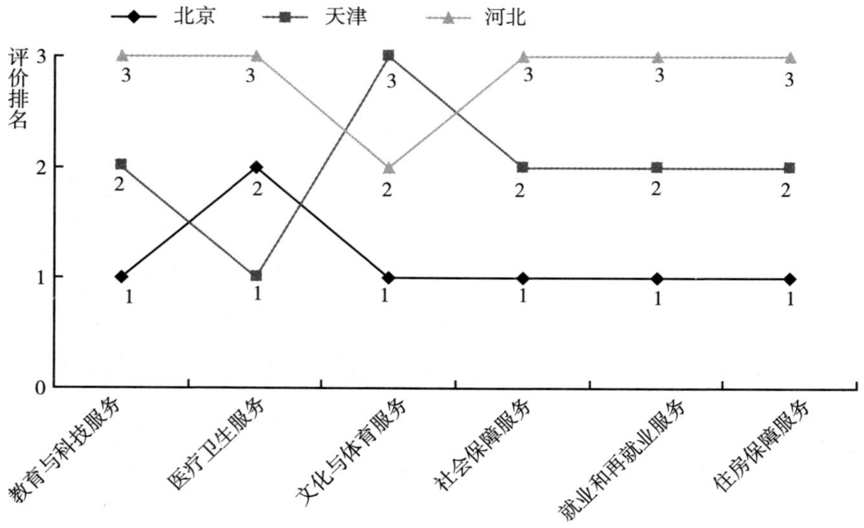

图15 2013年京津冀基本公共服务自由选择均等化评价排名

1. 教育与科技服务评价状况

由图16可见，因缺少私立教育的有效统计，本报告选择高等教育和特殊教育作为比较对象。河北省作为人口和教育大省，在每百万人拥有高等教育机构数量、研究生招生数量上，均与京津存在较大差距。这一方面反映出河北省在高等教育质量上的落后地位，另一方面也反映出河北省本地人才培养质量和数量的欠缺，这都将成为未来提升人口素质的瓶颈。在研究与试验发展经费投入上，北京是河北的6倍，天津也是河北的近3倍。在高等教育和科技研发投入上的差距都将影响河北产业地位的改变和三地协同发展的进程。

2. 医疗卫生、社会保障、就业服务评价状况

由图17可见，北京在个体和私营从业人员比重、人均商业保险保费方面，均远高于津冀，反映出北京在产业结构和投保需求理念上与津冀两地有很大差异。而天津在专科医院的每百万人拥有量上居第一位，反映出天津在个性化医疗资源上具有一定优势。

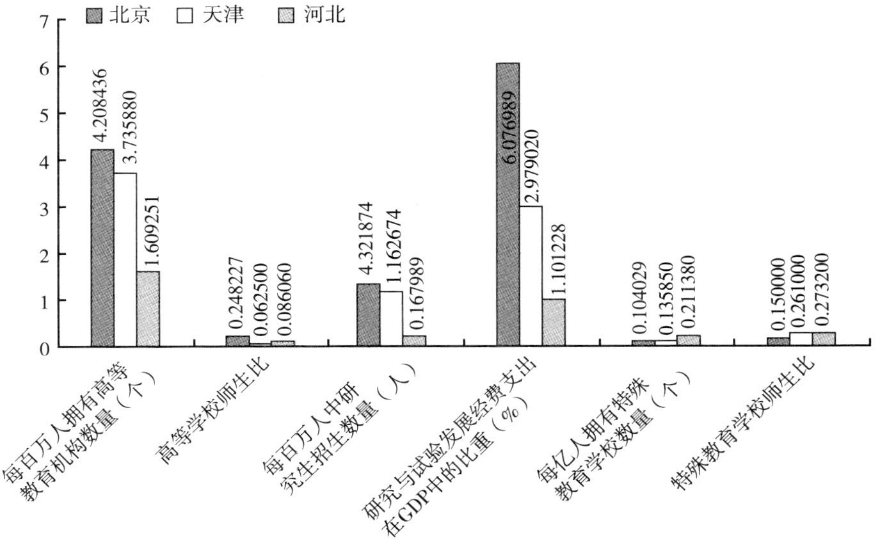

图 16　教育与科技服务均等化具体评价结果

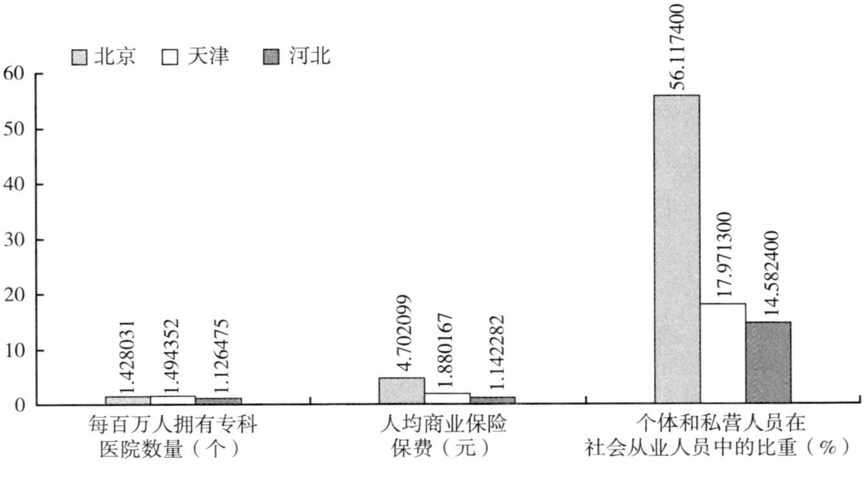

图 17　医疗卫生、社会保障、就业服务均等化具体评价结果

3. 文化与体育服务评价状况

由图 18 可见，河北省人口众多，地域广泛，为了满足各地群众的文化娱乐需求，存在较京津更多的地方剧团。因此，河北省在各种剧团的人均拥有量上居第一位。北京作为文化中心，集中了大量文化服务和经营企业，在文化产业化上居第一位。在体育事业发展上，河北在培育竞技体育运动员方面与京津还存在差距，另外，调研得到的大赛成绩，运动员训练水平，比赛场馆条件及赛后使用率，民间运动赛事开展情况以及高尔夫球场、赛马场、瑜伽馆等运动场馆运营情况等尚无有效统计数据的主观访谈信息，均反映出河北在体育服务自由选择方面的落后地位。

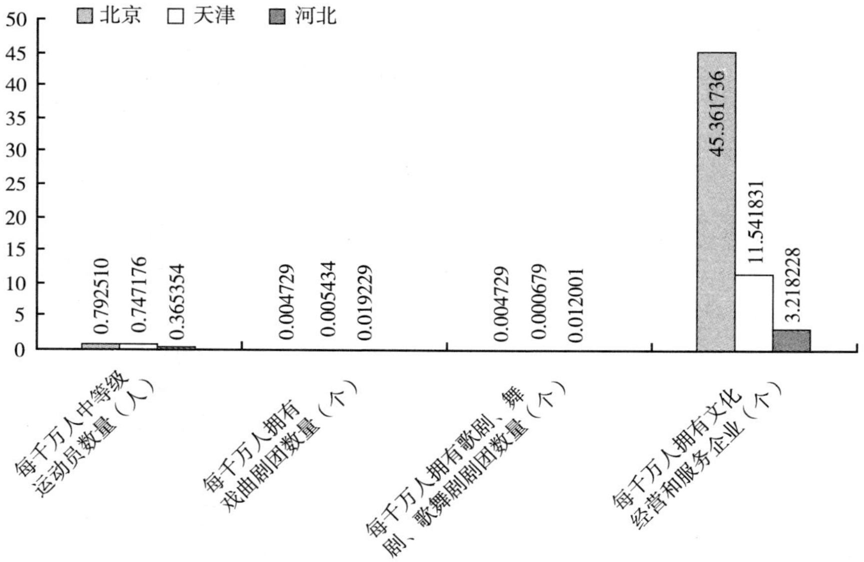

图 18　文化与体育服务均等化具体评价结果

4. 住房保障服务评价状况

由图 19 可见，由于人口密度远低于京津地区和自身地理区位等原因，河北高端住宅的价格远低于京津，甚至低于天津平均住宅的价格，这无疑将成为京津高级人才减轻生活压力，搬迁至河北生活的重要诱因。从销售面积比重来看，河北仅为北京的 21.7%、天津的 46.4%，反映出京津人民群众改善性住房的需求、购买力均明显高于河北。

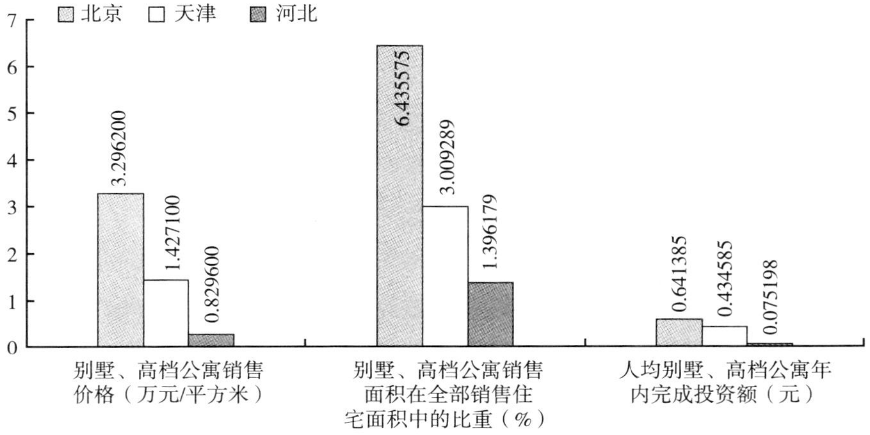

图 19 住房保障服务均等化具体评价结果

四 现阶段京津冀基本公共服务均等化存在差距的原因

目前，京津冀协同发展已经上升成为重大国家战略，但目前三地基本公共服务水平尚存在较大差距，由于北京市、天津市和河北省三地在历史发展、经济总量、社会管理和政府功能等方面存在差异，京津冀实现基本公共服务均等化仍然存在困难，其原因可能在于以下 4 个方面。

（一）三地发展历史起点不同

北京从明清时代起一直是全国的经济和政治中心，在基本公共服务建设方面，领先于津冀两地。天津曾为河北省会，之后成为直辖市，与河北之间在行政区划上多次发生变更。河北省多年以来一直是京津两地的资源供给和保障地区，在人才、资金、资源等生产要素方面与京津存在“逆向流动”，这也造成了基本公共服务建设方面的落后。

（二）三地经济发展水平存在差距

经济发展水平不平衡直接导致京津冀三地政府提供基本公共服务的能力存在较大差距。另外，河北省内地区发展也相对不均衡，落后地区的公共服务成本更加高昂，与经济发达地区相比资金缺口更大，这也导致河北省基本公共服务的整体水平与京津差距较大。

（三）行政管理体制不均衡

传统城乡二元制管理、三地政府不均等的行政层级等决定了三地政府非对称性的财政收支和转移支付能力，从而导致在基本公共服务建设过程中，各地的进程和投入力度存在差别，也导致三地居民在获得基本公共服务方面的权利不平等。

（四）科学评价标准和体系欠缺

在京津冀协同发展的大背景下，三地尚无统一的基本公共服务均等化评价和测量标准，导致无法精准量化三地基本公共服务的供给需求，尤其是落后地区的资金和资源缺口，无法量化三地之间的财政支出补偿机制，从而阻碍了均等化程度的提高。

以上因素的综合作用造成京津冀区域基本公共服务不均等化现象明显。

五　京津冀基本公共服务均等化的实现途径和河北对策

按照国家对京津冀区域协同发展的战略要求，为促进公共资源在区域之间均衡配置，逐步缩小京津冀三地在基本公共服务上的差距，应破除限制人口、产业、信息、技术等要素在区域内自由流动的障碍，实现京津冀基本公共服务均等化、同城化和普惠化的战略目标。

（一）京津冀基本公共服务均等化的实现途径

1. 坚持公平和均等的价值理念，推进基本公共服务建设的顶层设计

价值理念是进行区域基本公共服务建设顶层设计的基础，基本公共服务均等化的核心价值理念在于实现公平和均等。在未来京津冀协同发展的过程中，政策的重心应该更多地向目前相对落后的地区，以及贫困群众、低收入群众等倾斜，依靠合理有效的顶层制度设计提升均等化水平。对于京津来说，随着城镇化进程的加快，产业重心正在逐步外移，可以按照“城市发展新区—落后地区”的顺序推进基本公共服务建设。对于河北来说，在协同发展的趋势下，需要承接京津外迁的产业，按照“产业转移区域、周边城镇、落后乡村”的顺序，开展基本公共服务的建设。

2. 统筹京津冀区域的财税体制改革进程，完善均等化的转移支付机制

从财政支出项的对比看，京津冀三地目前在公共服务财政支出方面存在较大的不均衡，可以采取如下措施。第一，借鉴德国、比利时等国家的做法，尝试政府间纵向和横向转移支付并行的改革，在京津冀大区域内，统一调配公共服务的财政支出，增加京津贫困地区和河北省地区的支出份额。第二，优化转移支付的比例，逐步取消税收返还政策，加大均等化转移支付的比例。第三，建立各项转移支付的均等化绩效评价体系，综合比对各项转移支付产生的基本公共服务均等化效果，便于为各级政府在财政支出调整方面的决策提供科学依据。

3. 强化社会机构在提供基本公共服务方面的作用，满足社会多元需求

大力支持各种合法社会团体（行业互助协会、各类学会商会、文体交流组织等）、民办机构（私立学校、私立医院、社会福利院等）、各种慈善救助基金会等社会组织的发展，明确各类组织在建设基本公共服务上的角色定位。定期调查广大人民群众对基本公共服务的满意度，掌握社会快速发展过程中广大人民群众的多元需求，并有针对性地改进薄弱环节。

4. 定期判断最契合民生的弱势环节，切实提升均等化水平

利用科学测评的方法，定期（建议每年）判断三地均等化的发展程度和薄弱环节，进而采取有针对性的措施提升均等化水平。从2013年京津冀基本公共服务均等化的评价结果和排位看，在结果和机会均等化方面，三地在医疗卫生、文化与体育、就业和再就业服务三个方面差距较大；在自由选择均等化方面，三地在医疗卫生、社会保障、就业和再就业服务三个方面差距较大。这些方面应在下一阶段的建设中重点考虑，并在资源分配上予以照顾。

5. 改革干部考核机制，加大基本公共服务均等化评价指标所占比重

我国是单一制国家，中央政府的行政权力远大于地方政府。建议在国务院成立京津冀协同发展领导小组的基础上，考虑在中共中央常委会的直接领导下，进一步成立京津冀三地党委领导小组，推动各级官员考核机制的改革，将公共服务建设，尤其是基本公共服务均等化程度列入官员升迁考察和考核体系中，并逐渐加大其所占比重。

6. 建立基本公共服务体系建设监管机构，推进市场化进程

建立和完善区域基本公共服务建设监管机构，实现对公共服务设施、民间公共服务外包组织资质、公共服务财政支出流向的全方位监管。建立监管机构的"第三方"运营机制，建立定期检查和保障制度，保证监控过程的规范和公正，充分发挥监控系统的监管作用。进一步完善基本公共服务部分民营化、自由选择化和专业外包化的建设机制，推进公共服务领域的市场化进程。

（二）河北省的应对策略

1. 构建公共服务型政府，强化政府的服务意识和能力

划分省市政府与基层政府的基本公共服务职责，实施上级政府对下级政府的公共服务问责制度。强化各级政府的服务职能和意识，将"全能型政府"逐步转变为"有限型政府"，将注意力逐渐集中到公共服务的建设和监管等方面上。建立健全基本公共服务建设的各项法规、政策，分层次、有重

点地逐步推进产业承接区到周边城镇的衍射型公共服务发展轨迹。推进部分基本公共服务的市场化进程，规范民间资本进入公共服务市场的资质审查、建设监管等各项流程，提高审批、监督和服务的效率及质量等。加大基本公共服务在干部任职和升迁考核体系中的比重，将民众满意度作为官员考核的关键因素，引导各级官员树立正确的政绩观和科学发展观，实现政府职能的转变。

2. 建立定期评估制度，切实提升最契合民生的公共服务水平

推进社会救助等民生指标的统计详细化。建议由各级政府监督，各职能部门提供数据，每年开展省内基本公共服务均等化评估；由省社科院牵头，相关大学、科研院所、咨询公司等第三方机构具体实施，每年开展重点区域民众基本公共服务满意度民意调查，并逐步使人民群众成为基本公共服务的评价主体。汇总客观测评数据和主观民调数据，发布年度省内基本公共服务均等化测评报告。挖掘每个时期最契合民生、最为薄弱的环节，逐步形成“定期自检、找到问题、量化缺口、重点建设”的基本公共服务一体化建设思路。

3. 引入京津地区的优质资源，提升河北省公共服务设施的数量和质量

通过新建增量、合作帮扶、资源流转、层级负责等共建形式，探索河北省借助京津地区优质的基本公共服务资源的新路径。创建分类公共服务机构的“合纵联盟”，如医疗联盟和教育联盟，深入推进全龄化生态养老社区、健康产业园、合作诊疗试点等设施的建设，在医疗卫生、高等教育、义务教育等领域实现率先突破。

4. 逐步取消户籍限制，推动省内福利一体化建设

探索取消城市间户籍和城乡间户籍的差别，消除人才流动的障碍。逐步推行省内社会保险“一卡通”制度，实现养老保险、医疗保险的异地互通和结算，方便老人随子女搬迁异地生活。实现省内学龄儿童的“电子学籍”制度，解决流动人才的子女入学难题。建立就业人员的档案、保险手续的信息化网络流转和共享管理平台。

5. 探索基本公共服务部分民营化、自由选择化和专业外包化的建设机制

按照“小政府、大市场、大社会”的思路，加快改革基本公共服务投融资和建设体制。根据基本公共服务的不同性质和项目特点，积极尝试使用BOT、PFI、ABS等投资建设模式，进行项目融资建设。探索特许经营、政府购买外包、民间集资等方式在省内各地医院、幼儿园、职业技术学校、养老院等项目上的应用。

参考文献

[1] 陈昌盛、蔡跃洲：《中国政府公共服务：体制变迁与地区综合评估》，中国社会科学出版社，2007。

[2] 蔡放波：《略论加快建设我国基本公共服务体系》，《学习与实践》2007年第5期。

[3] 郭琪：《实现地区间公共服务均等化的途径——浅析中国政府间均等化转移支付》，《当代经理人》2006年第5期。

[4] 项继权：《基本公共服务均等化：政策目标与制度保障》，《华中师范大学学报》（人文社会科学版）2008年第1期。

[5]《国家基本公共服务体系“十二五”规划》国发〔2012〕29号，www. gov. cn/zwgk/2012 -07/20/content_ 2187242. htm，2014年7月20日。

[6] 常修泽：《逐步实现基本公共服务均等化》，《人民日报》2007年1月31日。

[7] 张恒龙：《构建和谐社会与实现公共服务均等化》，《地方财政研究》2007年第1期。

[8] 王曰芬、戴建华、李鹏翔：《图书情报机构知识服务能力及评价研究（Ⅱ）——评价指标体系设计与权重赋值》，《情报研究》2011年第1期。

[9] 王昆、宋海洲：《三种客观权重赋权法的比较分析》，《技术经济与管理研究》2003年第6期。

[10] 彭国甫、李树丞、盛明科：《应用层次分析法确定政府绩效评估指标权重研究》，《中国软科学》2004年第6期。

B.9

“文化认同”机制与京津冀一体化发展评价

张慧芝　徐 蕊*

摘　要：京津冀一体化带有政府主导的特征，推进举措必须符合区域发展规律，培育区域“文化认同”是首要工作之一。20世纪五六十年代以来，行政区划的分异使得京津冀三地的亚文化区特征逐步强化，三地居民文化身份认同体系的构建有着深厚的自然－社会基础，是可行的。目前文化认同体系的构建存在两大困境：一是困于行政壁垒，二是困于经济差异。借助京津冀区域一体化与城市化进程同步的特征，将“文化认同”体系构建与生态治理等现实问题相结合，用“京畿人”这一文化身份认同取代今天的“北京人”“天津人”“河北人”身份区别，为区域一体化的推进凝聚人心。

关键词：文化认同　机制构建　京津冀一体化　发展评价

区域一体化发展首先是要“心”一体化，其有两层含义：一是从“人心”的角度讲，指居民的文化认同；二是从“经济中心”的角度讲，指各级城市的协同。在文化经济化、经济文化化日渐突出的社会背景下，这两者缺一不可。对于“文化认同”在区域发展中的价值，美国经济学家胡佛曾

* 张慧芝，河北工业大学马克思主义学院教授，博士，主要从事区域历史地理研究；徐蕊，河北工业大学马克思主义学院实验师，主要从事区域环境变迁研究。

说："一个区域，之所以成为一个区域，就在于区内有一种认识到共同区域利益的一般意识。"区域协同发展、经济产业协同是表层的，决定人的思维方式、行为方式的文化才是决定区域发展模式的真正基石。区域发展的主体是人，制约主体（包括农民、工人、商人、官员等各阶层）发展的最主要的内因是区域文化，例如，欧洲一体化就脱胎于欧洲文明的一体性。

京津冀一体化区域规划带有政府主导的特征，这就要求推进一体化的举措必须符合区域发展规律，最根本的一点就是要培育区域"文化认同"，凝聚人心。

一　"文化认同"是区域一体化的基底

"文化认同"是指一种特殊的文化状态、心理状态，它是一个民族、国家、区域范围内成员对其文化的理解、接受和实践的文化心态。人民对自身文化身份的认同及对其文化的归属意识，是民族形成、国家统一的社会心理基础，同理也是一个区域空间概念形成的社会心理基础。可以说，只有建立在文化认同基础上的区域才具有一体化发展的凝聚力、向心力。

（一）文化认同的基本含义

"认同"一词来源于英语"identity"，最早被用于哲学领域，由弗洛伊德提出，他认为"认同"是指"在社会情境中，个体对其他个体或群体的行为方式、态度观念、价值标准等，经由模仿、内化，使其本人或团体趋于一致的心理历程"。可见"认同"的本义是指个体对自我身份、属性等特征的一种倾向性认识，后被美国心理学家埃里克森引入心理学领域，用于分析自我同一性，其中一个内涵就是个体对自己与特定群体之间同一性或一致性的确认和内心趋同。

随着概念扩展到社会学、人类学等学科，"认同"开始转为着重解释个人与群体、群体与群体之间的归属认同。按照《人类学词典》的解释，"在社会科学领域，这个概念的使用范围日益扩大，包括社会认同、文化认同和民族认同，分别指个人认为自己与所处的特定的社会地位、文化传统或民族群体之间的统一"。[①] 泰费尔（Tajfel H.）认为"认同"是指"个体认识到他（或她）属于特定的社会群体，同时也认识到作为群体成员带给他（或她）的情感和价值意义"。[②] 认同既是自我意识、自我身份形成的心理基础，也是对自我所属群体的归属感的心理及情感基础，个体对于自己所认同的归属群体或区域会产生情感上的偏好，对其价值体系会产生趋同甚至崇拜的心理，会通过对群体或区域的积极认同提升自尊感、自我价值感，因此也会积极维持自我对群体或区域的认同，并积极推进群体或区域的一体化发展，愿意与区域的其他人风雨同舟、和衷共济。具体到"文化认同"一词，其译自英文"cultural identity"，还可以被翻译为文化身份或文化身份认同，特指个人之间或者个人与群体之间对共同文化的确认，并在心理上、情感上形成对区域共同体的归宿感、依赖感，由此焕发出指向归属区域的自豪感、凝聚力。

美国著名政治学家萨缪尔·亨廷顿（1927～2008年）在《文明的冲突与世界秩序的重建》一书中提出，不同民族的人们常以对他们来说最有意义的事物来回答"我们是谁"，即用"祖先、宗教、语言、历史、价值、习俗和体制来界定自己"，并以某种象征物作为标志来表示自己的文化认同，如旗帜、十字架、新月形、甚至头盖等，他认为"文化认同对于大多数人来说是最有意义的东西"。"我们是谁"是哲学最基本的命题，是一个人、一个群体确定自己身份需要回答的最基本的问题，文化认同是自我身份确定的核心依据。从中国人的角度回答"我们是谁"，首先从祖先血脉讲，轩辕黄帝是我们共同的祖先；其次从族群认同讲，我们都是中华民族，汉语、汉字是我们通行的语言文字，春节、元宵、清明、端午、中秋等是我们的传统节庆，龙、长城、黄河等为我们民族的标志……这些是最基本的文化身份认识，也是最有意义的文化认同，汇集到一点就是"我们都是中国人"，维护

① 吴泽霖总撰《人类学词典》，上海辞书出版社，1991。

② Tajfel H., *Differentiation Between Social Groups: Studies in the Social Psychology of Intergroup Relations* (Londen: Academic Press, 1978).

民族独立、国家统一是我们每个中国人的责任，中国人血脉相连，需要互相支持、支援，提携共进。

民族独立、国家统一需要文化认同，区域一体化亦然，只有区域内的人民认同自己归属这个区域，是其中一分子，并积极维护区域利益，才能推进区域一体化发展。具体到京津冀地区“文化认同”机制的构建，就是要改变目前所呈现的“北京人”“天津人”“河北人”三地文化身份认同的分歧，通过一系列文化工程，在三地传统文化认同的基础上形成“京畿人”这一文化身份认同——“我们是京畿人”，包括京津冀三地的京畿地区是我们共有的家园。

（二）文化认同与区域一体化

一般来说，文化认同是民族认同、国家认同、区域一体化认同等的社会基础。

具体到区域一体化进程，文化认同的产生应该先于居民对区域一体化发展方式的认同，或者说先有居民对自我区域身份、区域归属感的认同，才有区域一体化意识的产生。区域文化认同是居民对区域存在的一种态度，它是一个复杂结构，不仅包括个体的身份认同、对区域的归属感，还包括个体对区域文化的积极评价，以及个体对区域活动的参与程度等。可见，培育“京畿人”文化身份认同应该在京津冀区域一体化之前启动，考虑到它是经济一体化的社会基础，至少应该和经济一体化同时推进。

文化认同的形成需要一定的社会历史条件和自然地理环境。在一定历史时期，活动在某一区域范围内的居民，在同一自然地理环境之内，在大致相似的自然资源条件基础上，在相互联系的社会生产、管理过程中会形成同一类型的文化，他们使用相同的文化符号、遵循共同的文化理念、秉承共有的思维模式和行为规范等，慢慢就会形成稳定的、具有区域特征的文化认同。区域文化认同形成之后，又会在很长一段时期内保持相对稳定的态势，并对区域内居民的行为产生制约，在区域文化的作用下，居民会为自己是区域中一分子而感到自豪，从而自觉自愿地维护区域整体利益、捍卫区域尊严、推进区域发展。所以，一定地缘范围内的居民对自我身份的区域归属的文化认同主要具有以下功能：一是使区域内文化群体具有同一价值观、价值取向；二是成为区域一体化形成、存在及发展的重要动力；三是作为区域内文化群体保持密切关系的“黏合剂”。简而言之，文化认同的本质是一种集体观念，是形成区域共同体的精神纽带，是延续区域共同体生命的精神力量、社会基础。

基于以上分析，文化认同的基本含义及其与区域一体化的关系如图 1 所示。

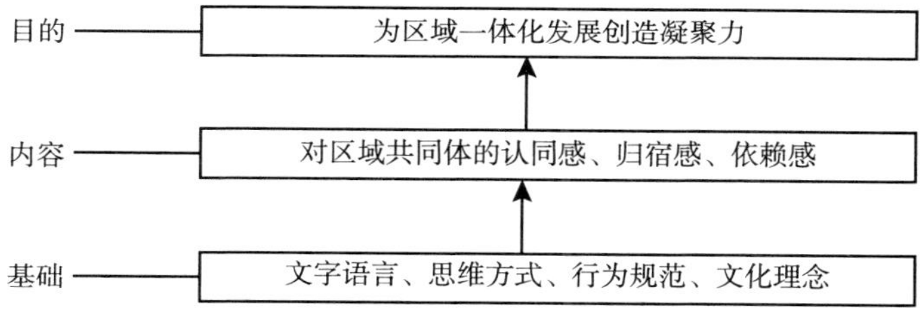

图 1　文化认同的基本含义及其与区域一体化的关系

“京津冀一体化”最早出现于 1982 年，最初提法是“首都经济圈”“环渤海经济圈”，之后这一区域发展战略愈来愈被高层认同，但在具体实施过程中却难以使三地切切实实地融合为一体，诸如产业分工协作等关键步骤的推进在三地均遇到很大阻力，究其根源便是三地社会心理上的不认同、排斥感。现在之所以提出“文化认同”，正是因为三地存在“历史的断裂或社会的断层”，致使社会心理认同渐行渐远，成为区域一体化发展最根本的障碍。

二　京津冀“文化认同”的缺失

文化认同作为居民对某类文化的倾向性共识、认可和接纳，以及由此形成的身份归属意识，也会对不同文化的边界，即文化意义上“你”“我”“他”的概念及边界进行区分。京津冀三地 20 世纪中期以来在行政力量的作用下，“你”“我”“他”的概念、边界被不断强化，当个体自我身份认同不属于另外的群体或区域时，也会产生不同程度的排斥感，这便成为今天京津冀一体化发展的最大社会阻力。

（一）京津冀亚文化区特征显著

按照文化区划分标准，京津冀应该是同属一个文化区的三个亚文化区。半个世纪以来，在行政体制分异的强化作用下，同一文化区的同一性被不断淡化，亚文化区个性差异特征被不断突出，在不同社会地位、利益的作用下，三地居民在身份认同上的区域差异感加剧，“北京人”“天津人”“河北人”已然成为区域居民身份的标示。三地边界毗邻的两个村庄的居民会因为户籍的行政归属不同，而面临迥异的待遇，如北京的农村养老金是河北的近七倍。各种资源分配不公，社会福利不均，这些差异甚至造成三地农村之间婚姻上的隔离：河北女人以嫁入京津、获取京津户籍为荣，但河北籍男人基本不可能娶到京津户籍的女人。

从理论上分析，文化认同感缺失形成的主要原因有 4 个方面：一是长期历史分割；二是自然环境差异；三是社会条件差异；四是宗教信仰差异。具体到京津冀地区则主要是第三点，即近代以来社会分工差异逐步加剧，特别是 20 世纪五六十年代以来行政区划一分为三，最终形成了三地文化归属感的分离。

按照古代“山川形变”行政区划原则，秦汉以来三地大部分时间属于同一行政区，在自然区、行政区的作用下三地的文化同一也得以形成，这便是自然区、行政区、文化区的三区同一。这一情形大约在 12 世纪开始出现变化。12 世纪中叶，金朝以北京为中都，迄今已经 861 年，其间以政治权利集团聚集的北京城为核心逐步形成了“京师（首都）文化”，而环北京的津冀地区逐步形成了“京畿文化”，但京津冀三地一直属于同一行政区划。1860 年天津开埠，很快成为中国北部最为重要的外向型近代港口城市，以天津城为中心的“港口文化”特征逐步凸显。随着天津在直隶省（河北省）内政治、经济地位的提升，19 世纪末、20 世纪初它便取代保定成了直隶总督府实际所在地，即成了河北省的政治、经济中心。民国年间，河北省省会直接改设天津，北京因系首都所在地，仍特别设置顺天府，直接隶属中央。1949 年中华人民共和国成立后行政区划重新调整，北京、天津先后成为直辖市，之后虽有波动，如 1958 年 2 月天津重归河北省，自 1967 年 1 月天津再次成为直辖市后至今未再变动。

20 世纪五六十年代以来，在行政主导型经济发展模式下，北京、天津获得了远远优于河北省的政治、经济、社会资源；与此同时，河北省还一直被定位为服务京津、优先满足京津发展所需。三地之间行政地位的差异导致经济水平、居民福利差异日渐扩大，原本都是“燕赵儿女”“直隶人”的文化身份认同渐渐被“北京人”“天津人”“河北人”所分化。现在，只剩“河北人”还在认同“燕赵儿女”“直隶人”，“北京人”已经成了令人羡慕的一种新身份，“天津人”傍依北京，待遇也远比“河北人”优越。

目前京津冀三个亚文化区的边界大致与一省二市的行政边界一致，见图 2。

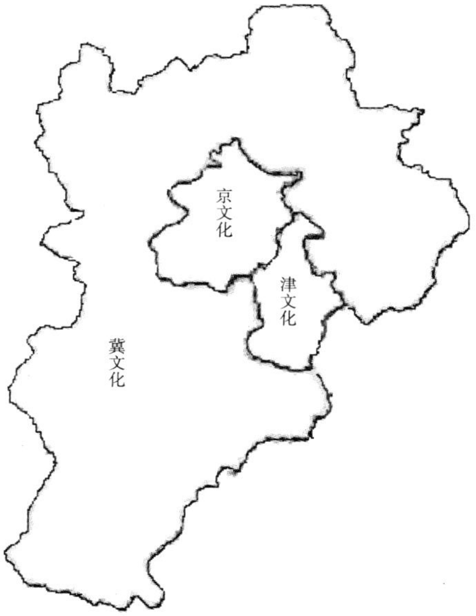

图 2　京津冀文化分区

（二）京津冀亚文化的主要异同

在自然地理条件、历史文化传统和目前行政地位、区域功能差异交错的影响下，一方面京津冀三地居民身份认同渐行渐远，另一方面厚重的自然和社会基础及现实中无法割断的关联又使三地居民根本无法截然分开。于是，三地之间便形成了一种差异不断加剧、同一性尚存的混合局面。目前京津冀三地文化的主要特征及相互之间的主要异质性、同一性大致如图 3 所示。

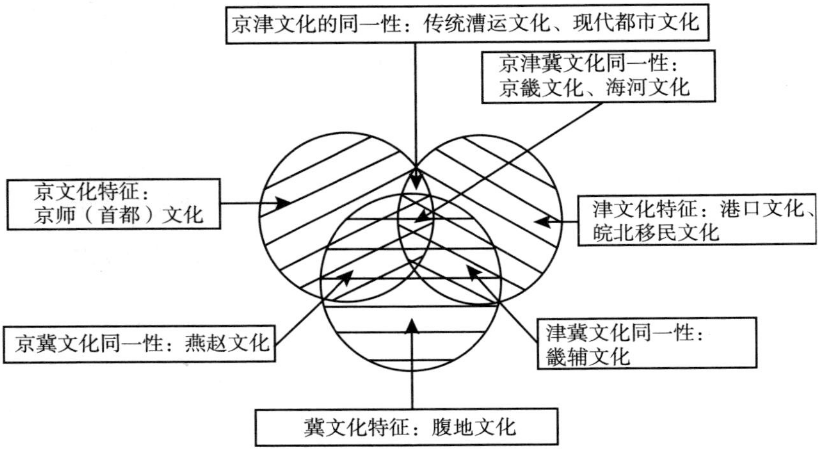

图 3　京津冀文化亚区的主要特征及异同

首先，三地尚存文化同一性——京畿文化、海河文化。半个世纪以来，京津冀文化认同的行政基础虽被打破，但三地文化形成的自然地理基础——海河流域并没有发生巨变。尽管海河的水运功能在 20 世纪 60 年代渐渐淤废，使三地之间城镇、产业按照河流“点－轴”结构的布局受到影响，但河流廊道的文化传播功能在历史惯性下依然不同程度地存在。在海河水系文明廊道的影响下，三个亚文化区之间存在千丝万缕的关联，并在民间文化交往体系中发挥作用。

其次，三地文化的异质性与同一性。简而言之，“京文化”的“都城文化”气息浓郁，语言是“京腔”，居民多有着世代传承的天子脚下的优越感，官本位意识突出，凭借政治资源对周边地区有一种高高在上的自得；

“津文化”在北方独树一帜，“津言”带有显著的皖南语系特征，历史相对短暂，且以漕运、开埠港口为主要基础，传统码头气息、近代殖民文化杂糅，城市经济的繁荣和自然灾害的频仍，育成了当地小富即安的市民心态；“冀文化”是孕育“京津文化”的母体，冀作为京津辽阔的腹地，长期以来一直承担着拱卫京师、屏障京师的特殊职责，由此也塑造了近年河北人自称的“直隶文化”，牺牲、服从、服务可以说是“冀文化”最核心的特征。

历史上的津冀一直是一个空间概念——“冀”。晚清、民国乃至20世纪五六十年代，津还是冀的政治、经济中心，津冀分离是20世纪60年代行政分异的结果，津冀之间的差异也在行政主导下不断加剧，但是二者屏障京师、服务京师的功能没变，或说二者依然同属京畿地区。天津地区开发较晚，加之东汉末年海侵事件等的破坏，其域内人口一直较为稀疏，所以传统的燕赵文化的核心区域是今天的京冀地区。随着地缘政治变化，近代海洋受到关注，天津得以开发，开埠之后其发展速度惊人，但是与传统的燕赵文化不同，它带着典型的港口文化，加之独有的军事地位与驻军中淮籍军人居多，其又带有典型的皖北移民文化特色。地缘位置决定了天津和北京之间唇齿相依的关系，加之近代地缘政治、地缘经济的变化，天津对于北京来说更为重要，所以京津之间从传统漕运中心、到近代化转型，再到现代直辖市发展，都有着密切的依存关系。

三　京津冀“文化认同”机制构建

韩震在《论全球化过程中的多重文化认同》一文中提出文化认同就是“相信自己是什么样的人或信任什么样的人，以及希望自己成为什么样子的人，进而达到“寻求生存方式的持续性”的目的；还提出文化认同产生的“过程往往缘于历史的断裂或社会的断层”。[①] 这一理论分析与京津冀三地文化由同一到分异的变迁过程十分吻合。

---

① 韩震：《论全球化过程中的多重文化认同》，《求是学刊》，2005年第9期。

（一）京津冀“文化认同”机制构建的可行性分析

从历史文化视角分析，京津冀地区有着持久而坚实的区域文化认同基础，京津冀区域同有着悠久的历史，纵是在北京成为全国政治中心之后，包括天津在内的河北地区也一直作为“京畿重地”屏障其四周。

1. 区域文化从同一到分离的变迁

人类是具有历史性特征的存在，因此人的自身身份认同和群体归属认同是一定时空系统演进过程的产物。所以，分析人对自身文化身份的区域认同时必须有历史发展的维度。

京津冀三地区域文化认同在历史时期上大致经历了从“同一”到“分离”的变迁。

I 阶段：战国秦汉时期“燕赵文化区”。

西周分封诸国建都于今天京津冀区域内的主要有燕、蓟、卫等封国，经过春秋时期持续兼并、变化，到战国初年主要剩下了燕、赵、中山三国，再至战国末便只剩“战国七雄”之燕、赵两国了。燕、赵两国的范围包括今天河北省大部及辽宁、吉林、山西、内蒙古等省部分，远远大于目前京津冀三地辖区。由于春秋战国时期的思想文化在中国思想史、文化史中具有奠基作用，传统文化分区多成形于这一时期，这也是“燕赵文化区”形成的历史源头。

“燕赵文化区”和两山一川，即燕山、太行山、黄河关系密切。燕国国名与封地内燕山山脉关系密切，赵国横跨太行山两侧，黄河则是燕赵文化区南部、东部的天然边界。受地理条件影响，“慷慨悲歌”“好气任侠”便成为“燕赵文化区”有别于其他文化区的突出特征。

秦汉两代“燕赵文化区”空间范围较之战国时期已经发生明显变化，主要变化是空间范围大大缩小。依据《汉书·地理志》所划分的25个风俗区和《史记·货殖列传》所划分的15个“经济区”推测，“燕赵文化区”边界已经和太行山、黄河大致吻合，北部包括燕山以北地区，或者说已经接近后世直隶省的范围了。

II 阶段：唐宋时期“河北文化”呈现雏形。

唐贞观元年（627 年），出于吏治监察的需要，在州县区划基础上，将全国分为十道，即“贞观十道”。十道边界的划分基本遵循了“山川形变”之分界原则，“河北道”作为十道之一，按照《唐六典·尚书户部》记载，其边界为“东并于海，南迫于河，西距太行恒山，北通渝关、蓟门”，大约相当于今天北京、天津两市全部、河北和辽宁两省的大部。

宋代农牧分界线大幅南移，北部边境由此也大幅内敛，宋辽之间大致以白沟河（今拒马河）为界，按宋代行政区划，今河北省大部属当时河北东路、河北西路两个行政区，两路有合有分，但一直统属“河北路”。

唐宋两代“河北路”所在的华北平原社会经济得到了迅速发展，随着行政监察区由虚变实，“河北路”最终成为一级行政区划，“河北文化”随之呈现雏形，包括京津冀三地的黄河以北地区（简称“河北区”）也成为中国传统农业文化的核心区域之一。

III 阶段：元明清三代京师、京畿文化的分异。

元明清三代施行行省制度，河北省（明清称直隶省）成为一级行政区划，其间京师也迁移到海河流域支流——永定河下游，河北地区更成为京师屏障、京畿腹地。

这期间河北省南部边界变化不大，北部有明显内缩，特别是在明代。具体来说，明代北直隶省大致包括今天北京、天津、河北大部和河南、山东小部分地区；清代直隶省辖区大致包括今河北、北京、天津，以及山东、山西、河南、辽宁、内蒙古的一部分，北部主要增加了承德府和口北三厅。在省为一级行政区划的元明清三代，河北省的辖区范围较之现在要辽阔很多，但总的变化趋势是向今天的河北省范围靠近，或说从传统燕赵封国的疆域向后世作为省级建制的“河北省”并靠。

中国古代城市与西方发展机制不同，主要动力不是来自腹地商业经济的推动，而是依靠政治力量进行优势资源聚集，所以京师尽管位于河北境内，但其供给主要由全国各地通过大运河输送而来。如今的北京是当之无愧的国际大都市和全国政治、文化中心，强势的文化核心地位、鲜明的皇城文化个性，使得北京城在文化内涵上逐步同传统的“燕赵文化区”分离，京冀开始出现了“京师（首都）文化”“京畿文化（或称直隶文化）”的分异。

Ⅳ阶段：近现代逐步形成京津冀亚文化区。

与历史时期文化区空间范围变化相应，文化区内涵也有一个逐步变迁的过程，元明清时期，都城迁至永定河下游，加速了传统燕赵文化区内亚文化区的形成，北京地区逐步形成了以“京师（首都）文化”为主的亚文化特征。

天津发展相对较晚，元明清时期它是京杭大运河上重要转运口岸，和通州一起承担南方物质的仓储转运。近代随着国际地缘政治的变化，中国传统陆权地位受到来自海洋文明的威胁，因为介于渤海湾与北京城之间，天津的军事地位陡然提升。特别是1860年被迫开埠之后，特殊的地理位置使天津很快成为中国北部地区最为重要的外向型港口，在近代外向型港口贸易的作用下，天津近现代“港口文化”逐步形成，成为京冀之外又一个亚文化区。

在国际形势的影响下，随着中国的近代化进程，京津冀三个亚文化逐步分异，传统的“燕赵文化区”内分化出了“（京）首都亚文化区”“（津）港口亚文化区”“（冀）腹地亚文化区”。但是，由于北京的文化核心地位，以及津冀拱卫北京、服务北京的职能定位，京津冀区域三地文化依然存在同一性——京畿文化。

2. 京津冀文化认同的自然－社会基础

解决京津冀三地文化认同缺失的问题，除弘扬历史文化传统、加强制度和政策保障外，还应关注“三地同一”的自然－社会复合基础——海河水系。京、津全部，河北省的91%均属海河水系。

从水资源角度看，海河水系是京津冀三地主要供给源；从交通视角看，海河水运是古代、近代三地的运输动脉。依据文献记载，海河大规模水运始于公元207年，隋唐以后东西向的河道与南北向的京杭大运河形成了便利的水运网，直到近代天津开埠，京津冀地区经济腹地外向型发展极大地仰仗了海河水运。更为关键的是，河流还是古代文化传输的主要廊道，同一流域的文化具有显著的同一性，以河流水资源为纽带，在同一流域内部，自然资源、生物种群、经济布局、文化特征等，往往具有显著的“流域同一性”。

从流域文化视角看，京津冀三地基本属于一个文化子区——海河流域文化区。“一方水土养育一方文化”，以海河流域的水系网络为枢纽，流域内最典型的文化个性便是“京畿文化”——以北京京师文化为灵魂，溯源逆流，沿着河流廊道，文化散播、影响到河北腹地乃至更远的山西、内蒙古等地。

目前京津冀一体化的区域发展目标是一个复合目标：包括社会经济、生态质量、人文精神等多种目标，而这些目标“同一性”的基础便是——海河水系。鉴于此，三地一体化的发展规划就需要兼顾海河水系的流域整体性特征。

（二）京津冀“文化认同”体系的构建

文化认同的核心是价值认同和价值观认同，鉴于文化含义的广泛性，文化认同需要建立在丰富、真实的社会基础之上，具体体现在语言、宗教信仰、风俗习惯、建筑形制等各个领域。

1. 文化构成分析

学界基本认同将文化分为物质文化和精神文化两大类，精神文化又包括制度文化，这就构成文化的两个方面、三个层次。其中，精神文化是文化的内核，物质文化是文化发展演进的基础，制度文化（或称社会文化）反映出文化的社会调节功能。在这一基础上，一些学者提出了文化结构假说——核心外围式圈层结构，从内核到外围分别是精神文化、行为文化、物质文化、制度文化、自然地理环境（见图4）。

目前世界范围内对文化的定义莫衷一是，至少有200多种说法。王宁在《中国文化概论》一书中对文化所下定义是：“文化是人类在长期的历史发展过程中共同创造并赖以生存的物质与精神存在的总和，是以人和人的精神活动为中心的概念，注重不同民族历史传承积累凝聚的、共有的、成体系的人文精神。”[①] 据此，在文化构成中，精神文化是核心，价值取向、价值

① 王宁：《中国文化概论》，湖南师范大学出版社，2008。

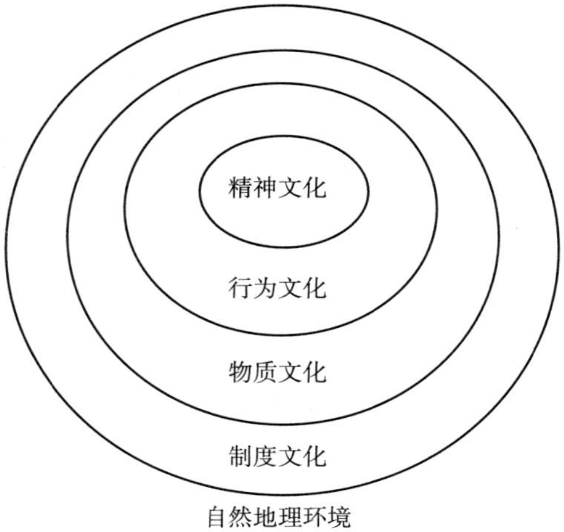

图 4　核心外围式圈层文化结构

观是精神文化的灵魂，在不同地域环境的影响和作用下，以精神文化为中心，圈状扩张到人的行为领域、物质世界及社会管理层面的制度体系，形成了包括语言文字、风俗习惯、民间工艺、科学技术、宗教信仰、文学艺术、思想道德、价值观念等内容在内的庞大的文化体系。此外，文化的形成还要受到自然地理条件的制约。文化构成如表 1 所示。

表 1　文化构成

名　称	内　容
精神文化	宗教信仰、哲学思想、伦理道德、审美取向
行为文化	日常行为举止
物质文化	饮食、服饰、建筑、交通、生产工具以及乡村、城市
制度文化	国家管理制度、人才培养制度等
自然地理环境	

2. 京津冀“文化认同”体系构建

文化认同或文化身份认同是一个人文化身份构成的过程。文化身份由多种文化元素构成，构成身份的元素就是文化符号，例如，饮食、服饰、民族、历史、国籍、宗教信仰、政治取向等，这些文化元素内化为人作为个体为人处世的态度，外在为他们日常的言语、行为等，从而成为代表其价值观念和群体身份认同的文化符号。文化具有时空特征，文化认同体系的构建也必须考虑区域特征和时代特征，既要兼顾不同亚文化区的个性，保持文化的多元活力，还要把握时代主流文化的脉搏，以保持文化的先进性。具体到京津冀三地，区域文化认同构建的层级结构如图 5 所示。

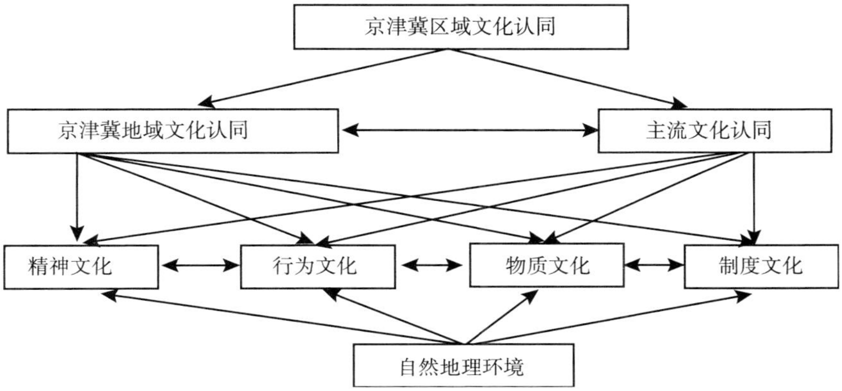

图 5　京津冀文化认同层级结构

美国社会学家希尔斯和意大利社会学家安东尼奥·葛兰西曾提出，每个社会都有一个发出强大影响的文化中心，该中心在区域中有着霸权地位，有着话语权利，它支配着社会的符号秩序、价值和信仰，代表的是一种独一无二的心理、政治、经济和文化优势。美国另一位著名社会学家戴安娜·克兰在《文化社会学：浮现中的理论视野》中也曾提出，文化中心通过社会整合的方式不断将中心的文化价值渗透到边缘，从而将边缘纳入中心的势力范围。可见，在文化认同体系构建机制中，是存在一个具有引领作用的文化核心的，其他亚文化区的居民都认同这一文化的核心性、先进性，并自愿模仿、学习和尊崇它，在京津冀区域文化认同体系构建中，这一核心就是——首都文化。

文化的中心与边缘是一个相对概念，体现了一个社会存在的政治、经济、文化发展的不平衡状态。由于政治、经济、文化发展的不平衡，京津冀地区也存在着一种相对意义上的中心与边缘，近代一度形成了京、津两大中心：北京是政治、文化中心，天津是经济中心。20 世纪中期以来，北京的地位不断强化，渐成为京津冀三地政治、文化、经济中心。鉴于此，在京津冀文化认同体系构建过程中，对于“北京”的中心地位必须给予足够的重视。京津冀文化认同体系构建内容如表 2 所示。

表 2　京津冀文化认同体系构建

名　称	内　容
精神文化	社会主义核心价值体系；大首都圈文化；优秀地域文化
行为文化	日常礼仪、日常行为规范
物质文化	具有地域特征的饮食、服饰及建筑形制上和谐一体；交通一体化；生产技术共享；基础设施共享
制度文化	区域一体化战略；行政区划一体化调整；户籍、人才培养制度一体化等
自然地理环境	海河水系生态修复，包括局部通航

四　京津冀“文化认同”现状评价

文化认同是对文化群体形成接受的一种心理过程，《实用教育大辞典》将其解释为：“外来文化与主体文化相互碰撞过程中的一种文化适应机制”。[①] 京津冀一体化提出后的三十年间，京津冀三地努力推进区域文化认同，但效果并不理想。

（一）现状特征及主要举措

在过去的 30 年间，与“京津冀一体化”相关的政府决策、发展规划、研究报告、学术建议等举不胜举，但京津冀地区发展的现实是环河北、环首都贫困带依然存在，京津雾霾越发严重……我们不得不承认“京津冀一

① 王焕勋主编《实用教育大辞典》，北京师范大学出版社，1995。

体化"规划容易、落实难。近年来各级部门、社会各界也开始关注区域一体化与区域文化认同之间的深刻关联，采取了一些措施并初见成效。

1. 精神文化层面

精神文化是指人类创造的各种观念形态的思想产品，是文化结构中最核心的内容，它直接决定着个体、群体的价值观、价值取向，主要包括宗教信仰、哲学思想、政治观念、伦理道德、审美取向等内容。在区域文化认同构建体系中，精神文化是最核心的内容。

在较长历史时段内同属一个自然区、行政区、文化区的发展历程使得京津冀三地文化认同具有坚实的精神文化基础。在精神文化层面，北京的文化核心地位、引领作用突出，这既是三地历史上长期一体化的文化基础，也深刻影响着今天的文化认同。

20 世纪中期以来，由于京津冀三地行政区划分离，加之改革开放引发的一些文化问题，三地之间价值观层面的差异也在逐步形成。精神层面价值定位的差异，必然会反映在京津冀一体化过程的行动上。目前需要解决的关键问题是：如何发挥各级政府、社会各界的力量，大力推进京津冀三地居民价值观、价值取向的一致性？

2014 年 10 月 15 日，习近平主席主持召开了文艺工作座谈会，会议主要精神反映了文化的时代脉搏，是文化主流意识的体现，也是京津冀文化认同在精神文化层面的最高基准。京津冀三地精神文化一体化的构建需要在时代主流文化的基调上，在北京文化核心的引领下，在充分兼顾三地具有亚文化多元化特征的前提下，积极努力地推进。推进的动力主要包括各级政府职能部门、高校研究机构、社会各界文化力量，其中各级政府的推动尤为关键。

近年来京津冀三地，特别是京津两市也有一些主动的举措，最引人注目的便是 2014 年 8 月 28 日签署的《京津冀三地文化领域协同发展战略框架协议》，提出三地应在优势互补、共建共享、统一开放的原则下，推动三地文化发展。主要措施包括：一是建立公共文化设施建设交流机制；二是推进演艺文化交流与合作；三是加强文化产业协作发展；四是加快优秀传统文化的保护与利用；五是推动文化旅游融合发展；六是培育统一开放的区域文化市场；七是加强文化人才的交流培训等。协议还提出建立联席会议制度，三地文化部门要定期召开联席工作会议，切实推进合作的有序进行；成立合作协调工作小组，由三地文化部门主管厅（局）长牵头，负责落实联席会议确定的各项文化协同任务等。

正如协议名称所揭示的，这是三地文化协同发展的框架协议，其中主要措施多围绕三地文化产业进行，它是文化服务经济的纲领协议，与区域文化认同构建尚有一定距离。但不可否认，“建立公共文化设施建设交流机制”“加强文化人才的交流培训”等协议中包括建立公共图书馆资源共享平台、跨区域文化交流、实施三地文化人才联合培养工程等措施，对拉动河北省公共文化设施建设、缩小三地文化水平差异具有积极的作用。

言易行难，京津冀文化认同构建首先必须缩小三地目前存在的文化资源拥有量严重不均的现实，让河北真正可以无障碍地分享京津的优势文化资源，随着河北人与北京人、天津人精神思想意识趋同、价值取向趋同，区域文化认同才能逐步形成。

2. 行为文化层面

行为文化是精神文化内核最直接的体现，居民通过自己的生活方式、言行准则、日常礼仪、人际关系等体现对自己文化身份的认同和尊重，并通过言语行为等外在实践，进一步强化内在的文化认同感。行为文化是可见的，是区域之外的人对于区域内文化同一性特征最直观的感受和最直接的评价依据，简而言之就是某区域内居民带有同一性的言行举止、精神风貌。

在传统社会，人们多用“规矩”“礼俗”等词语来约束、督促居民的行为文化。“规矩”“礼俗”的形成，既有官方以“纲常伦理”为内容、以“礼制”为形式的宣传教化，更多的则是民间代代相传的日常伦理规范在起作用。近年来，社会经济迅速发展，道德规范发展略显滞后，于是民间开始怀念“老规矩”。老规矩多是封建集权和小农经济的产物，于今天现代化、城市化的需求格格不入，所以需要构建与时代相适应的新的伦理规范或说规矩。现代社会多以“公民守则”之类来规范居民的言行。目前京津冀三地主要有《首都市民文明守则》《天津市民文明公约》《天津市民行为守则》《保定人文明公约》《保定人行为守则》《石家庄市民公共文明公约》等行为规范，但尚无一部针对三地居民，没有地域差异、没有城乡差异的共同的行为规范守则。

在传统社会，京津冀三地在日常衣食住行、婚丧嫁娶重大事件上的“规矩”“礼俗”具有很大的相似性。近年来，随着北京、天津越来越国际化、大都市化，而河北的城镇化进程却相对滞后，京津冀三地日常生活中的行为文化差异越来越大。三地之间塑造行为文化的经济基础差异拉大，势必造成行为文化上的差异。所以，京津冀三地“行为文化”认同是需要以经济一体化为基础的，特别是需要河北省经济水平大幅提升，并与京津缩小差距。这是一个社会系统工程，需要一个时间积累过程。

在行为文化构建层面，京津冀区域文化认同目前最迫切的工作是努力突破两个局限：一是突破京津冀三地各立准则的现状，逐步推进“京畿人”的言行规范；二是与城镇化接轨，突破城乡界限，制定区域一体化的文明准则。

3. 物质文化层面

物质文化是文化要素或者文化景观的物质表现，包括饮食、服饰、建筑、交通、生产工具以及城乡景观等，历史时期三地物质文化的一体化、认同感是显著的，例如，以“四合院”为主要形制的建筑文化，以北京为枢纽的驿道交通体系，饮食服饰也皆带着典型的北方传统特征等。只是天津开埠之后，在西方文明的影响下，城市空间布局、建筑等“西化”，此外，在皖南移民文化的影响下其饮食等也具有不同于北方的特征。

近年来，京津冀三地的物质文化差距在不断拉大。以建筑为例，2006年美国《商业周刊》评选出的中国十大新建筑景观中，7 个在北京，3 个在上海，而毗邻北京的河北、天津落空。通过对全国七批重点文物保护单位进行梳理可以看到，在京津冀地区，从新石器时代直到明朝，河北省遗留到今天成为全国重点保护文物的数量一直高于京津（天津在辽代以前无入选，宋金两代也无入选），直到清朝这一态势才有所改变，北京首次在数量上超过河北省（北京45个，河北33个），天津也在清代后期猛然升至19个（见图6）。可见，河北作为京津的生态－文化腹地，在传统社会一直起着哺育两地文化的作用，纵然在北京进入都城时代以后，河北作为京畿腹地，在寺庙、桥梁等建筑方面依然有着“天子脚下”的风采。

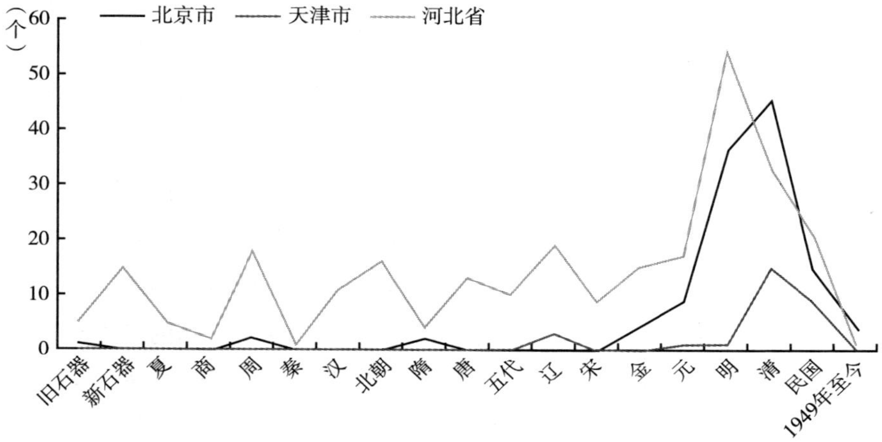

图6　不同历史时期京津冀三地全国重点文物保护单位分布

以交通为例，传统驿站交通体系皆以京师为中心向四面扩展，因此京师直隶地区就成为全国交通网络最为密集、便利的区域。近代铁路、公路交通线路依然以首都为枢纽，河北依然是“近水楼台”，成为国内近代交通设施最先建设的区域。但伴随着现代化进程的推进，河北的交通却明显落后了，很多县不通铁路、没有高速，市与下属县之间没有便捷、廉价的公交运输等。交通网络是经济发展最重要的基础设施，也是人才流动、信息传播、文化扩散最重要的通道。河北腹地落后的交通现状无法与京津交通体系对接，势必阻碍物质流通、信息对接，从而阻碍三地物质文化一体化的进展。再以电子通信为例，京津冀三地电话因归属不同，相互通话都是长途漫游。

京津冀交通一体化、通信一体化建设等正被提上日程。交通在协同发展的框架下正在进行重新构建，例如，连接北京和张家口的京张城际铁路即将开工，连接北京和天津的第二个城际铁路也已提出设想，京津冀“一小时都市圈"、京津冀"两小时都市圈"等概念也相继提出。2014 年 8 月 6 日，京津双方签署了六项区域合作协议及备忘录，涉及科技、环保、市场一体化、交通等领域，其中交通一体化成为京津冀协同发展的优先领域。区域发展、交通先行，京津冀交通一体化，必将提升河北"进出"能力，缩小三地因交通能力悬殊而形成的分割。

此外，推进三地物质文化一体化、物质文化认同，还需要改变目前河北腹地，特别是环北京贫困带的状况，提升首都腹地，特别是河北省内地区的物质文明程度。2013 年 11 月，中国奥委会正式同意北京和张家口联合申办 2022 年冬奥会，这是一个有力举措，只有改变了北京一枝独秀、四周灯下黑的局面，京津冀三地物质文化认同的形成才具有基础，才有可能。

4. 制度文化层面

制度是一定历史条件下形成的政治、经济、文化等方面的体系，是要求成员共同遵守的规章或准则。制度和文化关系密切，文化只有被认同和学习，其存在才是有意义的，而文化被认同和学习的实现，必须依靠一套相关的制度规则。与此同时，当制度体现为规则时，它必然反映了文化的价值、文化的精神、文化的理念；而当文化体现为规则时，它必然采取或风俗，或习惯，或制度的形式。从这一层面上讲，没有文化价值的制度是不存在的，没有制度形式的文化也是不存在的。所以，制度文化作为文化整体的一个组成部分，既是精神文化的产物，又是物质文化的工具，它一方面构成了人类行为的习惯和规范，另一方面也制约了或主导了精神文化与物质文化的变迁。

首先，京津冀区域文化认同体系的构建需要相应的制度保障。

2004 年《廊坊共识》揭开了传统燕赵文化区整合的序幕，此后出台了与此相关的多个文件、规划，例如，2006 年京津冀区域发展问题被写入"十一五"规划；2008 年北京市与河北省党政主要领导在京召开座谈会，就深化两省市经济社会发展合作签署了《会谈纪要》；2010 年京津冀一体化进程提速，河北省把"环首都经济圈"的规划递交国务院，并与北京政府达成五项协议，在交通、通信等方面开通绿色通道；2013 年 5 月，习近平在天津考察工作时提出要谱写新时期现代化“京津双城记”，同年8月，习近平在北戴河提出要推动京津冀协同发展；2014年2月习近平主持召开京津冀协同发展工作座谈会，将之升级为一个重大的国家发展战略；2014年3月，“京津冀一体化”战略被写进李克强作为国务院总理的首份政府工作报告中，8月国务院成立“京津冀协同发展领导小组”以及相应的办公室，中共中央政治局常委、国务院副总理张高丽担任该小组组长，开始从国家管理层面推进三地一体化。这是从京津冀一体化提出以来，建立的第一个最高级别的、可以指令京津冀三地的领导机构。

其次，制度文化建设将推进京津冀一体化文化认同的进程。

区域“文化认同”构建过程中，最核心的问题便是各地能否“平起平坐”，这是需要有制度保障的，特别是在目前政府主导的发展模式下。从国务院副总理担任“京津冀协同发展领导小组”组长，到《首都经济圈发展规划》（暂定名）即将出台，都从制度文化层面反映出2014年京津冀一体化的实质性进展。

2014年9月在京津冀协同发展领导小组第三次会议上，国务院副总理、“京津冀协同发展领导小组”组长张高丽强调京津冀一体化进程中“一分部署，九分落实”，再好的顶层设计也需要京津冀三地的具体落实。这里再次彰显出区域文化认同的重要——只有各级职能部门的官员，各个产业的企业家、工人，包括正处在城镇化进程中的农民，每个人都认同京津冀区域一体化，都将自己的身份认同为“京畿人”，而不是“北京人”“天津人”“河北人”，不存在“一亩三分地”的利益观念，心系区域一体的大利益，才能真正实现区域一体化。

5. 自然地理环境

从自然地理区划看，京津冀同属暖湿气候带；从农业水利区划分析，京津冀同属黄淮海平原区；从农业综合区划看，京津冀同属华北平原温暖的大陆性气候旱作耕作区；从水系视角看，京津冀同属海河流域。这些同属便是三地区域文化认同形成的自然基础。

在其自然地理基础中，变化最为剧烈的是海河水系，而与京津冀生态文化关系最为密切的也是海河水系。

早期海河水系上游山地林草覆被较好，较好地涵养了水源区，为京津冀三地提供了生态腹地保障。定都北京后，由于京城宫殿、宅第、寺庙、园林的大规模建设，加之庞大人口的生活资料所需，西部、北部山地森林为之一空，随着海河各支流上游山区的植被遭到破坏，永定河、滹沱河、漳河等进入华北平原后下游水患频繁，特别是永定河直接危及北京。所以早在明清时期，就开始在整个京畿区域内对海河水系进行水运－灾害综合治理，例如，清乾隆年间曾在直隶地区进行大规模的水系综合治理。1949 年之后，针对海河灾患，1963 年毛主席亲笔书写“一定要根治海河”，掀起了一场轰轰烈烈的治理运动，并取得了一定成效。但是到 20 世纪八九十年代，随着经济的迅速发展和生态意识的逐渐淡薄，海河水系许多支流沦为排污通道，加之取水过度，终于导致了 21 世纪严重的水生态问题，以及严重的水资源短缺和水质污染。

水污染、水患灾害等问题存在区域传输现象——沿着河流水系传输。海河流域大部分位于河北省内，特别是干支流上游地区多位于河北省边远山区或坝上地区，所以河北省不仅是京津两市的经济腹地，也是位于海河水系下游的京津两市的生态腹地，海河流域内产业布局所引发的水土流失、水质污染等生态问题，直接决定着京津两市的生态质量和生态安全。

2005 年 8 月，学界首次提出“环京津贫困带”的概念：在国际大都市北京和天津周围，环绕着河北的 3798 个贫困村、32 个贫困县，272.6 万贫困人口。10 年过去了，“环首都贫困带”不仅未能缩小与北京周边郊县的贫富差距，反而愈加落后。所以，如何借力京津冀经济一体化，通过产业结构调整恢复海河流域，特别是流域上游所在山区的林草覆被问题直接关系到三地的可持续发展。而这一过程需要京津两大都市确立区域文化认同的观念，以区域一体化的身份认同，切实负起责任，推动实现区域整体繁荣。

流域所具有的上中下游一体性、系统性的特征是不以人的意志为转移的，只有科学地解决了海河水系上中游的问题，处于水系下游的京、津两大都市才会拥有一个健康的生态腹地。

（二）现存两大困境

京津冀区域一体化，在目前依然带有明显的政府主导的特征，这就要求一体化的举措必须符合区域一体化进程的规律，必须承认文化认同是区域一体化的基石。

1. 文化认同困于行政壁垒

行政壁垒一般是相对于市场力量而言的，所谓行政壁垒是指地方政府出于保护本地利益的目的，利用行政权力对市场进行的不合理干预。行政壁垒的存在会阻碍市场要素的自由流动和资源的有效配置，增加市场要素流动成本，耗损区域经济发展的活力，给区域一体化造成困难及阻力。区域文化认同与区域经济一体化之间应该是相互依存、相互促进的关系，自然区划、行政区划的同一则是区域文化认同形成的自然－社会基础，目前京津冀三地不仅存在行政区划分异，而且存在独具特色的行政壁垒，严重制约着区域文化认同体系的构建。

京津同为“直接由中央政府所管辖、建制的都市”，理论上讲，京津冀三地同为国家一级行政区划，但是北京作为国家首都，在行政权力上较之同级行政区划具有绝对优势。京津冀三个行政区划之间存在不同的政治待遇，这种等级化的行政体制造成了三地之间不对等的话语权，北京“一枝独秀”，三地无法“平起平坐”，行政主导型“两市一省”格局成了阻碍“京津冀”区域一体化发展的主要原因，成了京津冀三地文化冲突的核心问题。

行政壁垒加剧了京津冀三地居民身份认同的分异。在传统社会，北京依靠政治力量优先聚集了大江南北的优势资源；在计划经济时代国家高度垄断的情况下，北京成为资源高度聚集的“城市黑洞”，这一情形目前依然存在，在某些领域北京优先聚集着优势资源，和其他地区相比不是多和少的问题，而是只有北京有其他各地无的不均等。除了传统的全国政治、文化中心定位之外，在官方的定位里北京还是对外交流中心和科技创新中心，其非官方定位还有“全国看病中心”“全国优质高等教育中心”“央企总部中心”

等。北京的"中心"称号之多，在中国城市中无出其右者，不仅河北无法与其平起平坐，同为直辖市的天津也不能做到，这就等于拆了区域文化认同的基础。

北京人、天津人、河北人更多的不平等，体现在户籍制度背后各种资源的分布不公上，包括教育机会、医疗条件、社会福利、工资待遇等各个方面。区域文化认同是居民对自己文化身份归属的认同，要建立这一认同，首先必须让区域内居民在教育机会、薪酬待遇、医疗保险等方面享有区域同一的待遇。京津冀三地要打破具有中国特色的行政壁垒，可谓任重道远。

2. 经济差异带来的文化冲突

区域文化认同的构建意味着"我们感"的形成，即强化自我身份认同的区域归属感，认定区域是"我们的"，而不是"他的""他们的"，自愿和衷共济地推进区域整体发展。调查显示，目前京津冀三地之间，"我们的""你们的""他们的"身份认同依然属于常态。

经济基础决定上层建筑，京津冀三地社会生产能力的差异是文化分歧存在的直接原因。以"人均国内生产总值"为指标，可窥见三地最近10年来经济差距的扩大（见图7）。

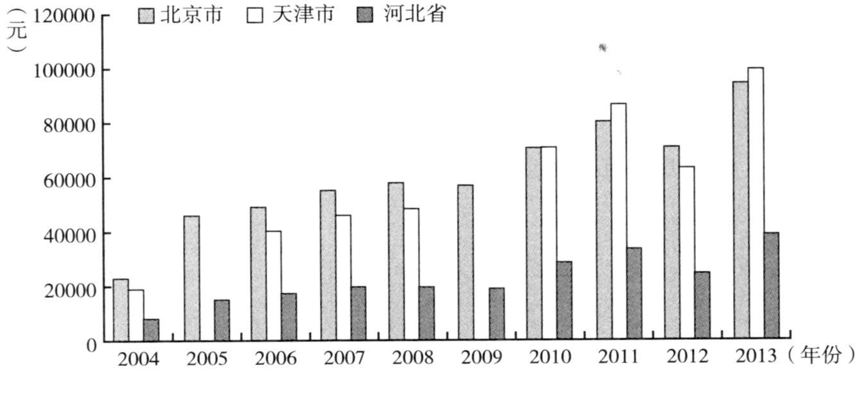

图7　2004～2013年京津冀三地人均国内生产总值

2013 年，中国共有七个省份进入人均 GDP“1 万美元俱乐部”，天津、北京两市均榜上有名，其中天津市人均 GDP 为 97609. 44 元，北京市人均 GDP 为 92210. 14 元，河北省人均 GDP 仅 38596. 63 元，分别是天津市的 39. 5%、北京市的 41. 9%，低于全国平均值 41804. 71 元。“人均国内生产总值”也是衡量人民生活水平的一个标准指标，由此可见，京津冀三地居民生活水平、消费实力的差异。

目前的京津冀一体化是与三地的城乡一体化、城市化进程同步进行的，三地农村经济的发展、城乡差距的缩小也是一个重要指标。2011 年北京市农民人均纯收入为 14736 元，天津市农民人均纯收入为 12321 元，河北省农民人均纯收入为 6900 元，分别是北京的 46. 8%、天津的 56. 0%。这一态势在 2012 年、2013 年并没有很大改观。2012 年北京市农民人均纯收入为 16476 元，河北省农民人均纯收入为 8081 元，是北京的 49. 0%，2013 年北京市农民人均纯收入为 18337 元，河北省农民人均纯收入为 9102 元，是北京的 49. 6%。2013 我国农村居民人均纯收入 8896 元，河北省低于全国平均水平。

对于与“北京村民”“天津村民”的经济差距，河北村民感受颇深。河北省涞水县蘧家磨村与北京市房山区的郑家磨村是两个只隔着一条马路的村庄，待遇却有天壤之别。有着北京户籍的郑家磨村人，自来水通到每家每户，村支书月工资 1200 多元，村民每月养老金 350 元；拿着河北户籍的蘧家磨村民，饮水要靠打井，要肩挑回家，村支书月工资 400 多元，村民每月养老金 55 元。所以面对京津冀一体化，两边村民的心态完全不同，北京村民觉得河北人要分羹、分权益，河北则渴望分到、得到，在这样的心态下是无法形成身份认同的。

北京的农村养老金是河北的近 7 倍，除前文分析的政治资源差异之外，与地方财政的实力也存在直接关系，例如，2012 年河北省人均公共财政预算收入仅相当于北京市的 17. 8%。2012 年，北京市、天津市城镇人口比率分别达到 86. 20% 和 81. 55%，已迈入高度城镇化阶段，同年河北省的城镇人口比率只有 46. 80%，尚处在城市化中期阶段，京津冀三地城镇化发展的不平衡也使得区域文化认同体系的构建缺乏社会经济基础。缺乏经济一体化的平等基础，对于区域文化认同的构建无疑是釜底抽薪，从而使文化认同成为雾里看花的空景。

五　推进京津冀文化认同构建对策建议

文化认同具有社会属性和文化属性，而这二者都是后天的、可变的，可见文化认同是具有可变性的，也就是说文化认同在一定意义上是可以选择的——选择特定的文化理念、思维模式和行为规范，这便是京津冀区域文化认同构建的理论基础。针对目前京津冀区域文化认同的主要困境，特提出以下对策建议。

（一）强化京津冀协同发展领导小组的职能

区域文化认同的培育是需要一定的政治、经济基础的，譬如行政区划的统一性、社会福利的同一性、基础设施的共享性等，在中国现行行政机制下，京津冀两市一省无论是行政资源，还是社会经济发展程度都存在显著差异。要打破三地利益壁垒，在人口流动、资源共享、基础设施一体化等方面切实推进三地协同发展，需要一个可以驾驭、协调三地的政府机构，因此需要切实加强京津冀协同发展领导小组的职能，对三地协同发展进行统一规划、监督落实。

京津冀协同发展领导小组成立时间不长，已在发力。2014 年 12 月 30 日，京津冀城际铁路投资有限公司成立，目前由交通部牵头正在编制京津冀协同发展交通一体化规划，将从基础设施建设出发深层构建三地交通一体化。京津冀发展顶层设计方案——《京津冀协同发展总规划》（以下简称《规划》）有望于 2015 年 2 月底发布，《规划》将打破三地各自为政的利益壁垒，从京津冀区域整体及自然 - 社会复合系统的视角，明确三地的区域定位、职能分工，并在此指导下进行生态环境共建、城市职能调整及产业转移等的规划。

此外，随着目前城市化进程提速，京津冀一体化与京津冀城市化又互为因果、同步进行。城市化程度的大幅提升必然需要调整、修正形成于传统农业社会时期的省县二级行政区划制度。在服务、适应城市化的行政区划调整中，可以借鉴日韩等国的现代行政区划原则，设立大首都经济圈，充分发挥中心城市的带动作用，例如，可以借鉴日本东京与大阪、神户共同成为“京都阪神大城市圈”的经验，以京、津、保等城市为中心建立大城市圈。

（二）培育“京畿”文化群体认同

区域一体化的社会心理基础是居民对区域文化身份的认同，京津冀三地也不例外。考虑到在城市化、现代化的今天，社会发展需要一种新型现代文化，加之文化“中心－边缘”的特征，特提出培育“京畿”文化群体认同观念。

“京畿人”应该是这样一个文化群体：首先，他们是具有现代意识的文化群体，他们具有现代社会所需要的科学理性思维、民主法制意识；其次，他们是现代中国一个能体现首都文明的区域文化群体，与以上海、广州等现代城市文化为中心的文化群体不同，京畿人不仅要体现现代文明，更要有优良传统的传承，体现数百年京畿文化做人、做事价值体系的底蕴和厚重。

“京畿人”文化群体的塑造，包括一个中心，三个支撑点，一个中心就是京师文化，它包括传统优秀文化精髓和现代文明精华；三个支撑点就是京津冀三地具有个性特征、体现民风民俗、接地气的地域文化，这些文化可能远没有中心文化那样高端大气，但却是来自社会各个阶层，具有地域气息和生命活力的个性文化。

在政府、学界等组织机构的引导下，培育京津冀三地居民“京畿人”文化身份的认同应该是可行的，尽管近代以来三地文化出现分异，但自北京成为国家政治中心以来，“京畿重地”“拱卫京师”等意识一直深刻影响着北京周边区域，目前三地在语言、宗教信仰、风俗习惯等方面依然有着诸多相似。

参考文献

[1] 冯天喻等:《中国文化史》(上下),上海人民出版社,1990。
[2]〔美〕亨廷顿:《文明的冲突与世界秩序的重建》,周琪等译,新华出版社,2010。

✧ 皮书起源 ✧

“皮书”起源于十七、十八世纪的英国，主要指官方或社会组织正式发表的重要文件或报告，多以“白皮书”命名。在中国，“皮书”这一概念被社会广泛接受，并被成功运作、发展成为一种全新的出版型态，则源于中国社会科学院社会科学文献出版社。

✧ 皮书定义 ✧

皮书是对中国与世界发展状况和热点问题进行年度监测，以专业的角度、专家的视野和实证研究方法，针对某一领域或区域现状与发展态势展开分析和预测，具备权威性、前沿性、原创性、实证性、时效性等特点的连续性公开出版物，由一系列权威研究报告组成。皮书系列是社会科学文献出版社编辑出版的蓝皮书、绿皮书、黄皮书等的统称。

✧ 皮书作者 ✧

皮书系列的作者以中国社会科学院、著名高校、地方社会科学院的研究人员为主，多为国内一流研究机构的权威专家学者，他们的看法和观点代表了学界对中国与世界的现实和未来最高水平的解读与分析。

✧ 皮书荣誉 ✧

皮书系列已成为社会科学文献出版社的著名图书品牌和中国社会科学院的知名学术品牌。2011 年，皮书系列正式列入“十二五”国家重点图书出版规划项目；2012~2014 年，重点皮书列入中国社会科学院承担的国家哲学社会科学创新工程项目；2015 年，41 种院外皮书使用“中国社会科学院创新工程学术出版项目”标识。

中国皮书网

www.pishu.cn

发布皮书研创资讯，传播皮书精彩内容
引领皮书出版潮流，打造皮书服务平台

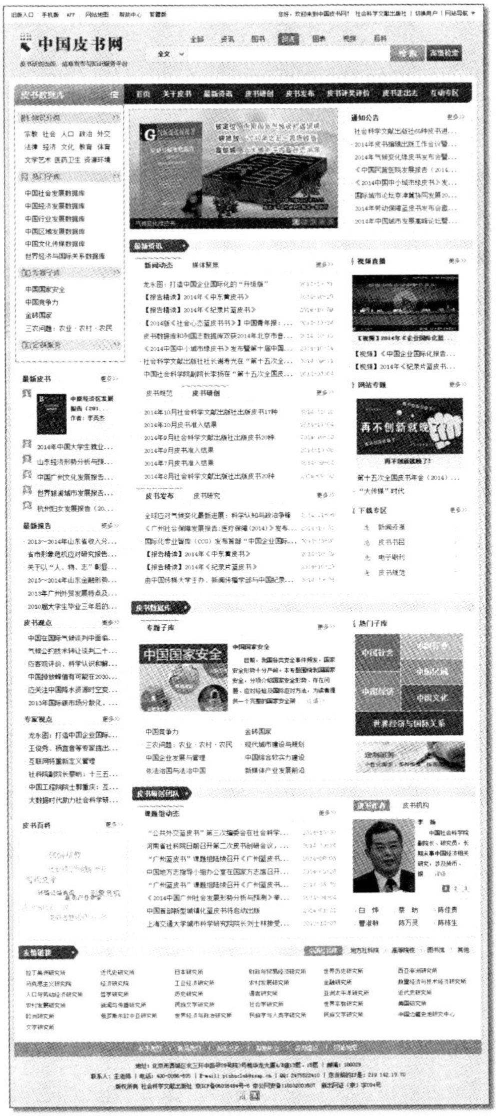

栏目设置：

- □ 资讯：皮书动态、皮书观点、皮书数据、皮书报道、皮书发布、电子期刊
- □ 标准：皮书评价、皮书研究、皮书规范
- □ 服务：最新皮书、皮书书目、重点推荐、在线购书
- □ 链接：皮书数据库、皮书博客、皮书微博、在线书城
- □ 搜索：资讯、图书、研究动态、皮书专家、研创团队

中国皮书网依托皮书系列“权威、前沿、原创”的优质内容资源，通过文字、图片、音频、视频等多种元素，在皮书研创者、使用者之间搭建了一个成果展示、资源共享的互动平台。

自 2005 年 12 月正式上线以来，中国皮书网的 IP 访问量、PV 浏览量与日俱增，受到海内外研究者、公务人员、商务人士以及专业读者的广泛关注。

2008 年、2011 年中国皮书网均在全国新闻出版业网站荣誉评选中获得“最具商业价值网站”称号；2012 年，获得“出版业网站百强”称号。

2014 年，中国皮书网与皮书数据库实现资源共享，端口合一，将提供更丰富的内容，更全面的服务。

法律声明